わが家の宗教を知るシリーズ

うちのお寺は
臨済宗
RINZAISHU

栄西禅師

双葉社

わが家の宗教を知るシリーズ

うちのお寺は
臨済宗
RINZAISHU

もくじ

第1章 ここを見ればすべてわかる「臨済宗早わかり」

◎本書は『うちのお寺は臨済宗』(1997年初版)を加筆・修正した新装版です。お寺の写真等は災害、改修などにより現状と異なる場合があります。

第5章 ぜひ訪ねたい「臨済宗ゆかりの名刹」

第6章 知っておきたい
「臨済宗の仏事作法・行事」

第1章

ここを見ればすべてわかる
「臨済宗早わかり」

民衆仏教の開花
臨済宗の特徴
日本の禅三宗
お釈迦さまと禅
中国で開花した禅の教え
日本臨済禅の確立
世界のなかの禅

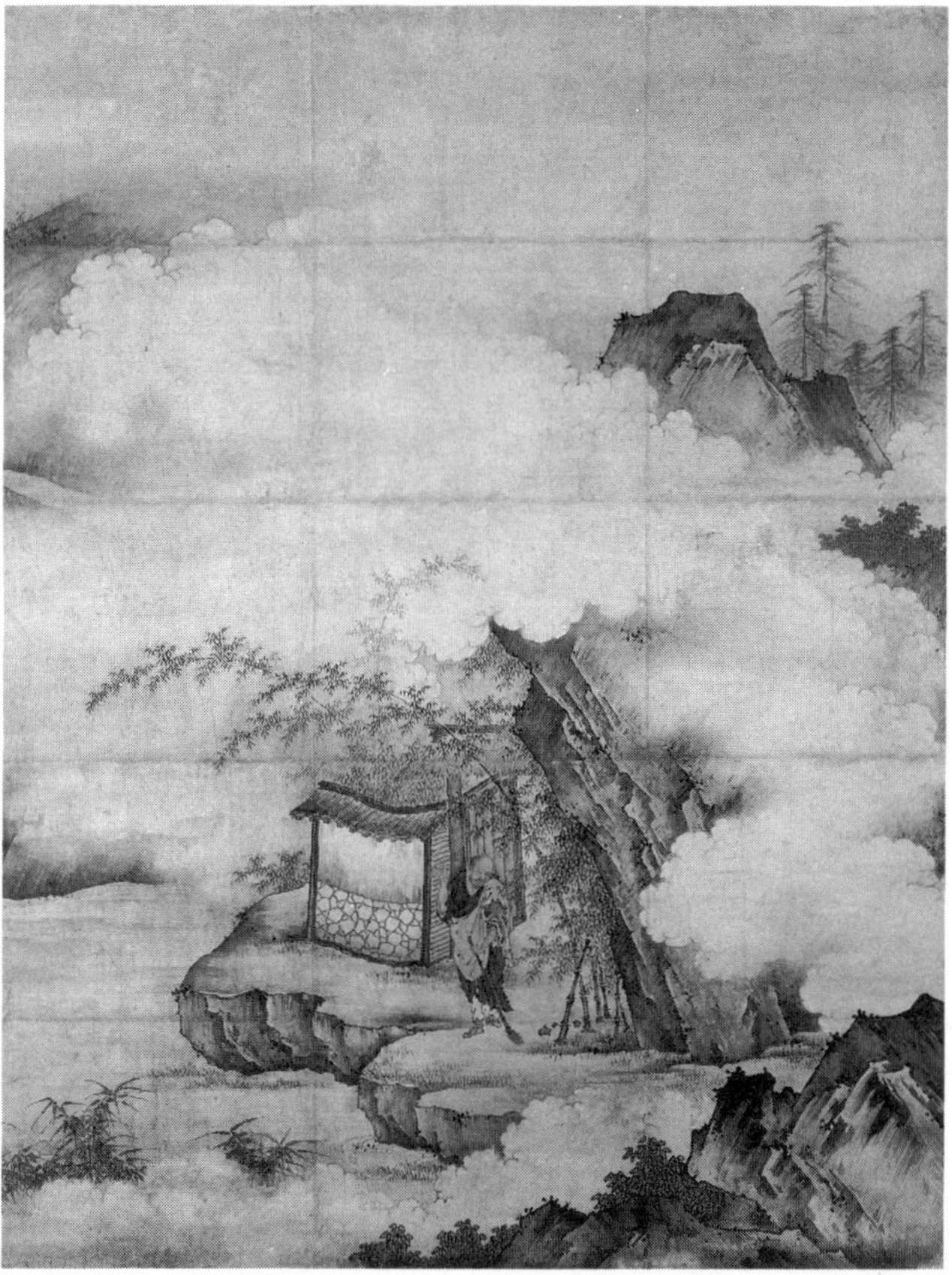

『六祖図』より部分　狩野元信筆　重文／東京国立博物館蔵

民衆仏教の開花

平安中期以降、戦乱・天災・疫病が続き世は乱れ、民衆は末法《まっぽう》の世におびえていた。そんななか天台宗《てんだいしゅう》・真言宗《しんごんしゅう》は国家権力からの自立をはかり、栄西《えいさい》や道元《どうげん》が宋《そう》から禅《ぜん》を伝え、浄土教の隆盛、法華《ほっけ》信仰もひろまって、新仏教が相次いで出現した。

平安時代
794〜
1185年

最澄《さいちょう》 766-822
805年（40歳）唐《とう》より帰国、
翌年、天台宗を開く

天台宗《てんだいしゅう》

空海《くうかい》 774-835
806年（33歳）唐《とう》より帰国、
真言宗を開く

真言宗《しんごんしゅう》

末法とは

お釈迦《しゃか》さまの死後を正法《しょうぼう》・像法《ぞうほう》・末法《まっぽう》の３つの時代に分ける仏教思想。

お釈迦さまの教えが正しく行われている時代が正法で、やがて形だけの像法の時代となり、末法になると仏道修行をしても効果がないとされる。最澄《さいちょう》が書いた『末法灯明記《まっぽうとうみょうき》』には、1052（永承《えいしょう》７）年に末法に入るとあり、戦乱や災害が続く毎日に、貴族も僧も民衆もいよいよ危機感を抱いた。

最澄・空海の平安仏教

七九四（延暦《えんりゃく》一三）年、桓武《かんむ》天皇は腐敗した仏教界に毒された奈良時代の律令体制《りつりょうたいせい》の立て直しをはかり、都を平安京《へいあんきょう》（京都）に移す。

平城京《へいじょうきょう》（奈良）遷都《せんと》では有力寺院も新都に移されたが、平安京に移るときは寺院は奈良に残された。だが、宮廷貴族のあいだにはすでに呪術としての仏教が浸透していたため、南都（奈良）仏教に代わる新しい仏教が切望されていた。

そこへ登場したのが、唐《とう》から帰った最澄《さいちょう》と空海《くうかい》の二人の留学僧だ。

最澄が開いた天台宗《てんだいしゅう》と空海が開いた真言宗《しんごんしゅう》はともに鎮護《ちんご》国家の仏教としての役割を果たしたが、それだけではなく、得度《とくど》・授戒《じゅかい》の権限を国家から取り戻し、民衆救済の実践仏教の基盤となった。それは現代につながる日本仏教の源である。

鎌倉時代
1185～
1333年

南無阿弥陀仏
専修念仏

法然《ほうねん》　1133～1212
浄土宗《じょうどしゅう》
1175年（43歳）
専修念仏《せんじゅねんぶつ》による往生を説く

栄西《えいさい》　1141～1215
臨済宗《りんざいしゅう》
1191年（51歳）宋《そう》より帰国、
臨済宗を伝える

親鸞《しんらん》　1173～1262
浄土真宗《じょうどしんしゅう》
1224年（52歳）
本願念仏による往生を説く

曹洞宗《そうとうしゅう》
道元《どうげん》　1200～1253
1227年（28歳）宋《そう》より帰国、
曹洞宗を伝える

只管打坐
専修禅

日蓮宗《にちれんしゅう》
日蓮《にちれん》　1222～1282
1253年（32歳）唱題目《しょうだいもく》による永遠の救いを説く

南無妙法蓮華経
専修題目

鎌倉新仏教の登場

鎌倉時代になると、浄土宗《じょうどしゅう》、臨済宗《りんざいしゅう》、曹洞宗《そうとうしゅう》、浄土真宗《じょうどしんしゅう》、日蓮宗《にちれんしゅう》など、わが国独自の仏教宗派が成立する。

念仏か禅か題目かどれか一つの行《ぎょう》を選んで行うこれらの仏教の教えはわかりやすく、だれにでもできることから民衆の心をつかんでいった。

万民を救済の対象としており、平安時代までの国家や貴族中心の「旧仏教」に対して「鎌倉新仏教」と呼ばれる。

また、開祖がいずれも天台宗比叡《ひえい》山《ざん》で修学し、そこから離脱して新しい教えを創立したのは興味深い。

鎌倉新仏教の特徴は、次の三つにまとめられる。

①みだりに時の政権に近づかなかったこと。②南都や比叡山など既成教学の権威によらなかったこと。③他行との兼修を否定したこと。

臨済宗の特徴

公案《こうあん》と禅問答により悟りにいたる。臨済宗の特徴はこれだ。悟りとは〝本来の自己(仏心《ぶっしん》)〟を知ることであり、禅問答は悟りへの大切な道程だ。そのために坐禅を組み、師家《しけ》から与えられた公案を解く。

Q 臨済宗の本尊は?

A 臨済宗に限らず禅宗では特定の本尊を立てない。

これは「人間は生まれながらにして仏性《ぶっしょう》をもち、本来みな清浄である」という、お釈迦《しゃか》さまの悟りの体験を自己の内に自覚することを重視しているためだ。

そのため本尊にこだわりはなく、仏殿正面には、釈迦如来像《しゃかにょらいぞう》、また、そのお寺の縁によって、大日如来《だいにちにょらい》、薬師如来《やくしにょらい》、観音菩薩《かんのんぼさつ》、文殊菩薩《もんじゅぼさつ》などをまつっているところもある。脇には禅宗の始祖達磨大師像《だるまだいしぞう》、開山祖師の像などがまつられている。

Q よりどころとする経典は?

A ほかの宗派はお釈迦《しゃか》さまの説いた経典をよりどころとしているが、禅宗では、お釈迦さまの悟りの体験を重視するため、特定の経典へのこだわりはない。

それは文字や言葉では表現しきれないものであり、言葉や文字にとらわれるなという達磨大師《だるまだいし》の精神は「不立文字《ふりゅうもんじ》」「教外別伝《きょうげべつでん》」「直指人心《じきしにんしん》」「見性成仏《けんしょうじょうぶつ》」という四言四句にあらわされ、禅の指標となっている。

ただ、古くからの慣習として『大《だい》般若波羅蜜多経《はんにゃはらみたきょう》』『金剛般若経《こんごうはんにゃきょう》』『般《はん》若心経《にゃしんぎょう》』、『法華経《ほけきょう》』の観世音菩薩普《かんぜおんぼさつふ》門品《もんぼん》(観音経《かんのんぎょう》)などの経典が読まれ、『白隠禅師坐禅和讃《はくいんぜんじざぜんわさん》』や『宗門安心《しゅうもんあんじん》章《しょう》』など、また公案《こうあん》に使われる祖師一代の語録『臨済録《りんざいろく》』『碧巌録《へきがんろく》』『六《ろく》祖壇経《そだんきょう》』などもよく読まれる。

Q 禅問答って何?

A 修行僧は師家《しけ》(指導者)から出された公案《こうあん》に取り組み、坐禅や作務《さむ》のあいだも公案に苦しんだ結果、何らかの悟りを得て師家の部屋に行き、その内容を説明する(入室参禅)。公案自体がおよそ論理的ではない直観の塊だから、修行僧も師家も発言は論理的でなく激しい問答が繰り返され、ときには棒で打たれることもあった。それが〝禅問答〟である。

なぜ禅問答を行うかといえば、禅は自己を見つめつくす体験であり、悟りの内容は言葉や文字では表現しづらい。修行の段階によって悟りは何回も訪れるが、そのとき師家は「それ、そこだ。それが悟りだ」と、何かをつかみかけている修行僧に直に示してやることができる。

Q 本山は？

A 現在の臨済宗は一四派に分かれ、各派ごとに本山を有している。

臨済宗14派

各派名称	派祖	本山
建仁寺派《けんにんじ》	明庵栄西《みょうあんえいさい(みんなんようさい)》	建仁寺（京都市東山区）
東福寺派《とうふくじ》	円爾弁円《えんにべんねん》	東福寺（京都市東山区）
南禅寺派《なんぜんじ》	無関普門《むかんふもん》	南禅寺（京都市左京区）
天龍寺派《てんりゅうじ》	夢窓疎石《むそうそせき》	天龍寺（京都市右京区）
相国寺派《しょうこくじ》	夢窓疎石《むそうそせき》	相国寺（京都市上京区）
大徳寺派《だいとくじ》	宗峰妙超《しゅうほうみょうちょう》	大徳寺（京都市北区）
妙心寺派《みょうしんじ》	関山慧玄《かんざんえげん》	妙心寺（京都市右京区）
建長寺派《けんちょうじ》	蘭渓道隆《らんけいどうりゅう》	建長寺（神奈川県鎌倉市）
円覚寺派《えんがくじ》	無学祖元《むがくそげん》	円覚寺（神奈川県鎌倉市）
向嶽寺派《こうがくじ》	抜隊得勝《ばっすいとくしょう》	向嶽寺（山梨県甲州市）
方広寺派《ほうこうじ》	無文元選《むもんげんせん》	方広寺（静岡県浜松市）
永源寺派《えいげんじ》	寂室元光《じゃくしつげんこう》	永源寺（滋賀県東近江市）
国泰寺派《こくたいじ》	慈雲妙意《じうんみょうい》	国泰寺（富山県高岡市）
佛通寺派《ぶっつうじ》	愚中周及《ぐちゅうしゅうきゅう》	佛通寺（広島県三原市）

Q なぜ、こんなに本山が多いの？

A もともと臨済宗では本山を定めず、中国の南宋《なんそう》の五山《ござん》制度を模した形態が設けられていた。

一二五一(建長《けんちょう》三)年には鎌倉の建《けん》長寺《ちょうじ》を第一とする五山が、政権が京都に戻った一三三四(建武《けんむ》元)年には京都を中心に五山が定められたが、鎌倉派と京都派、武家禅と公家禅など寺格をめぐっての対立が激しくなったため、一三八六(至徳《しとく》三)年に鎌倉・京都の双方に五山制度が定められた。

京都五山は南禅寺《なんぜんじ》を別格として、天龍寺《てんりゅうじ》、相国寺《しょうこくじ》、建仁寺《けんにんじ》、東福寺《とうふくじ》、万寿寺《まんじゅじ》。鎌倉五山は建長寺《けんちょうじ》、円覚寺《えんがくじ》、寿福寺《じゅふくじ》、浄智寺《じょうちじ》、浄妙寺《じょうみょうじ》。さらに、それぞれその下に十刹《じっさつ》が定められていた(30頁参照)。

以来、変遷をへて五山十刹制度は消えたが、現在の一四派本山となる。

臨済宗の僧侶の服装

禅宗独特の仏具は?

禅宗では沈黙を重んじ、鳴りものの合図によって、規則正しい生活が行われている。打ち方にもいろいろ種類があるが、僧たちはそれが何を意味しているのか心得ているので、沈黙のまま行動できる。

雲版《うんぱん》
食事の合図に使われる青銅製の平たい板。雲の形をしているのは、防火を意味する。

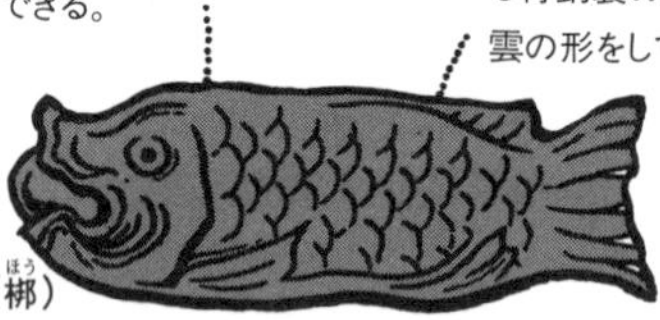

魚鼓《ぎょく》(梆《ほう》)
魚の形に彫られた板が食事の合図に使われるところもある。

Q 僧の服装や持ちものの特徴は?

A 参内・法要などの正装、平常寺内の礼拝《らいはい》用、略装などがある。

禅宗の服装で、もっとも特徴的なのは直綴《じきとつ》といわれる衣だ。もとは中国宋代の俗服で、それが法服化した。そのため禅伝来当時、従来の平安朝の衣に対して「からころも」と呼ばれた。とくに袖の幅が広く丈も長い。腰継ぎがあり、裙《くん》が腰のところで接合されている。道具《どうぐ》衣《え》とも呼ばれる。また、袈裟《けさ》をつる環《かん》も特徴的だ。

正装では、立帽子《たてもうす》をかぶり、襪子《べっす》という指の股《また》のない足袋《たび》をつける。もとは防寒用。また、高僧が持つ払子《ほっす》は、もとは蝿《はえ》や蚊《か》を払うために長い毛や麻などをつけたもので、いまは権威づけとして用いられる。

略装は、改良服に手巾《しゅきん》という組紐の帯をしめ、絡子《らくす》(掛絡《から》)をかけている。絡子というのは五条袈裟《ごじょうげさ》で、手巾は、衣をくくったり、たすきにしたり、行動を軽便にするために用いる。近代は上下に分かれた作務衣《さむえ》を着用することも多い。

Q 伽藍《がらん》配置は、どうなっている?

A 密教寺院が山岳に建てられたのに比べ、禅院は飛鳥《あすか》時代と同じく平地に整然と配置された。

禅宗の七堂伽藍《しちどうがらん》は、山門《さんもん》(三門)、仏殿、法堂《はっとう》、僧堂《そうどう》、庫院《くいん》(庫裏《くり》＝台所)、東司《とうす》(西浄《せいちん》＝トイレ)、浴室からなる。台所やトイレ、浴室まで伽藍に含むのは、禅が日常生活すべてを修行の場と考えるからだ。ほかの宗派はこういう建物を伽藍には含めない。

また、その配置は人体にたとえられる。法堂は頭、仏殿は腹、山門は股、僧堂は右手、庫院は左手、東司は右足、浴室は左足をあらわす。

Q お坊さんをなんと呼べばいいの?

A ふつうは「和尚《おしょう》」という。そして公案《こうあん》を授けるような禅匠は「老師《ろうし》」と呼ばれる。

ちなみに天台宗や真言宗でも和尚と書くが、それぞれ「かしょう」「わじょう」と読む。また、高僧は「阿《あ》闍梨《じゃり》」と呼ばれる。

日蓮宗や浄土宗は「上人《しょうにん》」といい、浄土真宗は、僧侶《そうりょ》同士では「和上《わじょう》」、檀家からは「御院《ごいん》さん」と呼ばれる。

Q 戒名の特徴は?

A 本来、戒名は仏弟子になった証《あかし》で、臨済宗では生前に公案を会得し、導師から授かるものであった。

院(殿)号は、古くは寺院を建立寄進した貴人につけられた尊称だが、いまは社会やお寺への貢献と信仰心のあつい人につけられる。ほかにも軒《けん》・庵《あん》・斎《さい》など住居の名が尊称として用いられる。道号は、性格や生前の徳、業績をあらわす。位号は性別・年齢、そして生前の徳により、禅《ぜん》定門《じょうもん》・禅定尼《ぜんじょうに》、居士《こじ》・大姉《だいし》・信士《しんじ》・信女《しんにょ》(成人)、童子《どうじ》・童女《どうにょ》(一五歳以下)、孩子《がいじ》・孩女《がいにょ》(幼児)、嬰児《えいじ》・嬰《えい》女《にょ》(乳児)などがつけられる。

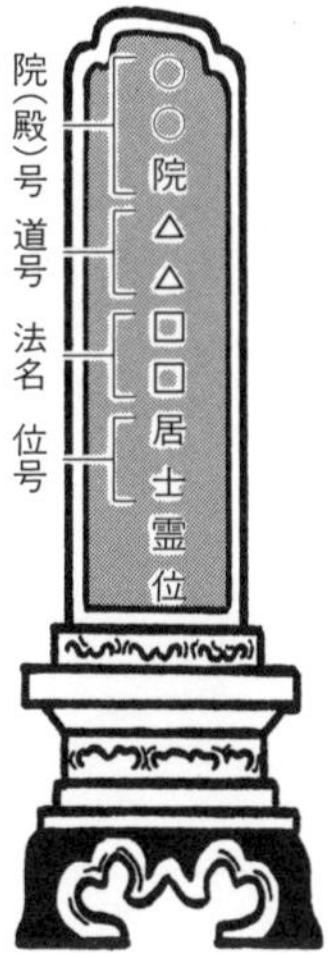

日本の禅三宗

禅は白鳳《はくおう》時代に伝来し、平安時代は天台教学のひとつにもなっているが、独立した宗派として花開くのは鎌倉時代。栄西《えいさい》の臨済宗《りんざいしゅう》、道元《どうげん》の曹洞宗《そうとうしゅう》が興り、ついで江戸時代、明《みん》僧隠元《いんげん》により黄檗宗《おうばくしゅう》が開かれた。

Q 禅がはじめて日本に伝えられたのは？

A 六五三（白雉《はくち》四）年に入唐《にっとう》し、法相宗《ほっそうしゅう》を伝えた道昭《どうしょう》が、玄奘《げんじょう》三蔵《さんぞう》のすすめで達磨《だるま》の法孫慧満《えまん》について禅を学び、帰国して飛鳥寺《あすかでら》（法《ほう》興寺《こうじ》・元興寺《がんごうじ》）に禅院を建て終日坐禅をしていたと『続日本紀《しょくにほんぎ》』にある。

次に七三六（天平《てんぴょう》八）年に来日した唐僧道璿《どうせん》が律宗《りっしゅう》・華厳宗《けごんしゅう》とともに禅を伝えた。

その後、天台宗の開祖最澄《さいちょう》や円仁《えんにん》らが入唐し、円（法華《ほっけ》）・密・戒とともに禅を天台教学のひとつにとりいれたが、それらはまだ独立した一宗としてではなかった。

また能忍《のうにん》も禅を伝え、日本達磨宗《だるましゅう》と称した。

Q 日本臨済宗の開祖栄西はどんな人？

A 栄西は、備中国《びっちゅうのくに》（岡山県）吉《き》備津宮《びつぐう》の神官の子。一一歳で天台教学を学び、一四歳で比叡山《ひえいざん》にのぼった。二八歳で宋に渡り、天台山などに学び、そこで流行していた禅をきわめようと四七歳で再入宋。臨済宗黄竜派《おうりょうは》の虚庵懐敞《きあんえしょう》に師事し、四年目に印可を得て帰国。博多にわが国最初の禅寺聖福寺《しょうふくじ》を開くが、比叡山僧徒の激しい非難をあび、日本達磨宗の能忍とともに朝廷から禅停止の命《めい》を受ける。

栄西は『興禅護国論《こうぜんごこくろん》』を書いて「自分の禅は最澄が伝えたものと同じで、比叡山仏教を再興するものである」と主張し、一生を天台密教の僧として終えるが、一方で著書の最後に必ず禅は再興すると予言していた。そのため、日本臨済宗の開祖と仰がれる。ちなみに臨済宗では明庵《みんなん》栄西《ようさい》と読むのが正式だが、本書ではよく知られている栄西《えいさい》を使った。

Q 鎌倉幕府と臨済宗の関係は？

A 天台宗の激しい弾圧を受けた栄西は鎌倉に下る。戒律を重んじる栄西の教えは、京都の公家文化に対抗しようとする新興の武家政権に受け入れられやすかった。

源頼朝《みなもとのよりとも》の死後、妻政子《まさこ》が開基となり鎌倉に寿福寺《じゅふくじ》を開創。その二年後、二代将軍頼家《よりいえ》が京都に建てた建仁寺《けんにんじ》の開山となる。三代将軍実朝《さねとも》に良薬

臨済宗＝看話禅・公案禅

修行して、
本来の自己（仏心）に目覚めることが悟り

曹洞宗＝黙照禅・生活禅

修行の結果、仏になるのではなく、
修行することが仏の行

「本来、人間は仏性を持っているというが、本当？」
「自覚がなくても、本来、人間は仏性を持っている」

公案って何？ 師家《しけ》が修行者に授けて工夫させ、その見解《けんげ》を点検する臨済宗独特の教育課題。もとの意味は役所（公府）が発する法令（案どく）のこと。法は絶対で私情を挟むことができない。それと同じく、大悟した中国の禅匠たちの言行は、後世の修行者が分別や知識で解釈しようとしても意味をなさない。

臨済宗と対照的な禅を開いた道元

道元《どうげん》は、比叡山《ひえいざん》で天台教学を学び、栄西《えいさい》の門下となって禅を習い、栄西の弟子明全《みょうぜん》について宋に渡った。そこで曹洞宗《そうとうしゅう》の天童如浄《てんどうにょじょう》に師事し、師の「坐禅中は身心脱落《しんじんだつらく》なるべし」という言葉によって悟りを得る。日本に帰り、越前《えちぜん》（福井県）の永平寺《えいへいじ》を拠点に独自の禅風を興した。

として茶をすすめ、その効能を説いた『喫茶養生記《きっさようじょうき》』を献上。

なお、寿福寺や建仁寺を天台密教と禅の兼修道場としたのは比叡山への配慮からであった。

Q 臨済宗と曹洞宗の違いは？

A 道元が興した曹洞宗も修行の方法は坐禅である。しかし坐禅に対する心構えがまったく違う。

臨済宗は坐禅を悟りに達する手段と考え、その最中、公案《こうあん》を思索し工夫する〈公案禅〉だが、曹洞宗は坐禅に目的も意味も求めずただ黙々と壁に向かって坐禅をする〈只管打坐《しかんたざ》〉。臨済宗の「看話禅《かんなぜん》」に対して、曹洞宗は「黙照禅《もくしょうぜん》」という。

また、曹洞宗は一般民衆のあいだに、臨済宗は鎌倉幕府の庇護のもと上級武士層にひろまったため「臨済将軍、曹洞土民」といわれた。

京都・萬福寺《まんぷくじ》の大雄宝殿《だいゆうほうでん》(左)
隠元隆琦《いんげんりゅうき》頂相《ちんそう》　重文／京都・萬福寺(下)

隠元が伝えた明文化

江戸時代は儒学の最盛期で、漢詩文をはじめ、中国趣味が流行した。隠元《いんげん》は詩をよくし、宋風の書を伝え、弟子の木庵《もくあん》・即非《そくひ》とともに黄檗の三筆とうたわれた。また、隠元豆を伝えたともいわれる。
ほかにも、中国から渡来した専門職人の手による寺院建築・仏像彫刻、洋画の手法を取り入れた頂相《ちんそう》(師の肖像画)、普茶《ふちゃ》料理、煎茶道《せんちゃどう》など、日本文化に与えた影響は大きい。

Q 黄檗宗って、どんな宗派？

A 黄檗《おうばく》宗は、一六五四（承応《じょうおう》三）年、明《みん》僧隠元《いんげん》隆琦《りゅうき》によって伝えられた。

隠元は中国臨済宗楊岐派《ようぎは》を継承する臨済正伝の禅匠である。中国臨済宗の法灯《ほうとう》と、明代に制定された仏教儀礼を日本に伝え、停滞していた禅界に新風を吹きこんだ。また、『弘戒法儀《ぐかいほうぎ》』を著して、黄檗三壇戒会《おうばくさんだんかいえ》を開き、日本の禅界へ戒律思想と授戒法を伝え『黄檗清規《おうばくしんぎ》』の刊行により、叢林《そうりん》の規制を一変させるなど、日本の禅宗中興の祖師である。

大本山は京都宇治の黄檗山萬福寺《おうばくさんまんぷくじ》。建物や仏具・仏像・所作等が中国風で、お経も唐音《とういん》による黄檗宗独特の節回しである。異国情緒豊かな中国寺院が出現した観があり、鎖国下で留学が果たせない求道心《ぐどうしん》に燃える日本僧が参集。以来、衆生教化《しゅじょうきょうけ》に努力し、道俗の尊崇を受け、法灯連綿と受け継がれ、いよいよ栄えた。一八七六(明治九)年以来、黄檗宗と称し、禅宗の教えを伝えている。

Q 隠元隆琦ってどんな人？

A 明代末、中国福建省《ふっけんしょう》の生まれ。四六歳で中国の黄檗山萬福寺《おうばくさんまんぷくじ》の住職となり、伽藍《がらん》の復興に力を尽くし、弟子の教育に努めた中国仏教界の大物。先に来日し、興福寺《こうふくじ》(長崎)の住職となっていた逸然性融《いつねんしょうゆう》の再三の依頼で、六三歳のときに弟子二十余人と来日。崇福寺《そうふくじ》(長崎)や普門寺《ふもんじ》(大阪)で教化《きょうけ》に努める。

三年で帰国する予定だったが、臨済宗妙心寺《みょうしんじ》の龍渓宗潜《りょうけいそうせん》らの奔走で日本にとどまる決意をし、四代将軍徳《とく》川《がわ》家綱《いえつな》に謁見する。幕府の許可を得て京都宇治の地が下賜され、一六六一(寛文《かんぶん》元)年に隠元を開山とし、中国の黄檗山萬福寺の名をそのまま付けて日本の黄檗山が開創された。伽藍《がらん》がほぼ完成した住職三年目、隠元は木庵性瑫《もくあんしょうとう》を二世として、松隠堂《しょういんどう》に隠棲《いんせい》する。後水尾《ごみずのお》法皇や将軍家、諸大名の帰依《きえ》を受けて、最盛期には末寺三五〇〇を数えた。

一六七三(同一三)年に八二歳で示寂《じじゃく》。後水尾法皇より「大光普照国師《だいこうふしょうこくし》」の号を特賜された。語録・説法・詩偈《げ》などを収録した『普照国師広録《ふしょうこくしこうろく》』三〇巻などがある。

Q 隠元の弟子にはどんな人たちがいる？

A 隠元《いんげん》の弟子たちは、社会の文化と福祉に貢献した。版木六万枚にもなる一切経《いっさいきょう》(『黄檗版大蔵経』)を彫った鉄眼《てつげん》、わが国ではじめて種痘《しゅとう》を行い、また中国の工法により岩国《いわくに》(山口県)の錦帯橋《きんたいきょう》の架橋を指導した独立《どくりゅう》、茶店を開き煎茶道《せんちゃどう》をひろめた〝売茶翁《ばいさおう》〟月海《げっかい》、下総《しもうさ》(千葉県)で新田《しんでん》八万石《ごく》を開拓した鉄牛《てつぎゅう》などがいる。

虚無僧も臨済の系統

時代劇でおなじみの、深網笠《ふかあみがさ》をかぶり、尺八を吹いて全国を行脚《あんぎゃ》する虚無僧《こむそう》は「普化宗《ふけしゅう》」の僧。

もとは臨済宗の京都東福寺《とうふくじ》の心地覚心《しんちかくしん》が1249(建長《けんちょう》元)年に入宋、中国唐代の尺八禅の普化《ふけ》を開祖とする普化宗を伝え、弟子の金先《こんせん》が下総《しもうさ》(千葉県)に一月寺《いちげつじ》を建てて本山とした。戦国時代、敗軍の武士が世を忍ぶため虚無僧となった。江戸時代は臨済宗の一派として扱われたが、1871(明治4)年に廃止された。その後、1950(昭和25)年に宗教法人普化正宗《ふけしょうしゅう》・明暗寺《みょうあんじ》として、臨済宗東福寺善慧院《ぜんねいん》内に再建されている。

お釈迦さまと禅

お釈迦《しゃか》さまは、苦しみの人生から解脱《げだつ》して永遠の平安を得たいと願い、出家《しゅっけ》し修行に入った。しかし、悟りは得られなかった。その後、ブッダガヤの菩提樹《ぼだいじゅ》の下で坐禅を組んで悟りを開き、仏陀《ぶっだ》となった。

お釈迦さまも坐禅で悟りを開いた

釈迦《しゃか》族の太子シッダールタは出家《しゅっけ》すると、2人のヨーガ行者《ぎょうじゃ》を訪ねた。アーラーラ・カーラーマは無執着の境地を教え、ウッダカ・ラーマプッタは無念無想の境地を教えた。お釈迦さまはすぐにそれらに到達したが苦悩は去らない。
ついで42日間の断食など過酷をきわめた苦行に入る。それでも解脱《げだつ》は得られない。極端な偏りはなんの真理も生みださないことに気づいたお釈迦さまは苦行を捨て、静かな菩提樹の下で坐禅を組むと深い瞑想《めいそう》に入り、迷いと闘いながら悟りを開くまで坐りつづけたのだ。

Q お釈迦《しゃか》さまは、何を悟ったの？

A 坐禅の最中、迷いが富・権勢・美女などの幻覚となってお釈迦さまを苦しめるが、それらを突き抜けた先に絶対清浄、無我の境地“空《くう》”があると気づく。

つまり、私たちの心は欲望に汚れ、人生は苦悩に満ちているが、そのなかにあって本来の自己は絶対清浄なのだという自覚に達したのである。

Q お釈迦さまの教えとは何？

A 私たちが本来清浄の仏性をもつとしても、現実の生活のなかでは迷いや欲望に翻弄《ほんろう》され、あるがままの仏心で生きることはむずかしい。また、欲望のままに生きれば苦悩となる。苦悩を取り除き、清浄な自己に到達するためには、正しい生き方「八正道《はっしょうどう》」を修行しなければ

お釈迦さまが示す正しい生き方

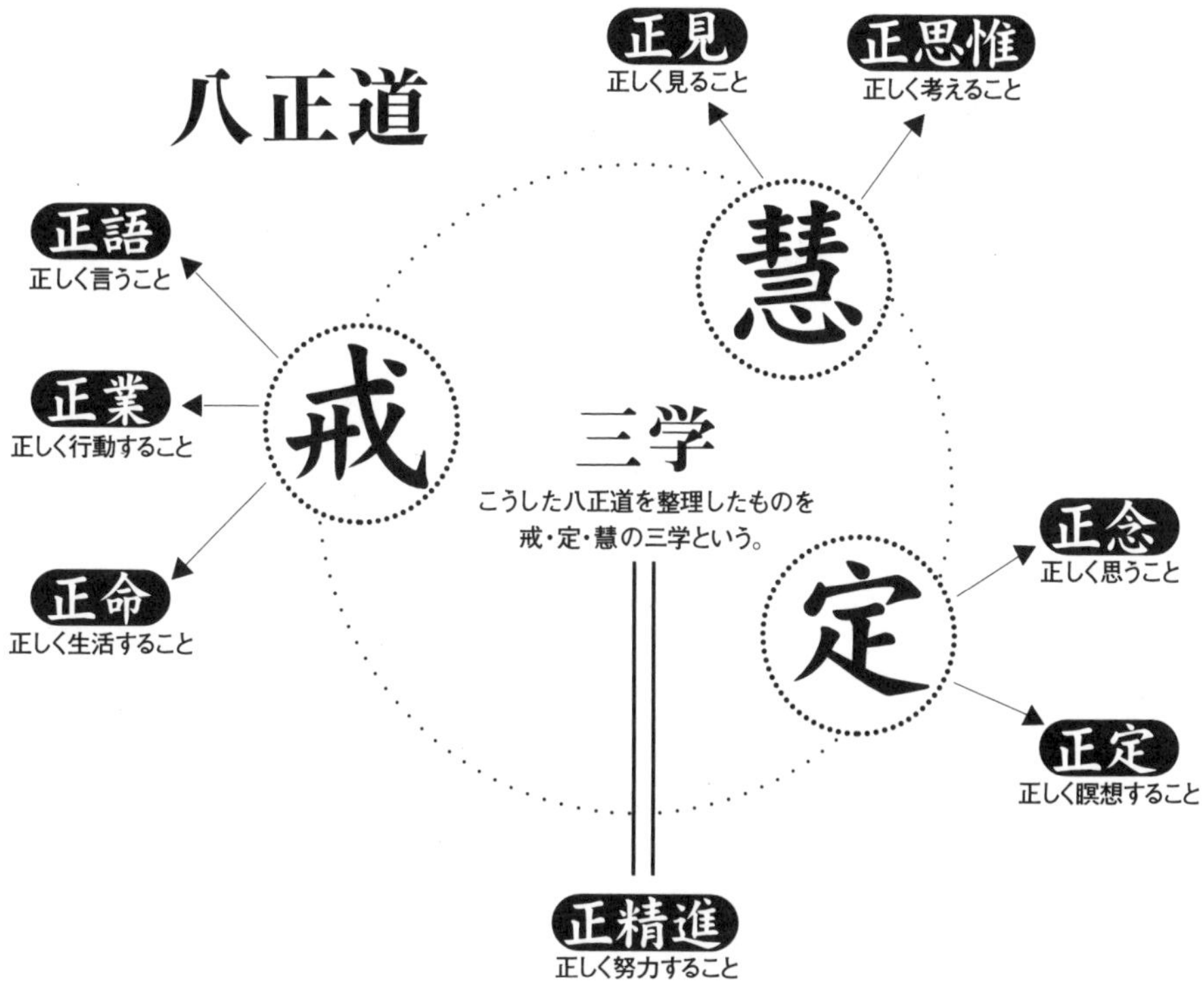

ばならないと説いた。

バラモン教の教えは、一般庶民には難解で、結局この世の苦しみは終わらないというあきらめにつながるものだったが、お釈迦さまの教えは、積極的で希望のある実践道だった。

Q 坐禅とヨーガは同じもの？

A ヨーガとは「抑制」「心の統一」といった意味で、何らかの目標をめざして心と体を調整することをいう。坐禅はそうした幅広いヨーガの方法のなかのひとつ。静かな場所に姿勢正しく坐って呼吸を整え、身心の安定・集中・統一をはかり瞑想すること。禅境が進み、良師の指導のもとに〝三昧《さんまい》〟の境地に入れば、やがて大悟にいたるという。なお三昧とは、梵語《ぼんご》のサマーディの音訳で、心をある対象に集中し、不動の境地にいたることをいう。

中国で開花した禅の教え

お釈迦《しゃか》さまから二八代目の菩提達磨《ぼだいだるま》によって中国に伝えられた禅の実践的な教え。坐禅を通して得られる何物にもとらわれない〝空《くう》〟の境地は、中国の老荘《ろうそう》思想「無為自然《むいしぜん》」に通じるところがあった。

慧可断臂図《えかだんぴず》　雪舟《せっしゅう》筆　愛知・斉年寺《さいねんじ》蔵
慧可の晩年近く、仏教は北周《ほくしゅう》の武帝《ぶてい》により弾圧を受けるが、命がけで教えを請うた慧可は達磨の法統を守りとおした

Q 中国禅の始祖達磨ってどんな人?

A 南インド香至国《こうしこく》の第三王子だった達磨《だるま》は、五二〇年ごろ海路北魏《ほくぎ》に入り、嵩山少林寺《すうざんしょうりんじ》の石窟で壁に向かって九年間坐禅をし、坐禅の入門書『楞伽経《りょうがきょう》』四巻を伝えたという。

しかし、今世紀初めに敦煌《とんこう》で発見された文書には、達磨が西域からやって来たペルシャ人だと書かれ、その来歴はハッキリしない。

Q 達磨の教えはどんなもの?

A 達磨《だるま》が坐禅の最中、のちに二祖となる神光慧可《じんこうえか》が訪ねてきて教えを請うが、達磨は無言。

神光は雪の降る庭先に幾日も立ちつづけている。「何を求めているのか」と、達磨がはじめて声をかける。神光は自分の左臂《ひじ》を切り落として熱

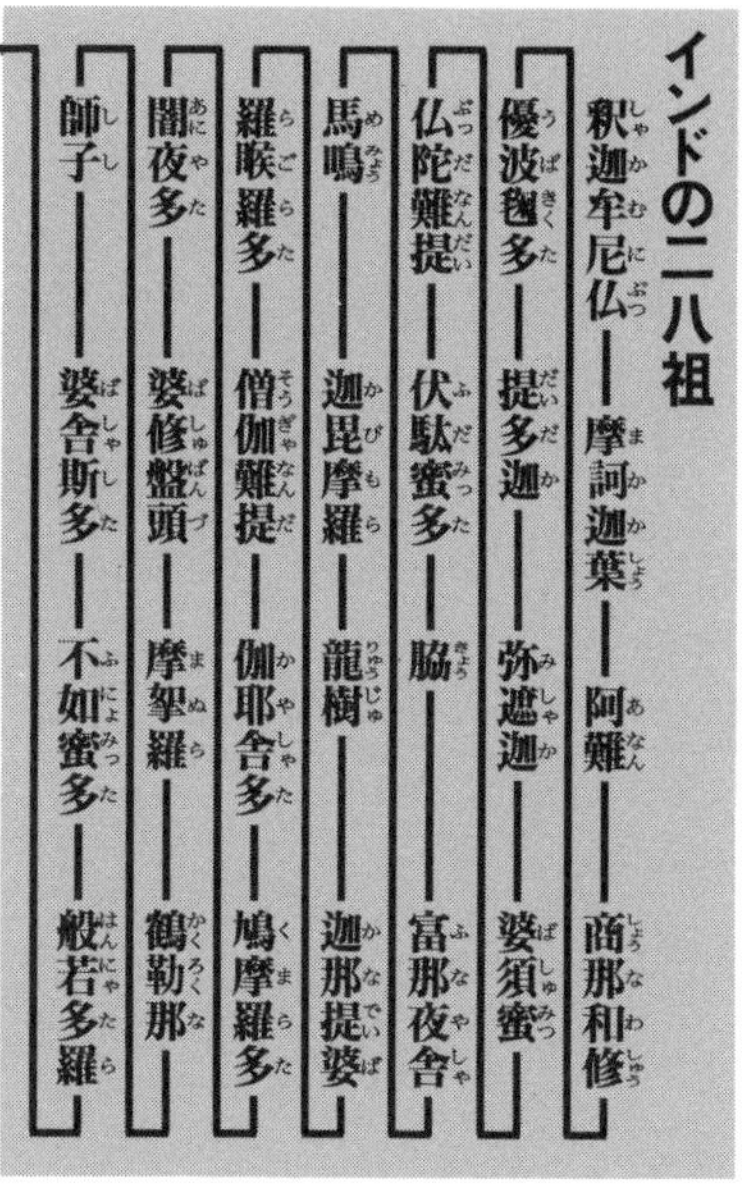

意を示し「私の心に安らぎを与えてください」と懇願。

達磨はいった「よし、お前の心をもってこい。安らかにしてあげよう」。

しかし、どうして心をもちだすことができるのか。

神光は身悶《みもだ》えし「心を求めましたが、どうしても得られません」と絶叫する。

そのとき達磨が断言する。

「汝《なんじ》の心を安んじおわんぬ」。

このひと言が、神光の闇を切り開いた。神光の心を開眼させたのだ。

達磨の教えは文字や知識ではなく、このように常に宗教的体験を基にし、実践的だった。

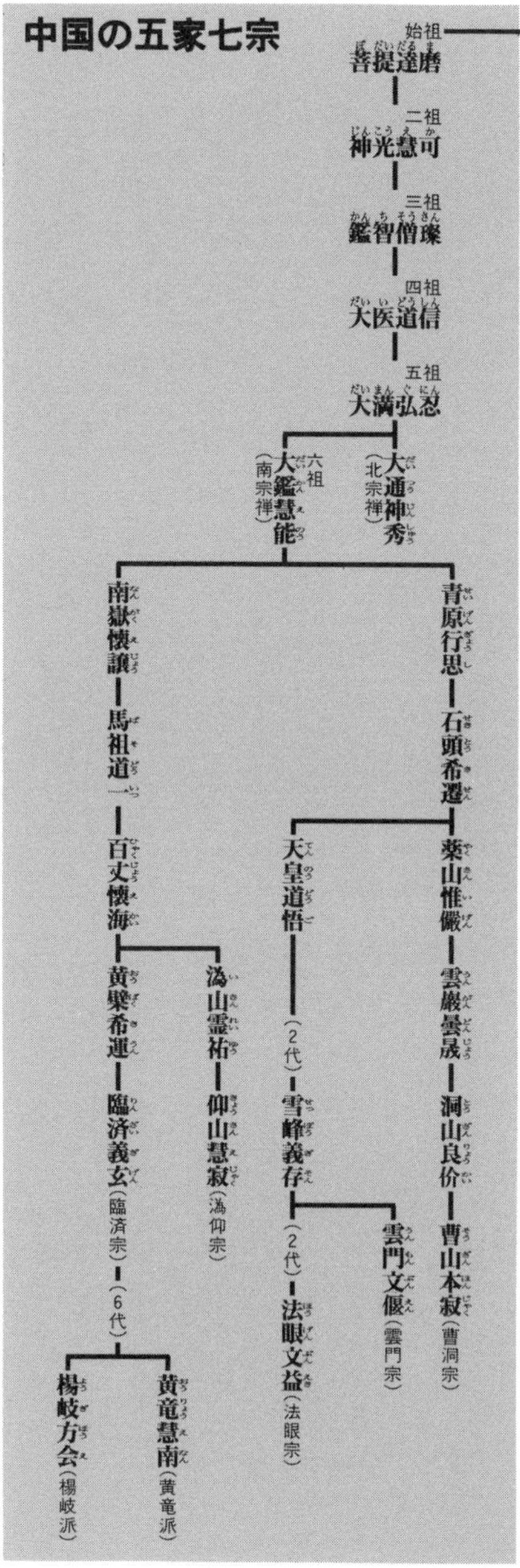

弘忍送慧能『六祖図』より部分　狩野元信《かのうもとのぶ》筆
重文／東京国立博物館蔵
弘忍《ぐにん》はトップの神秀《じんしゅう》ではなく、慧能《えのう》に衣鉢を譲る。そして争いを恐れ、自ら舟をこいで慧能を逃がした

Q 中国禅を確立したのは?

A 達磨《だるま》から慧可《えか》、そして『信心銘《しんじんめい》』を書いた三祖僧璨《そうさん》、四祖道信《どうしん》、五祖弘忍《ぐにん》へと、達磨の教えは少しの間違いもなく伝えられた。

弘忍の門下からは、神秀《じんしゅう》と慧能《えのう》という傑出した弟子が出た。

道場最高位の神秀が洛陽《らくよう》・長安《ちょうあん》の二都を中心とする北宗禅《ほくしゅうぜん》を、僧院の米つきをしていた慧能が江西・湖南の山岳を中心とする南宗禅《なんしゅうぜん》を開いた。

北宗禅は順を追って修行をし、段階的に悟りに達する漸修《ぜんしゅう》主義、南宗禅は迷いの真っ只なかに直に悟りを見いだそうとする頓悟《とんご》主義をとった。

その後、北宗禅は人材に恵まれず衰退し、南宗禅の慧能が五祖弘忍の正統を継いで六祖となり栄えた。以降、中国禅に七祖はなく、五家七宗はすべて慧能の禅から発している。

なお、律《りつ》とともに禅を日本へ伝えた唐僧道璿《どうせん》(16頁)は、神秀の孫弟子のひとりであった。

Q 五家七宗って何?

A 六祖慧能《えのう》からは、南嶽懐譲《なんがくえじょう》と青原行思《せいげんぎょうし》が出た。そして、南岳派からは臨済宗《りんざいしゅう》と潙仰宗《いぎょうしゅう》が、青原派からは曹洞宗《そうとうしゅう》・法眼宗《ほうげんしゅう》・雲門宗《うんもんしゅう》の三宗が興り、これらを〈五家〉という。

しかしのちに、雲門宗は法系が絶え、潙仰・法眼の二宗が臨済宗に統合したので、現在残る曹洞宗と臨済宗の二宗となった。やがて臨済宗は、黄竜派《おうりょうは》と楊岐派《ようぎは》に分かれたので、これらを加えて〈七宗〉といわれる。

Q 中国の臨済宗と曹洞宗は、だれが興したの?

A 唐代には、南嶽派から馬祖《ばそ》道一《どういつ》、百丈懐海《ひゃくじょうえかい》と続く、すぐれた禅僧が現われ、生活に即した中国独自の禅の修行方法が確立する。そして黄檗《おうばく》希運《きうん》をへて、臨済義玄《りんざいぎげん》の法系は臨済宗として最盛期を迎えたのである。

また同じころ、青原派からは洞山《とうざん》良价《りょうかい》が現われ、この法系が曹洞宗と呼ばれる。

ちなみに、栄西が伝えたのは黄竜派だが、黄竜派はその後早くに絶えてしまったため、現在の日本の臨済宗は楊岐派の法系に属す。

Q 臨済宗の祖臨済義玄とは?

A 臨済義玄の喝をこうむった者は一〇〇雷《らい》に打たれたごとく呆然《ぼうぜん》自失したと伝えられている。

二〇歳で出家したころの臨済は、親孝行で生真面目な修行僧だった。熱心に経典や戒律を学ぶが心の眼は開かない。臨済は教学のすべてを捨て、黄檗《おうばく》の禅道場に入る。ここでも修行はもとより、日常動作も誠実綿密をきわめた。それでも悟りは得られない。

修禅三年目のこと、先輩僧に教えられて、黄檗に「仏教の大意は何か」とたずねるが、たちまち棒で打たれ、叩きだされてしまう。それが三度続いたため臨済は意気消沈。黄檗に別れを告げにいくと、大愚《たいぐ》のもとへ行くようすすめられる。

大愚は「黄檗は親切だ。老婆が孫をかわいがるようにへとへとになっているのに、〝私のどこが間違っていたのか〟とはなんだ」と一喝。このひと言が臨済の心の眼を開かせた。頭で理解しようとしたのが誤りだったと気づく。臨済は大悟して黄檗のもとへ帰ると、師を一喝した。

黄檗の印可《いんか》を得たのちも修行を続け、八五四年に河北《かほく》省の滹沱河《こだが》（済《さい》河《が》）のほとりに臨済院《りんざいいん》を建てて禅をひろめた。

「仏に逢《あ》っては仏を殺し、祖に逢っては祖を殺す」という臨済《りんざい》の言葉には、悟りへの気迫が感じられる。意味は「既成概念を超えよ」ということだ

日本臨済禅の確立

栄西が宋《そう》から臨済禅《りんざいぜん》を伝えた当初、比叡山《ひえいざん》からの弾圧が激しく、京都に建立した建仁寺《けんにんじ》も天台・真言・禅の三修兼学道場とせざるを得なかった。純然たる禅院となるのは建立から六三年後のことである。

Q 栄西の伝えた禅とは?

A 栄西が二度目の入宋《にっそう》から帰国した一一九一(建久《けんきゅう》二)年当時の感覚からすれば、経典によらず、修法《ずほう》によらず、ただひたすら坐り瞑想《めいそう》する大陸禅は新鮮なものだった。

栄西は一四歳のとき比叡山《ひえいざん》で受戒し、密教の灌頂《かんじょう》を受け、各種の修法に通じた天台密教の学僧「戒律第一の葉上坊《ようじょうぼう》」といわれた人物で、源平《げんぺい》兵乱で乱れた世を救うためには、持戒持律の僧を養成するしかないという徹底した使命感をもっていた。四七歳の一一八七(文治《ぶんじ》三)年、二度目の入宋で出会った臨済宗黄竜派《おうりょう》の虚《き》庵懐敞《あんえしょう》に参禅。在宋四年にして虚庵の印可《いんか》を得て「明《みょうあん》 庵《(みんなん)》」という道号を授けられた。

栄西にとって臨済禅こそは、戒律の乱れた日本の仏教界に喝をいれるものと思われた。帰国した栄西は九州平戸《ひらど》に冨春庵《ふしゅんあん》を開創。ついで博多の聖福寺《しょうふくじ》ほか九州各地に禅寺を開き、「禅は諸教の極理、仏法の総府」と主張した。

京都・建仁寺《けんにんじ》

これを聞いて比叡山僧徒は激怒。〝禅宗停止《ちょうじ》〟を朝廷に働きかけた。栄西は五八歳で上洛《じょうらく》し、『興禅護国論《こうぜんごこくろん》』を書いて、自分のとなえる禅は天台宗の開祖最澄《さいちょう》の説いた禅と等しく、目的は比叡山仏教を再興することにあると力説したが、比叡山の弾圧、論難はやまなかった。

鎌倉に下った栄西は、源頼朝《みなもとのよりとも》の妻政子《まさこ》に招かれて寿福寺《じゅふくじ》を開創。ついで一二〇二(建仁《けんにん》二)年には二代将軍となった頼家《よりいえ》が京都に建立した建仁寺《けんにんじ》に迎えられ開山となる。これは、比叡山と朝廷に京都を追われた身にとっては、じつに覚悟のいる第一歩だった。

比叡山などへの配慮から、建仁寺の山内に真言院《しんごんいん》・止観院《しかんいん》を置いて、天台・真言・禅の三宗兼学道場とせざるを得なかった。建仁寺が純然たる禅林を確立するのは栄西の示寂《じじゃく》後、一一世蘭渓道隆《らんけいどうりゅう》の代になってからだ。

臨済宗・黄檗宗の系譜

注：横書きは中国僧
※印は来日した中国僧
太文字は第４章名僧で紹介

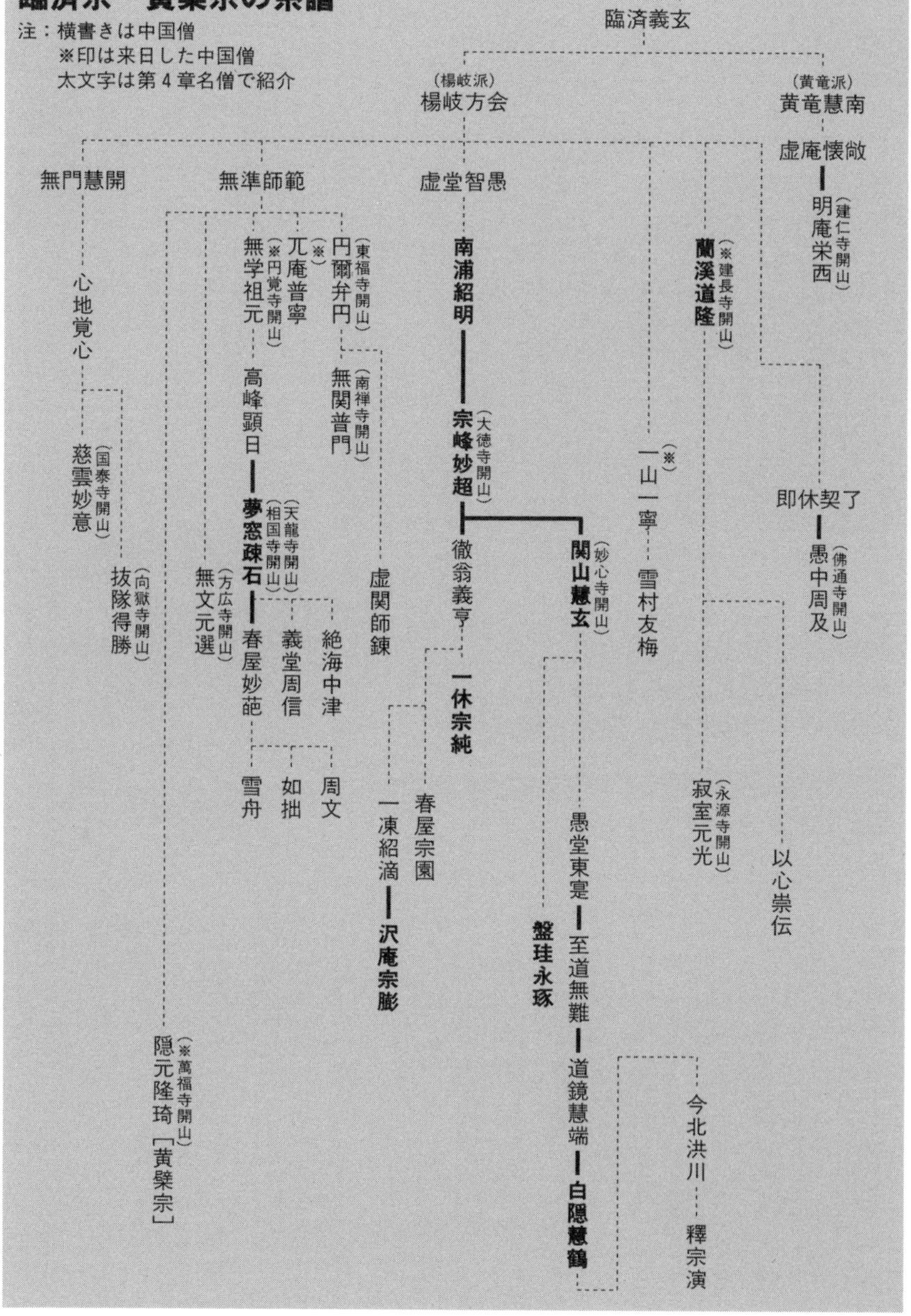

東福寺 開山

聖一国師 **円爾弁円**

京都臨済禅の布石

円爾弁円《えんにべんねん》によって、
禅宗はいっそう京都の公家社会にひろまった

東福寺通天橋《とうふくじつうてんきょう》。灌頂堂《かんじょうどう》や阿弥陀堂《あみだどう》など、禅宗以外の建物もあった

大陸から楊岐派の禅を伝える

円爾弁円《えんにべんねん》・蘭渓道隆《らんけいどうりゅう》・兀庵普寧《ごったんふねい》・無学祖元《むがくそげん》ら、日本臨済禅を確立する高僧を育てたのは中国の名僧無準師範《ぶじゅんしはん》であった。無準は南宋代、四川省の生まれ。五山第一の径《きん》山興聖萬寿禅寺《ざんこうしょうまんじゅぜんじ》に住すること20年、理宗《りそう》皇帝に禅を説き、「仏鑑円照禅師《ぶっかんえんしょうぜんじ》」の号を下賜された。

Q 純粋な禅には、だれがしたの？

A 臨済禅を名実ともに確立させたのは、円爾弁円《えんにべんねん》と蘭渓道隆《らんけいどうりゅう》である。二人は中国の径山興聖萬寿禅寺《きんざんこうしょうまんじゅぜんじ》の無準師範《ぶじゅんしはん》を師とする同門であった。

円爾は一二三五（嘉禎《かてい》元）年、三四歳で入宋《にっそう》し、無準に参禅。印可《いんか》を得て一二四一（仁治《にんじ》二）年に帰国。九州で禅を説いたのち、藤原道家《ふじわらみちいえ》の招きで上洛《じょうらく》し、道家が建てた東福寺《とうふくじ》の開山となる。皇室との機縁も生じ、後《ご》嵯峨《さが》・亀山《かめやま》・後深草《ごふかくさ》の各上皇に戒を授けている。さらに執権北条時頼《ほうじょうときより》の帰依《きえ》も受け、建仁寺《けんにんじ》や寿福寺《じゅふくじ》の住職も兼ねた。

しかしこれほど権威に近い円爾でも、禅を旧仏教に認めさせるのは至難のことだった。東福寺もまた天台・真言・禅の三宗兼学を建前とするしかなかったが、円爾は無準の禅院

建長寺 開山

大覚禅師

蘭渓道隆

日本臨済禅を確立

中国僧蘭渓道隆《らんけいどうりゅう》は、日本に本格的な大陸禅を定着させた

禅院規則から建築様式まで純粋な宋《そう》風が発揮された鎌倉の建長寺《けんちょうじ》

中国僧が相次いで来日

そのころの中国は蒙古《もうこ》の進出などで政情不安であり、中国僧たちにとって日本は仏教の理想郷と思われていたようだ。だが、日本で純禅化を一気になしとげた蘭渓道隆はスパイと疑われ、北条時頼《ほうじょうときより》に招かれて来日した兀庵普寧《ごったんふねい》はわずか6年で帰国と、その道は楽なものではなかった。

規則を生涯守りとおした。

七九歳で示寂《じじゃく》後、花園《はなぞの》天皇から「聖一国師《しょういちこくし》」の号を賜る。これは日本で最初の国師号であった。

さらに中国僧蘭渓道隆が一二四六（寛元《かんげん》四）年に来日。蘭渓は宋禅《そうぜん》宗匠として日本の旧仏教に対する遠慮は少しもなかった。時頼は蘭渓を鎌倉に迎え、建長寺開山とした。このとき円爾は門下僧一〇人を送っている。

一二六五（文永《ぶんえい》二）年、後嵯峨上皇の帰依を受けた蘭渓は建仁寺一一世となり、ついに建仁寺を純粋な臨済禅の道場とした。六六歳で示寂。亀山上皇より賜った「大覚禅師《だいかくぜんじ》」の号は日本の禅師号の最初である。

円爾の跡を無関普門《むかんふもん》（東福寺三世、南禅寺《なんぜんじ》開山）が、蘭渓の跡を無準門下の兀庵普寧《ごったんふねい》（建長寺二世）と無学祖元《むがくそげん》（建長寺五世、円覚寺《えんがくじ》開山）の二人の来日僧が継ぎ、臨済禅は根づいていった。

五山十刹諸山の制

中国南宋代の禅寺は、径山《きんざん》や天童山《てんどうざん》などの五山《ござん》・十刹《じっさつ》・諸山の三階級に分けられ、禅僧の階級も最上位の首座《しゅそ》から順に決まっていた。鎌倉末期にこの制度が伝えられ、「鎌倉五山」「京都五山」が定められ、室町時代に足利義満《あしかがよしみつ》により確定されたのが下図。別格五山之上《ござんのうえ》の南禅寺《なんぜんじ》、五山之第一の天龍寺・建長寺から、五山之第五の万寿寺・浄妙寺まで、さらに十刹諸山の官寺がピラミッド式に連なっていた。

別格五山之上 **南禅寺**（京都）

鎌倉五山		京都五山
建長寺	第一	**天龍寺**
円覚寺	第二	**相国寺**
寿福寺	第三	**建仁寺**
浄智寺	第四	**東福寺**
浄妙寺	第五	**万寿寺**

Q 禅宗文化を生んだのは?

A

鹿苑寺《ろくおんじ》金閣に代表される北山《きたやま》文化、慈照寺《じしょうじ》銀閣に代表される東山《ひがしやま》文化、龍安寺《りょうあんじ》の石庭《せきてい》など、室町文化の源流は禅宗五山にあった。

室町時代の五山は、来日した一山《いっさん》一寧《いちねい》や笠仙梵僊《じくせんぼんせん》ら中国僧の影響を受けて、詩文を重んじ、それらに託して悟りの心境をあらわす風潮があった。一山はきわめて洗練された教養の持ち主で、禅ばかりではなく大陸文化・学芸全般を建長寺《けんちょうじ》や南禅寺《なんぜんじ》において指導した。笠仙は金剛幢下《こんごうとうか》といわれる文雅の結社をつくって宋元文化を五山に移植、五山文学発展の指導的役割を果たした。

その結果、夢窓疎石《むそうそせき》をはじめ、円爾《えんに》の門流である虎関師錬《こかんしれん》、一山派の雪村友梅《せっそんゆうばい》、そして夢窓門下の春屋妙葩《しゅんおくみょうは》・義堂周信《ぎどうしゅうしん》・絶海中津《ぜっかいちゅうしん》などを輩出。なかでも義堂と絶海は五山文学の双

室町文化を生んだ五山

足利歴代将軍ら室町の武家が
求め期待したのは、文芸僧であった。

金閣寺

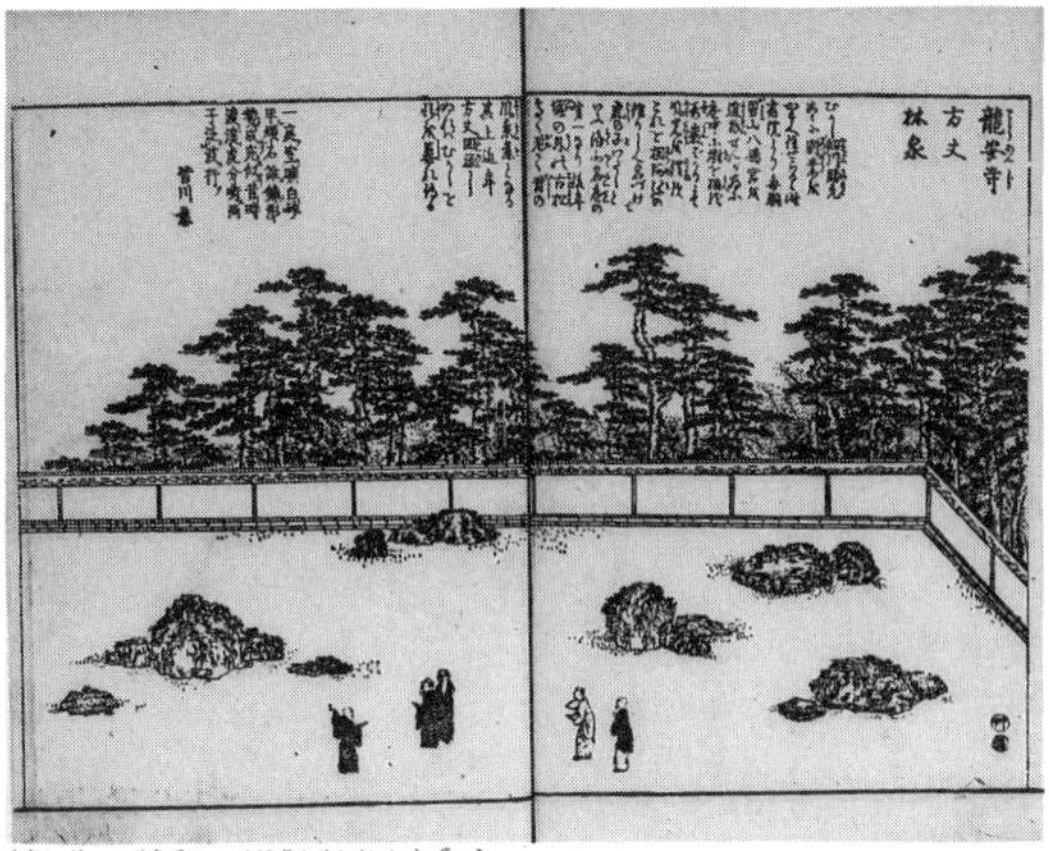

龍安寺《りょうあんじ》の石庭《せきてい》『都林泉名勝図会《みやこりんせんめいしょうずえ》』より　国立国会図書館蔵

五山僧の活躍

室町の武士たちは、禅宗様の仏事法要の際に四六駢儷文《しろくべんれいぶん》と呼ばれる流麗な句調で述べられる法語に魅かれ、才能ある文学僧をもてはやした。
そして４代将軍足利義持《あしかがよしもち》のころ、詩会を催して画僧に描かせた絵画を主題に文学僧に詩をつくらせるなど、貴族趣味を満喫させる遊びが流行した。

壁をなし、日本文学史上に果した役割は大きい。

また春屋妙葩が創建し、師の夢窓を開山とした相国寺《しょうこくじ》の流れからは瑞《ずい》渓周鳳《けいしゅうほう》・桃源瑞仙《とうげんずいせん》・景徐周麟《けいじょしゅうりん》などの文学僧、如拙《じょせつ》・周文《しゅうぶん》・雪舟《せっしゅう》らの画僧が出た。

当時の仏教界の第一人者であった夢窓の門下は一万三〇〇〇人、五山諸派の八割を占めて夢窓派と呼ばれた。一三五一（観応《かんおう》二）年、死に臨んで夢窓は、弟子たちに遺戒《ゆいかい》を残している。「もしそれ、心を外書《げしょ》に酔わしめ、業《わざ》を文筆に立つる者、これは是《こ》れ、剃頭《ていとう》の俗人なり」と、修行を忘れ、文学にふける弟子たちを早くも戒めていたのは、のちの五山文学の衰退を見ればさすがだった。

室町中期、五山は漢文学の黄金時代を迎えるが、それ以降、難解な詩句をことさら選んで知識の深さを誇るようになり、衰退していく。

厳しい修行に徹する山林派

文学熱に浮かされた五山文芸僧に対して、修行一筋の僧たちがいた。

関山慧玄《かんざんえげん》が悟後の修行のため隠遁《いんとん》した美濃《みの》(岐阜県)伊深《いぶか》の地には正眼寺《しょうげんじ》が建つ。写真は開山忌

応・燈・関の流れ

建長寺《けんちょうじ》の南浦紹明《なんぽじょうみょう》(大応国師《だいおうこくし》)の門下僧たちは、詩文に酔う五山《ござん》僧とは逆に己事究明《こじきゅうめい》の厳しい修行に徹していた。南浦の法脈を継いだ宗峰妙《しゅうほうみょう》超《ちょう》(大燈国師《だいとうこくし》)は大徳寺《だいとくじ》を開き、その門下関山慧玄《かんざんえげん》(無相《むそう》大師《だいし》)は妙心寺《みょうしんじ》を開いた。文学熱に侵された五山に対して、気迫ある禅風は山林派《さんりんは》と呼ばれ、三者の師号をとって「応《おう》・燈《とう》・関《かん》」といわれた。のちに大徳寺からは一休宗《いっきゅうそう》純《じゅん》や沢庵宗彭《たくあんそうほう》が出ている。

Q 五山を嫌った山林派って?

A 同じく室町時代、華やかな官寺五山《ござん》の夢窓派《むそうは》に対する〝応《おう》・燈《とう》・関《かん》〟の禅をさす。

建長寺《けんちょうじ》の南浦紹明《なんぽじょうみょう》(大応国師《だいおうこくし》)の清貧枯淡、気迫ある大陸禅を受け継ぐ宗峰妙超《しゅうほうみょうちょう》(大燈国師《だいとうこくし》)は、旧仏教の排撃を受けて相手学僧を論破。名声が上がり、花園《はなぞの》上皇の院宣《いんぜん》により大徳《だいとく》寺《じ》の開山となった。大徳寺は五山のひとつに加えられたが、のちに離脱。五山の官学臭を嫌う禅僧たちが集合した。また、宗峰門下の関山慧玄《かんざんえげん》(無相大師《むそうだいし》)は師をしのぐ峻厳《しゅんげん》な禅風で知られる。花園上皇は離宮跡を寄進して妙心寺《みょうしんじ》とし、関山を迎えた。妙心寺は大徳寺の末寺として反五山の禅僧たちが集い、のちには大徳寺をしのぐ勢いとなった。

応仁《おうにん》の乱後、五山は凋落《ちょうらく》。一方、応・燈・関の禅は地方にひろがり、

江戸時代の臨済宗

幕府は寺院を支配し、
民衆を管理しようとした。

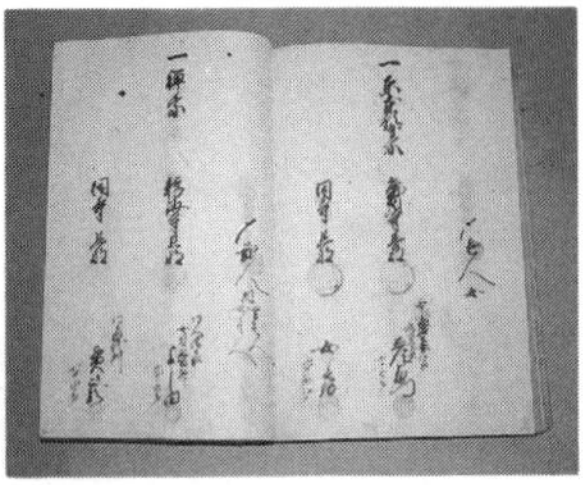

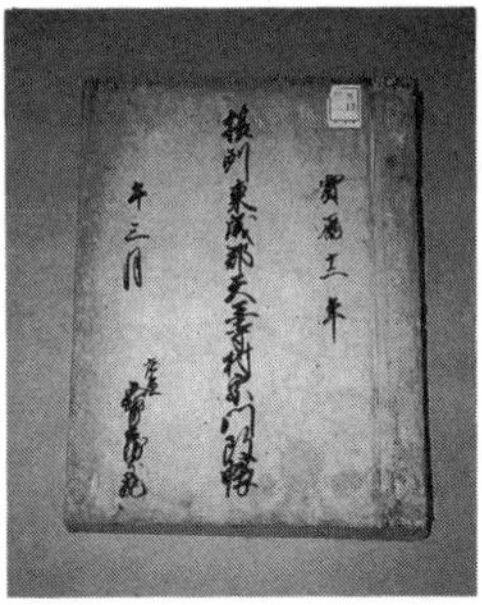

『摂州東成郡天王寺村宗門帳』
国立国文学研究資料館史料館蔵
現在の大阪市天王寺区あたりのもの。1冊の帳面のなかに各宗派別に檀家の名前が記載されている。表紙に見える寛永《かんえい》12(1635)年は、寺社奉行が設置された年であった。

臨済宗中興の祖白隠慧鶴《はくいんえかく》の師至道無難《しどうぶなん》は「坊主は天地の大極悪なり。所作なくして渡世す。大盗人なり」といった。

僧侶を堕落させた檀家制度

徳川幕府は「寺請け制」を敷き、一定地域の住民を特定寺院の「宗旨人別帳」に登録させ、引っ越し・旅行・嫁入りなど住民の移動には「寺請け証文」を必要とした。その当初の目的はキリシタン探しだったが、住民は夜逃げすらできぬほど管理された。本来、人々を救うべき僧侶が権力的存在となり、腐敗堕落の極みとなった。
家ごと強制的に特定寺院の檀家とする「檀家制度」は、仏教の教えとはまったく無関係にいまも続いている。

江戸中期になると臨済禅を伝えるものは関山の禅だけとなった。

Q なぜ、僧侶は堕落したのか?

A 江戸初期、僧侶を「戒律のたしなみも要らず、学問も要らず、心易く世を貪《むさぼ》り、肉食女犯《にくじきにょぼん》、その自由なること俗人に越える」と、京都の陽明学者熊沢蕃山《くまざわばんざん》は痛烈に批判した。

江戸時代にいたって、なぜ僧侶は堕落したのか。

徳川政権は、室町時代の足利《あしかが》政権のもとで栄えた臨済禅組織(五山制度)を模して、仏教界全体を管理統制しようとしたのだ。

そして僧侶たちは、幕府の宗教統制策・寺院諸法度《はっと》に従いさえすれば、檀家を管理し布施を受けられるため、困難な修行も布教の努力も必要としなくなった。

沢庵宗彭

沢庵と紫衣事件

高徳第一の僧に紫衣《しえ》を許す特権は朝廷のものだったが、崇伝《すうでん》は法度《はっと》により朝廷の勅許を禁止した。そして紫衣は南禅寺《なんぜんじ》のみとし、後水尾《ごみずのお》天皇が大徳寺《だいとくじ》・妙心寺《みょうしんじ》に下賜した紫衣を剝奪《はくだつ》した。

大徳寺の沢庵宗彭《たくあんそうほう》は、僧の修行年数や公案の透過数まで定める法度の不条理に反感をもっていたため、紫衣の剝奪をきっかけに同志とともに抗議文を提出するが、出羽《でわ》(山形県)へ流されてしまう。怒った後水尾天皇も退位。これが紫衣事件である。

しかし、高潔な沢庵はのちに将軍家光《いえみつ》の帰依《きえ》を受け、江戸(東京)品川に東海寺《とうかいじ》を開創する。

以心崇伝

徳川幕府に協力した崇伝

「黒衣の宰相」と呼ばれた南禅寺金地院《なんぜんじこんちいん》の臨済僧以心崇伝《いしんすうでん》は、徳川家康《とくがわいえやす》の信望を得て僧録司《そうろくし》となり、外交文書を作り、公家諸法度《はっと》・武家諸法度・寺院諸法度などを起草した幕藩体制の影の権力者であった。

封建的秩序を確立させるため宗教統制政策を実行し、本寺末寺制度や僧の階級制定、檀家制度など多くの法制で、天台・真言・禅・浄土・法華の全宗派にわたり、お寺や民衆を縛りあげた。

そのため日本の仏教は清新な信仰世界が失われ、仏教は葬式・法要中心の習俗に変容した。

Q 紫衣事件は、どうして起こったの？

A 室町末期から大徳寺《だいとくじ》や妙心《みょうしん》寺《じ》でも〝密参口訣《みっさんこうけつ》の禅〟といわれるインチキがまかりとおっていた。これは師家からこっそり公案解決法を教わり、公案透過数を稼いで印可を受けるもの。これでは修行にならない。一六〇六(慶長《けいちょう》一一)年には、妙心寺の愚堂東寔《ぐどうとうしょく》・雲居希膺《うんごきよう》・大愚宗築《たいぐそうちく》・了堂宗歇《りょうどうそうけつ》・洛浦金邑《らくほきんゆう》・大《だい》雲玄洋《うんげんよう》・回天法旧《かいてんほうきゅう》ら、関山慧玄《かんざんえげん》の法脈を継ぐ僧たちによって正法《しょうぼう》復興運動が起こされる。

大徳寺の沢庵宗彭《たくあんそうほう》・玉室宗珀《ぎょくしつそうはく》・江《こう》月宗玩《げっそうがん》、妙心寺の東源慧等《とうげんえとう》・単伝士《たんでんし》印《いん》ら硬派の僧が起こした一六二九(寛永《かんえい》六)年の紫衣《しえ》事件は、徳川政権が崇伝《すうでん》につくらせた同じ臨済僧の寺院法度《はっと》で〝密参口訣の禅〟を黙認助長したのも原因だった。まさに臨済禅は法灯の危機にあった。

盤珪永琢

〈不生禅〉で民衆を教化

〝生まれたる時は物に恐るる心なく、不生の仏心也〟これは「人は生まれたとき一切の迷いはなく、分別がつくに従い、迷いは増える」という意味の盤珪《ばんけい》の言葉である。分別以前のありのままを「不生《ふしょう》」、その何物にもこだわらない自己を「仏心《ぶっしん》」といい、盤珪は〝不生の仏心をひと筋に信じること〟それが悟りだというのだ。

盤珪は漢語を使わずやさしい日常の言葉で、貴賤の別なくこのような〈不生禅《ふしょうぜん》〉を説いたのである。そして盤珪は公案を否定したが、それは中世以降堕落した臨済禅の軌道修正であったともいえる。

白隠慧鶴

〈公案禅〉は修行の指針

白隠《はくいん》に始まる近世臨済禅は、見性《けんしょう》体験(自己の本性=仏心に出会うこと)と悟後の修行の2つを核として再出発している。

多くの公案を透過しても、その先にある世界を悟りとし、白隠はそれを「見性に徹する」といった。仏心に出会ったらさらに進めという、この厳しい禅風が、臨済禅を立て直したのである。

公案とは、坐禅修行者の仏法参究の手がかりであり、悟りを得るために必要不可欠な手段であると、白隠は考えたのである。そして、古人の公案1700則を整理し、後世の修行者に残した。

Q 臨済宗を立て直したのはだれ?

A 江戸中期、方法は違ったが、ともに禅の民衆化に努めたのが盤珪《ばんけい》永琢《ようたく》と白隠《はくいん》慧鶴《えかく》であった。

盤珪は、難しい漢語の公案は不要とし、方言まじりのやさしい言葉で庶民に語り、禅の平易化、民衆化に力を尽くした。その独創的な禅風は、〈不生禅《ふしょうぜん》〉と呼ばれた。

一方、白隠はわかりやすい禅画や和讃《わさん》の形式で禅の民衆化に努めるとともに〈公案禅〉を確立した。

白隠は、愚堂東寔《ぐどうとうしょく》の禅を継ぐ至道《しどう》無難《ぶなん》の弟子で信濃《しなの》(長野県)飯山《いいやま》に隠棲《いんせい》する道鏡慧端《どうきょうえたん》(正受老人《しょうじゅろうじん》)より認められた。その後も厳しい悟後の修行を続け、公案の体系化をなしとげたのである。

今日、日本の臨済宗のほとんどが白隠の流れをくんでおり、白隠は中興の祖といわる。

世界のなかの禅

明治時代に円覚寺《えんがくじ》の釋宗演《しゃくそうえん》がシカゴの「万国宗教会議」で講演し、さらに戦後、茶道・華道・能・俳句・庭園などの日本文化が禅の境地の表現であることが知られ、世界的な〝禅ブーム〟が起こる。

釋宗演《しゃくそうえん》老師
一八五九（安政六年）、若狭国《わかさのくに》（福井県）生まれ。一三歳で妙心寺《みょうしんじ》に入り得度、各地で修行後、円覚寺《えんがくじ》の今北洪川《いまきたこうせん》より印可を得て同寺仏日庵《ぶつにちあん》の住職となる。一八八五（明治一八）年に慶応義塾大学に入学し、パーリ語と戒律習得のため、セイロンへ渡航。帰国後円覚寺住職・同派管長。万国宗教会議出席。一九一九（大正八）年、六一歳で逝去。

鈴木大拙居士《すずきだいせつこじ》
本名鈴木貞太郎《すずきていたろう》。一八七〇（明治三）年、石川県生まれ。西田幾太郎《にしだきたろう》とともに東京帝国大学に学ぶ。釋宗演《しゃくそうえん》の弟子となり、渡米。戦後再渡米し、ハーバード大学などで講義。たびたび西欧へも渡り、禅思想を精力的に海外へ紹介した。邦文・英文著作多数。学習院大学・大谷《おおたに》大学教授。文化勲章受賞。一九六六（昭和四一）年に九七歳で逝去。

Q 禅をはじめて世界に紹介したのは？

A 円覚寺住職・同派管長の釋《しゃく》宗演《そうえん》である。一八九三（明治二六）年、シカゴ万国博覧会の付随行事「万国宗教会議」に出席した四人の日本代表のひとりで、臨済宗の立場から禅について講演した。この講演は弟子の鈴木大拙《すずきだいせつ》によって英訳され、夏目漱石《なつめそうせき》が文章を点検した。

四年後に鈴木は師命で渡米し、シカゴで出版社を経営する哲学者ポール・ケーラスの仏教書英訳出版を手伝う。一一年の研究生活を送り、鈴木自身も『大乗起信論《だいじょうきしんろん》』などのすぐれた英訳がある。

その後、釋の法脈をひく佐々木指月《ささきしげつ》、千崎如幻《ちざきにょげん》らがニューヨークやロサンゼルスで禅堂を開き、臨済禅の指導にあたった。

戦後は鈴木大拙の再渡米を中心に、哲学者西田幾太郎《にしだきたろう》の弟子久松真一《ひさまつしんいち》や

禅とカトリックの対話

禅とカトリックという東西の異宗教が互いの差を確認し、共有し得るものを通して無神論に対処しようとしている。「第１回東西霊性の交流」は1979(昭和54)年、日本の禅僧30名が欧州のカトリック修道院の生活を体験。２回目の交流では欧州の修道院長19名が禅道場での生活を体験。2023(令和５)年には第16回を数え、海外交流はいまも諸宗教間対話として継続されている。

修道院で坐禅をするカトリック・プロテスタント・禅宗・神道などの宗教者たち。禅とキリスト教懇談会(1996年)京都・聖ヨゼフ修道院にて。朝日新聞社提供

南禅寺《なんぜんじ》の柴山全慶《しばやまぜんけい》・中川宋淵《なかがわそうえん》・山田《やまだ》無文《むもん》・緒方宗博《おがたそうはく》など臨済禅の実践研究者が相次いで渡米。各地の大学で禅思想や禅文化を講義し、それらが論文として世界に紹介されるにつれ、単なる異国趣味ではない宗教的関心を呼び起こした。現在では海外の主要な大学に禅仏教の講座が開かれ、指導する東洋学の専門家もたいへんな数にのぼっている。

Q　釈宗演が海外をめざしたわけは？

A　西欧化の最中にあった明治時代、仏教は危機にあった。釈《しゃく》は、師今北洪川《いまきたこうせん》に反対されながらも慶応義塾《けいおうぎじゅく》大学に入学し、キリスト教からの批判に対し、そして神道への従属から脱するため、仏教を因習から解き、仏教界を近代化したいという強い願望のもとに禅を世界に紹介していこうと考えた。

コラム①

修行の心得

禅は、ひたすら坐って瞑想《めいそう》し、
自己のうちに真理を見いだすことである。
それは坐禅に限らず、我々の日常生活すべてが修行といえる。
修行の心得は『四弘誓願文《しぐせいがんもん》』に示されている。

五種の禅

最上乗禅

(如来清浄禅《にょらいせいじょうぜん》)

お釈迦《しゃか》さまの正しい教え(正法《しょうぼう》)によって修行する禅。禅は本来、自分自身の内奥を見つめ、清浄なる自己に徹するこの〝正法の禅〟でなければならない。

大乗禅

大乗《だいじょう》とは、大きな乗物の意味。自分が悟って彼岸に渡るばかりでなく、他人の悟りをも助け、彼岸に渡らせようとする禅を大《だい》乗禅《じょうぜん》という。

小乗禅

小乗《しょうじょう》とは、自分一人しか乗れない小さな乗物の意味。自分の救済だけを思い、他人を救うことまで思いいたらない未熟な禅を小乗禅という。

凡夫禅

たとえば、健康維持や美容のためのヨーガや優勝祈願の寺社参りなど、ひたすら現世功徳を求めて修行する禅を凡夫禅《ぼんぶぜん》という。

外道禅

外道《げどう》とはもともと仏教用語で、真理に反した道という意味。自分の外に絶対者(神仏)を見て、それを信じる禅を外道禅という。

四弘誓願文

衆生《しゅうじょう》無《む》辺《へん》誓《せい》願《がん》度《ど》
煩《ぼん》悩《のう》無《む》盡《じん》誓《せい》願《がん》断《だん》
法《ほう》門《もん》無《む》量《りょう》誓《せい》願《がん》学《がく》
仏《ぶつ》道《どう》無《む》上《じょう》誓《せい》願《がん》成《じょう》

「四弘誓願文《しぐせいがんもん》」とは、仏道をめざそうと決意した者たちの誓いをわずか四行にまとめたものである。

意味は次のとおり。

*

世の人々は限りなく多いけれど、誓ってすべての人々を悟りの彼岸へ渡そう。

煩悩《ぼんのう》は尽きることなく生まれでるが、誓ってこれを断ち切ろう。

仏さまの教えは、はかり知れないほど奥深いものであるが、誓ってこれを学びつくそう。

悟りへの道も限りなく遠くはるかなものであるが、誓ってこれを成就しよう。

臨済禅を伝え
日本仏教界に新風を吹きこむ
第2章
開祖はこんな人
「栄西禅師」
作／多田一夫

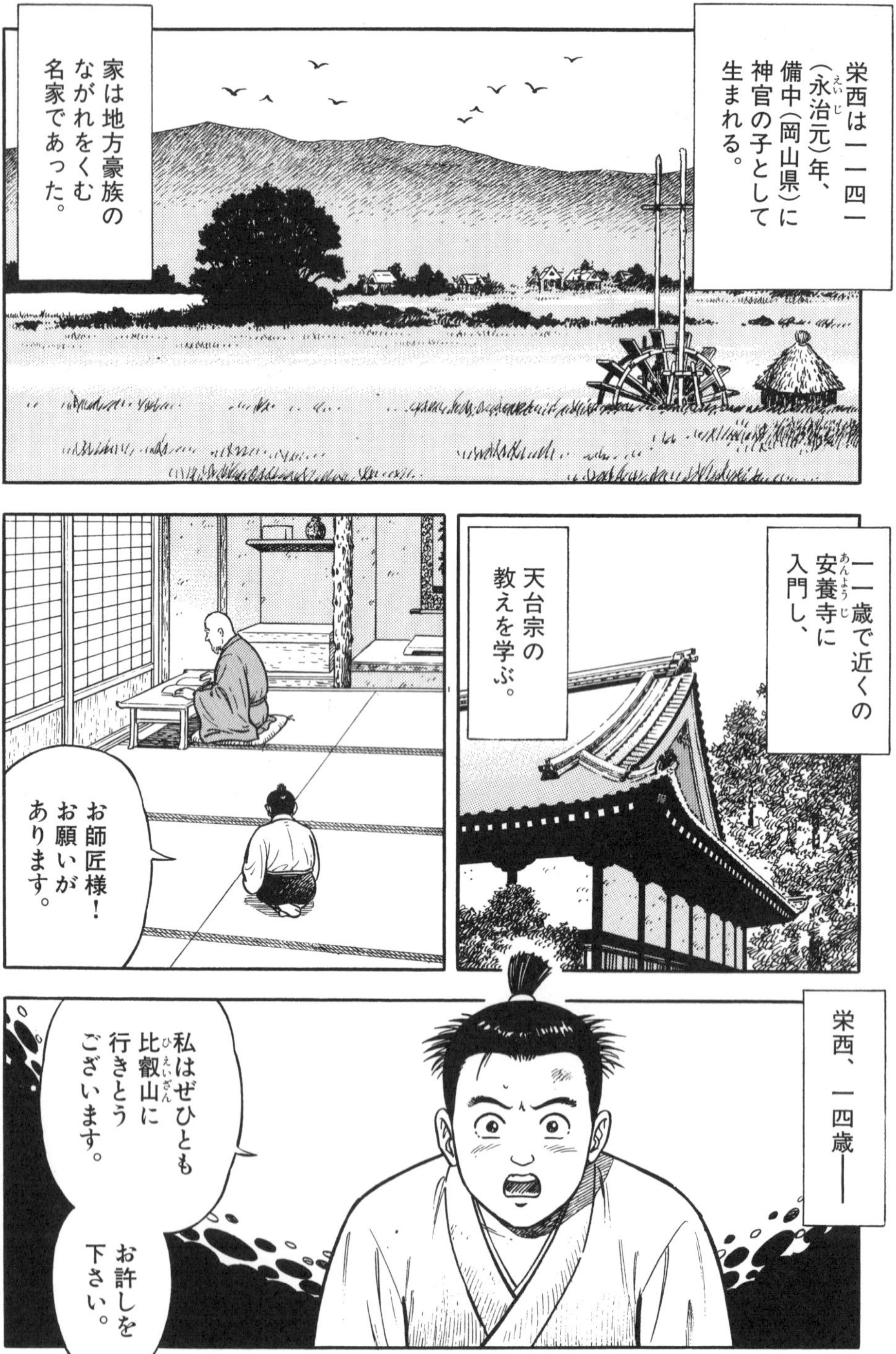

栄西は一一四一
(永治《えいじ》元)年、
備中(岡山県)に
神官の子として
生まれる。
家は地方豪族の
ながれをくむ
名家であった。
一一歳で近くの
安養寺《あんようじ》に
入門し、
天台宗の
教えを学ぶ。
お師匠様!
お願いが
あります。
栄西、一四歳——
私はぜひとも
比叡山《ひえいざん》に
行きとう
ございます。
お許しを
下さい。

お前が比叡山《ひえいざん》に？
最澄《さいちょう》のおこした比叡山延暦寺《ひえいざんえんりゃくじ》は、
天台宗の総本山で宗派にとらわれずに仏教全般を学ぶことができる、
総合大学のような機能も持っていた。
勉学熱心なお前のこと…
行ってきなさい！
ありがとうございます!!
こうして天台密教の猛烈な研究と修行が始まる。

しかし
栄西二一歳——
なんて
ことだ!!
ここ叡山《えいざん》は
これでも信仰の
地なのだろうか!?
僧侶たちの
戒律は乱れ
勢力争いに
骨身を
けずり
官位取得に
夢中ではないか。
こんな所で
いくら修行に
うちこんでも……
栄西は
比叡山《ひえいざん》の堕落に
絶望する!

オオォ・・・ン
!!
なんだって!?
宋に渡るだと!?
ハハッ!!
経の読みすぎで頭がおかしくなったんだろう。

最澄《さいちょう》や空海《くうかい》の求めたような激しい情熱の時代は過ぎ
中国へ渡る僧はいなくなっていた。※

※最澄や空海は遣唐使《けんとうし》として中国に渡ったが、この時代、そのような制度はなくなっていた。

備前《びぜん》（岡山県）、伯耆《ほうき》（鳥取県）で修行したのち、
父母に別れを告げ…
九州に向かう——
筑前《ちくぜん》（福岡県）博多の地で宋の商船が来るのを待つ。
!
宋の船が来て、
交渉がまとまり港を出たのは……
一一六八（仁安《にんあん》三）年二八歳のときだった。

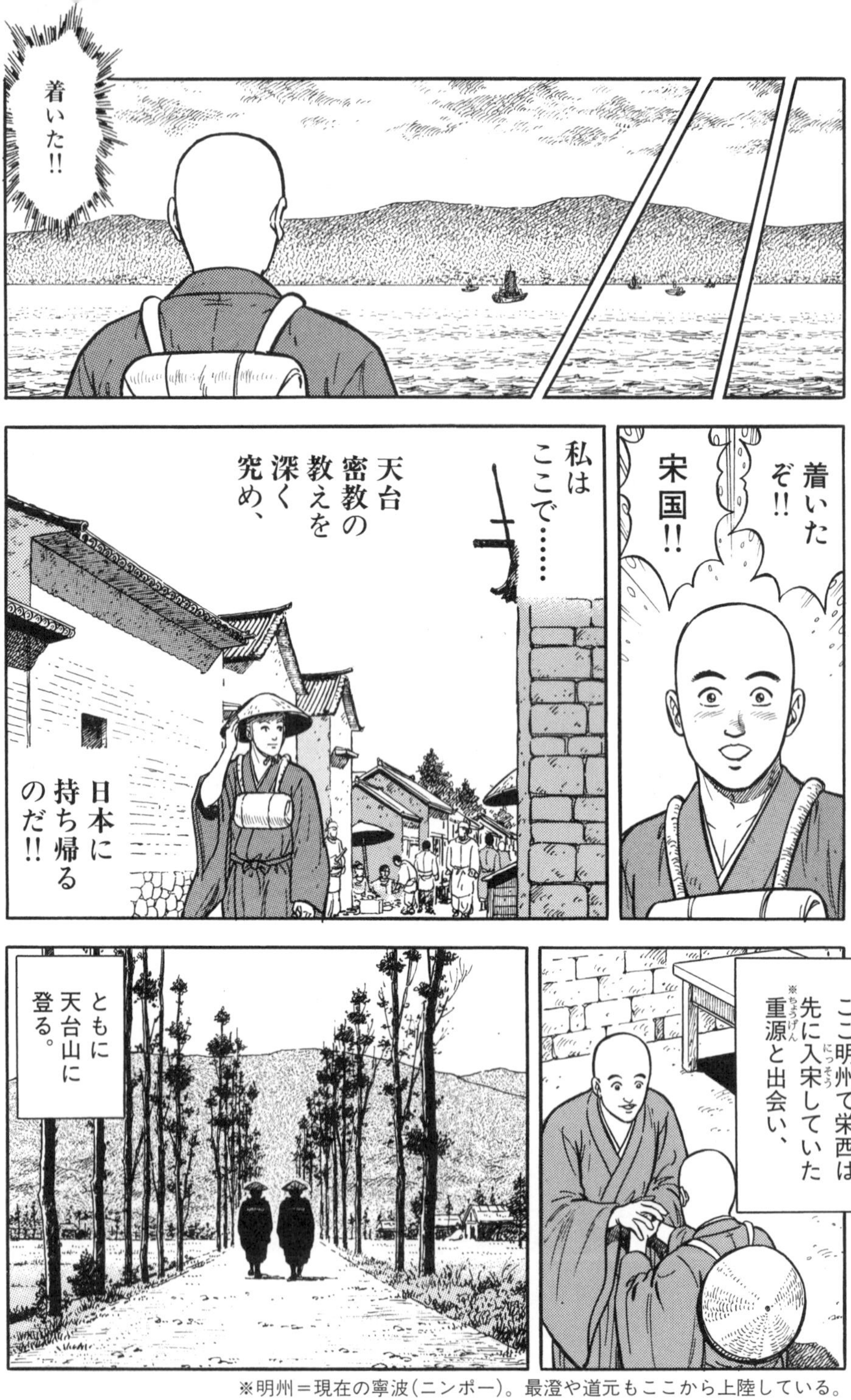

※明州＝現在の寧波(ニンポー)。最澄や道元もここから上陸している。
※重源＝帰国後、東大寺を再建。没後は、栄西がその任を引き継いだ。

なんてことだ――
天台山も
阿育王山《あいくおうざん》も…
天台宗から
禅宗に変わって
しまっている
ではないか。
私は何のために
この宋まで……
しかたがないよ
栄西師、
そう お気を
落とされるな。
栄西は
失望し…
滞在五か月で
重源とともに
帰国する。

その後は備前《びぜん》、備中《びっちゅう》、
そして九州筑前《ちくぜん》で、
学識の高い高僧として活躍する。
歴史の上から見ると栄西の沈潜期である。
…………
栄西は時《とき》を待っていた。
わああ ああ
世は源平合戦《げんぺいかっせん》の時代――
ブンッ

※栄西は誓願寺に十余年滞留し、宋船のもたらす一切経の入手につとめながら入宋の機会を待っていた。

※お釈迦さまの正しい教え。

政府として天竺へ行く許可など出せない!!
何度もそう言ってるだろう!
どうしても!?
だめだ!! あきらめろ!!
ザザ
ザザ
なんてことだ!!
こんなことでおめおめ日本に帰らねばならないとは……

オオビュオ
ビョオ
日本に行く船は逆風に流され中国側に漂着する。
……天竺にも行けず、
日本にも帰れないとは…
しかたなく栄西は陸路また天台山に向かい、

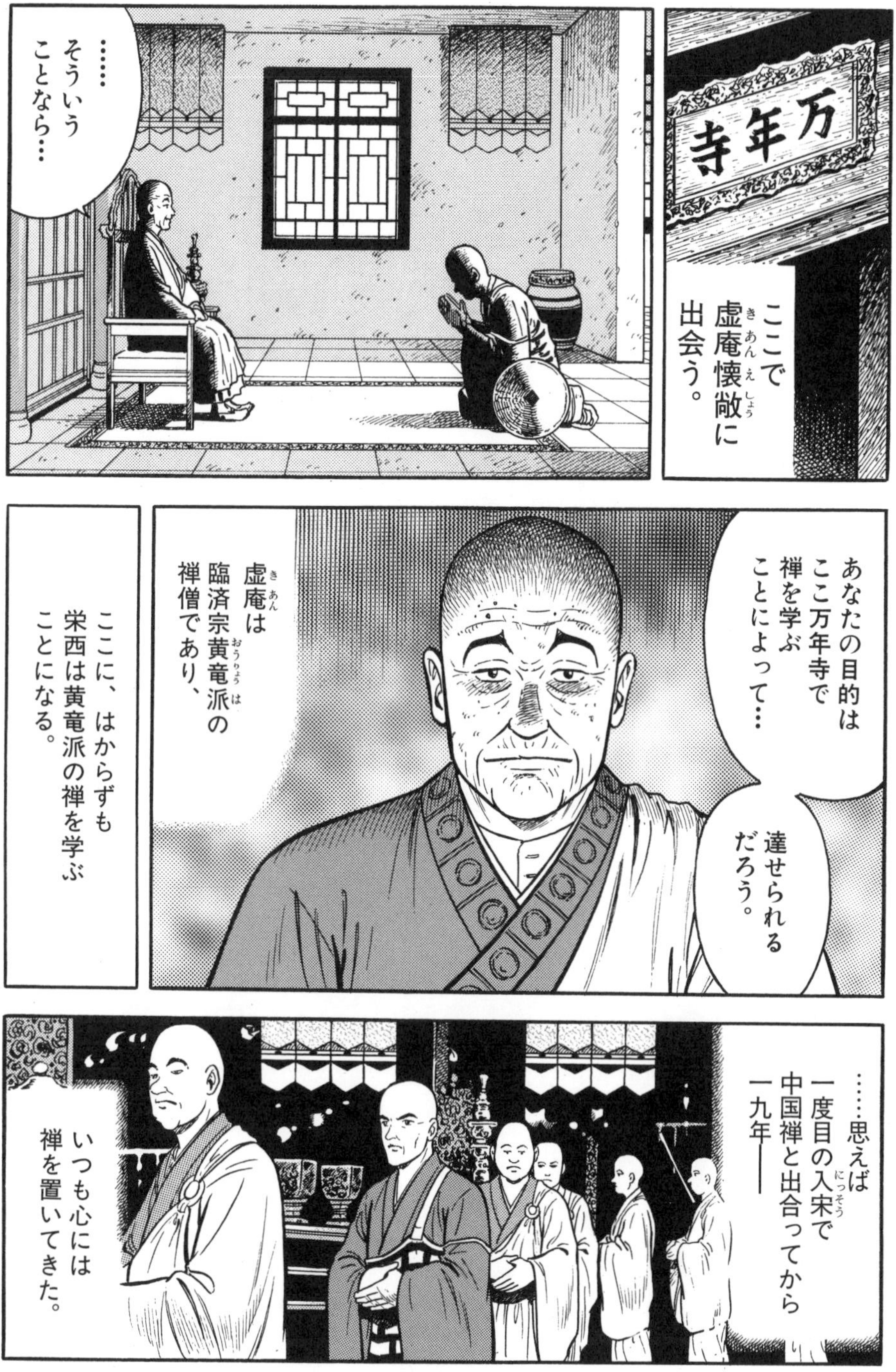
万年寺
ここで虚庵《きあん》懐敞《えしょう》に出会う。
……そういうことなら……
あなたの目的はここ万年寺で禅を学ぶことによって……
達せられるだろう。
虚庵《きあん》は臨済宗黄竜派《おうりょうは》の禅僧であり、
ここに、はからずも栄西は黄竜派の禅を学ぶことになる。
……思えば一度目の入宋《にっそう》で中国禅と出合ってから一九年——
いつも心には禅を置いてきた。

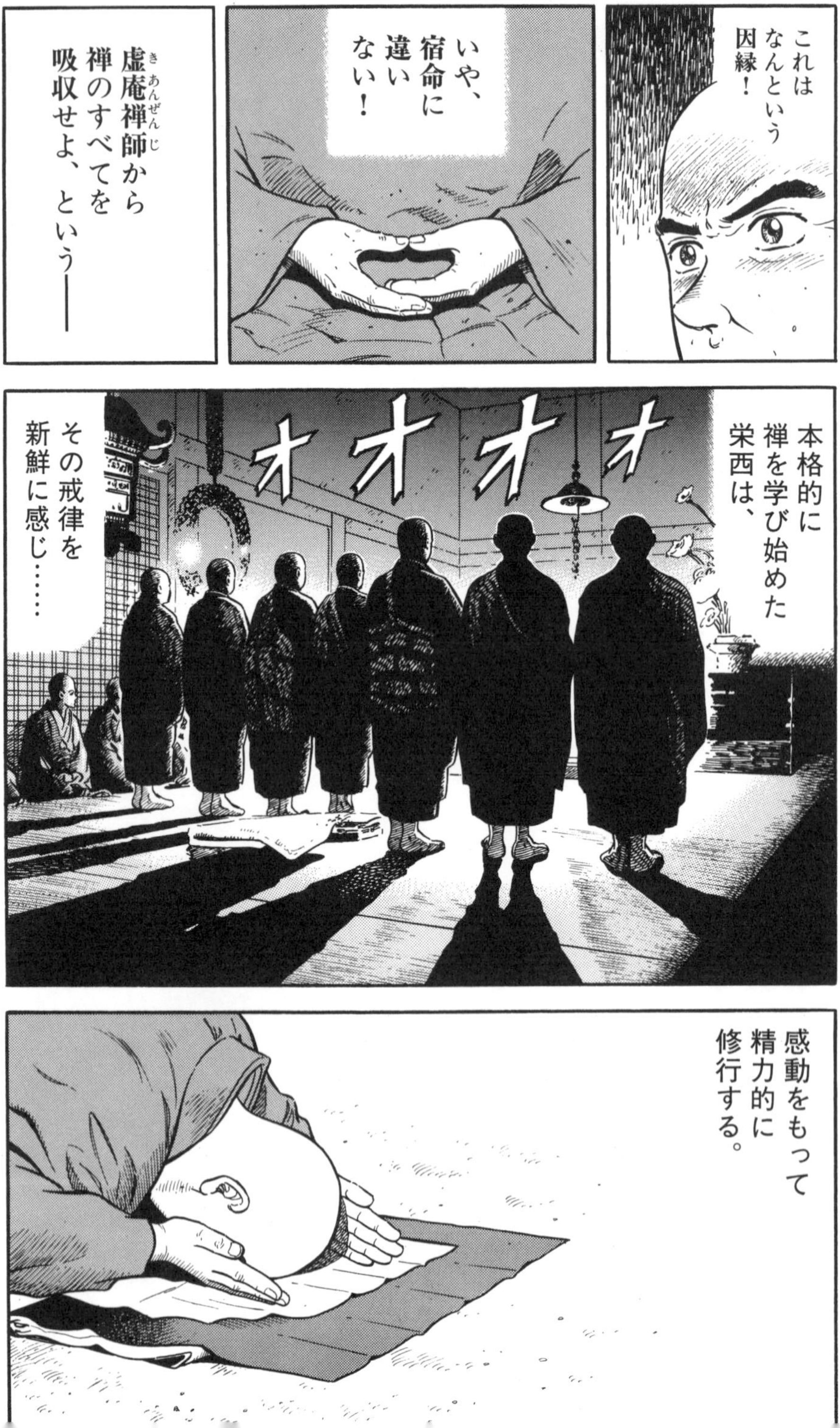
これはなんという因縁！
いや、宿命に違いない！
虚庵禅師《きあんぜんじ》から禅のすべてを吸収せよ、という――
本格的に禅を学び始めた栄西は、
オオオオ
その戒律を新鮮に感じ……
感動をもって精力的に修行する。

二度目の入宋時、
栄西はすでに
四七歳だった。
四年にわたる
修行の後、
虚庵《きあん》の印可《いんか》を
受け……
帰国する。
また、このときに
茶の実を持って
帰る。

※印可＝師僧から教えを受け、悟りを得た証。

ときに
源頼朝《みなもとのよりとも》が
幕府を開く
前年――
日本における
初めての禅
〝臨済禅〟は、
※平戸《ひらど》の小さな
庵《いおり》からはじまる。
よし、やるぞ!!
長年の悲願!!
腐敗した
日本仏教を
この禅によって
改革するのだ。
筑前《ちくぜん》(福岡県)、
肥前《ひぜん》(佐賀県・長崎県)、
肥後《ひご》(熊本県)など
あいついで寺を
建立――
栄西の名声と
禅は、
九州で大きく
ひろがってゆく。

※栄西は平戸島(長崎県)に帰着した。「日本禅宗発祥之地」の石碑がある。

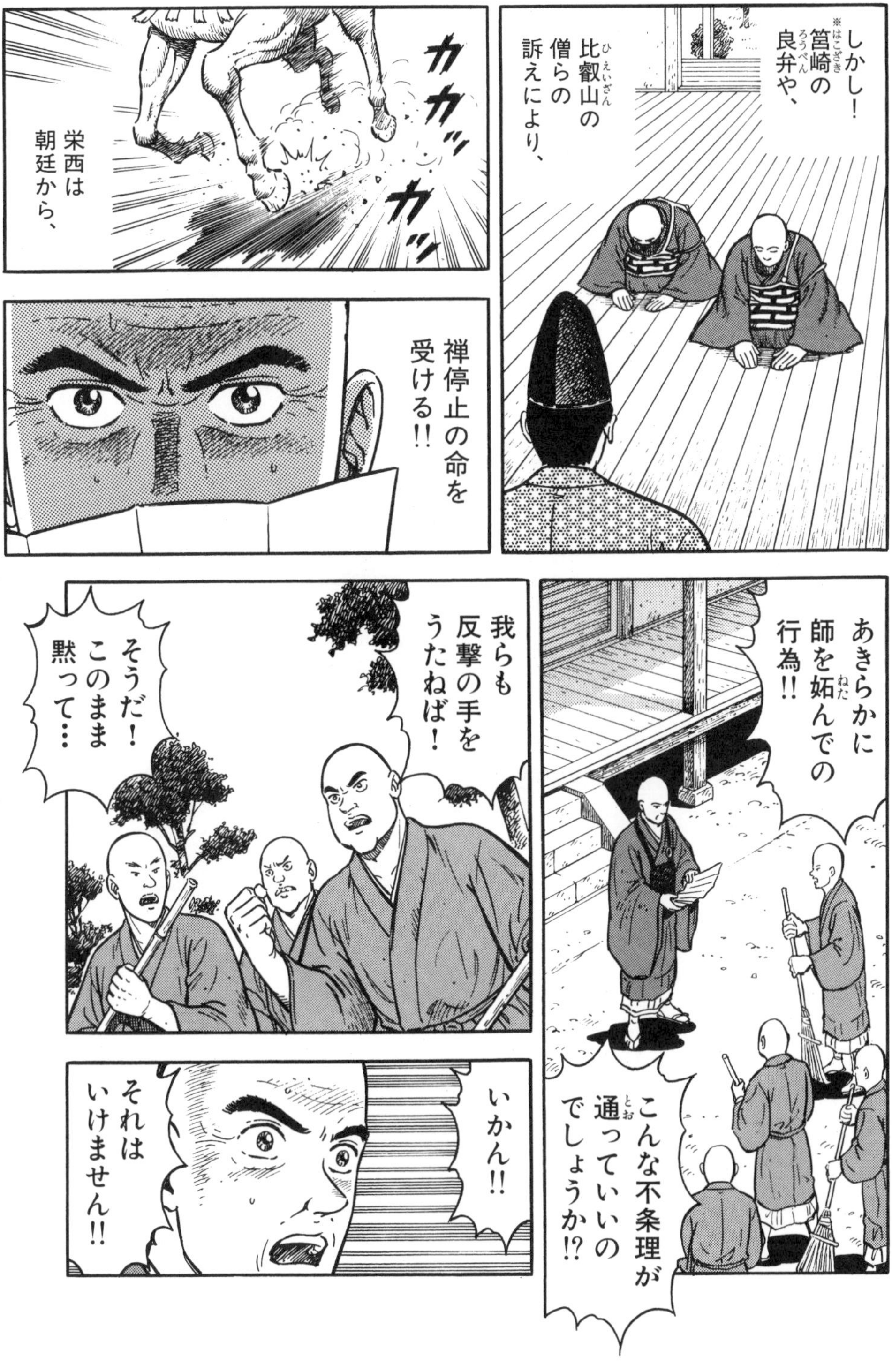
しかし！※筥崎《はこざき》の良弁《ろうべん》や、
比叡山《ひえいざん》の僧らの訴えにより、
カカッ
カッ
栄西は朝廷から、
禅停止の命を受ける!!
あきらかに師を妬《ねた》んでの行為!!
こんな不条理が通《とお》っていいのでしょうか!?
我らも反撃の手をうたねば！
そうだ！このまま黙って…
いかん!!
それはいけません!!

※筥崎＝現在の福岡市。

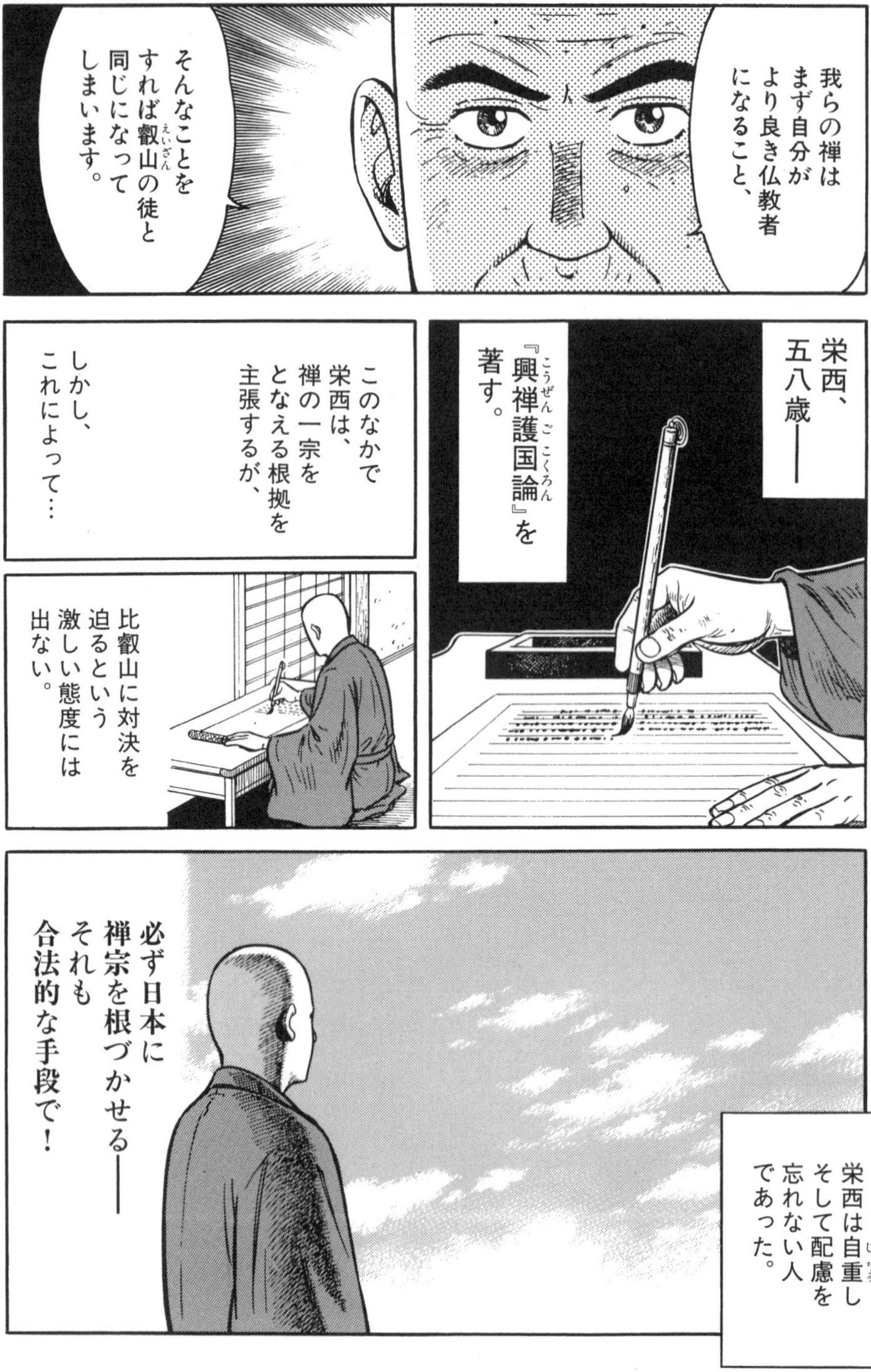
我らの禅はまず自分がより良き仏教者になること、
そんなことをすれば叡山《えいざん》の徒と同じになってしまいます。
栄西、五八歳——
『興禅護国論《こうぜんごこくろん》』を著す。
このなかで栄西は、禅の一宗をとなえる根拠を主張するが、
しかし、これによって…
比叡山に対決を迫るという激しい態度には出ない。
栄西は自重《じちょう》しそして配慮を忘れない人であった。
必ず日本に禅宗を根づかせる——それも合法的な手段で！

一一九九(正治《しょうじ》元)年、栄西、鎌倉に招かれる!!

そこで禅宗は国家を護持するための最高の宗旨《しゅうし》であり禅宗の復興こそ天台宗の復興でもあると説得した。

当初、栄西に期待されたのは祈禱《きとう》による安らぎであったが…

たちまちにして幕府の尊敬と帰依《きえ》を受ける。

いやまったくだ。

そなたの教えには感服するばかりじゃ。

将軍・源 頼家《みなもとのよりいえ》——

ついては……
京都鴨川のそばの直轄地をそなたに与えようと思っておる。
信ずるままに使ってみんか!
え!?
こうして建仁寺《けんにんじ》が建てられる。
京――それも比叡山《ひえいざん》の眼下に!!
建仁寺は禅、天台、真言の三宗をおくこととなったが…
ここに初めて禅宗は公認される。
坐禅
一二一四(建保《けんぽう》二)年――

ここ七日、もう何も食べておりません。
どうかお救い下さい！
このとき栄西はすでに七四歳——
建仁寺《けんにんじ》は貧乏寺だった。
そのときには食物はおろか、売って銭にするものもなかった。
スッ
これ……

これを売って
たしに
しなさい。
!!
いけません
和尚様!
それだけは
!!
それは
薬師如来像を
作るための銅材!
寺に供養された
資材を流すのは
重大な仏罰《ぶつばつ》です!!
いいから
持って
行きなさい。
栄西は
与えてしまう。
和尚様!!
たしかに
仏罰だ…
…しかし、

仏の心を思えば、
手足の肉を与えて民に施すのが正しい。
私はやはり民を救う道を選ぶつもりである。
…………
仮に私がこのことで仏罰を受け、地獄に落ちるとしても、
…………
和尚様……
その夜の法話の席で栄西はこうも言う。
各々《おのおの》の衣料や食料も、
この栄西が与えたものと思ってはならぬ。
これは、みな天が与えるもので……
私は、ただ取次をするにすぎない！

各々《おのおの》の一生の
命を保つに必要な
ものは、そろっていると
思うべし。
それを求めて
奔走しては
ならない。
…………
…………
入門したばかりの
一五歳の少年
道元（曹洞宗の開祖）は、
熱くなる
思いで
その言葉を
聞いた。

栄西は その生涯の 最期まで、 京都――鎌倉を 往復しながら、
高齢をおして 活動する。
和尚様―― 少しお休みに ならねば お体《からだ》に さわります。
こんなに 立派な寺も 建ち…
禅宗も ひろまって おります。
いや、 そうもして おられん。
建仁寺《けんにんじ》も 禅も、私の 最終目的では ないのだ。
栄西は もっと遠くを 見ている。

栄西の念願、日本仏教の改革——
栄西禅師、
建仁寺《けんにんじ》は鴨川の河原に近すぎて、
いずれ洪水で流されてしまうのではないですか？
ほほっ…そうですな。

だが
寺の建物
など……
え!?
和尚様!
なんてこと
を――
流されても
かまわない
のです。
いや
いいんだ。
いったん
寺という建物が
できると、
次はそれを
いかに守るか、
永続させるかが
目的になって
しまう。

そして仏の教えをいかに世の人に説くか……
という根本のところがおざなりになってしまう。
比叡山延暦寺《ひえいざんえんりゃくじ》がとかく安泰をむさぼり…
教えを説くことがおろそかになった原因もそこじゃ。
私は、そうはなりたくないのだ！

大いなるかな心《しん》や。

天の高きは
極むべからず
しかるに心は
天の上に出《い》づ。

地の厚きは
測るべからず
しかるに心は
地の下に出《い》づ。

（中略）

[意訳] お釈迦さまの悟りの心とは、なんと偉大なものであろうか。それは、天よりも高く、また地よりも厚いものである。

大いなるかな心《しん》や。
純粋に…おおらかに生きぬいた栄西は、
その最期まで日本仏教の改革という遠くを見ていた。

—— 完 ——

EISAI

栄西の人生

一一八五（文治《ぶんじ》元）年に、平家が壇《だん》の浦《うら》で源氏に滅ぼされた。まさに平家物語の一説「…おごれるもの久しからず」をほうふつさせる時代だ。栄西はこの戦乱の世を嘆き、天台密教の教えを深く究めようと二度に渡り宋《そう》を訪れ、中国臨済禅の存在を知る。帰国して日本臨済宗を確立し、禅を興すことこそ国家を護持すると主張。また、腐敗した仏教を禅によって改革しようと尽力した。

1141（永治《えいじ》元）年　1歳

神主の子として誕生

四月二〇日（二五日の説もある）、備《びっ》中国《ちゅうのくに》吉備津宮《きびつぐう》（岡山市）の神官の子として生まれる。父は天台宗の園城寺《おんじょうじ》に学んだことがあり、仏教にも通じていた。

1148（久安《きゅうあん》４）年　8歳

父に従って倶舎《くしゃ》等を読む

幼いときから父に従って仏教の手ほどきを受けており、八歳にして教典『阿《あ》毘達磨倶舎論《びだるまくしゃろん》』を読みはじめる。当時から聡明さを発揮していたといわれる。

1151（仁平《にんぺい》元）年　11歳

天台密教を学びはじめる

父の友人である安養寺《あんようじ》（岡山市）の静《じょう》心《しん》に師事し、日本仏教の母体となった天台密教を本格的に学びはじめる。しかし、学び進めるうちにさらに深く天台密教を深めたいと思うようになった。

1154（久寿《きゅうじゅ》元）年　14歳

比叡山で出家

静心に願いでて比叡山延暦寺《ひえいざんえんりゃくじ》にのぼる。具足戒《ぐそくかい》を受け、剃髪して出家者となる。当時の比叡山は日本天台宗の総本山でありながら、仏教の総合大学としての機能も持っていた。

保元の乱、平治の乱

一一五六（保元《ほうげん》元）年、保元の乱が起きる。朝廷では崇徳《すとく》上皇と後白河《ごしらかわ》天皇が、藤原氏内では頼長《よりなが》と忠通《ただみち》が対立。上皇と頼長、天皇と忠通が組み、上皇派は源為義《ためよし》と平忠正《ただまさ》を味方につけ、天皇派は源義朝《よしとも》、平清盛《きよもり》と組んで戦った。その結果、天皇側が勝利したが、この戦いは武士が政権を握るきっかけとなった。

その三年後の一一五九（平治《へいじ》元）年、平治の乱が起きる。これは、保元の乱をともに戦った平清盛と源義朝《よしとも》の勢力争いで、義朝は清盛が熊野詣でに出かけたすきに挙兵したが、帰京した清盛に敗れた。この争いののち、平氏は全盛を極めていく。

1156（保元《ほうげん》元）年

保元の乱

保元《ほうげん》の乱が起き、崇徳《すとく》上皇が讃岐国《さぬきのくに》（愛媛県）に流される。栄西一六歳。

1159（平治《へいじ》元）年

平治の乱

平治《へいじ》の乱が起き、勝利した平清盛《たいらのきよもり》は絶大な権力を握る。栄西一九歳。

1161（応保《おうほう》元）年

21歳

宋留学を志す

比叡山の堕落に絶望し、それを改革するためには宋（中国）に渡り、天台宗の総本山である天台山で修行をしたいと願うようになる。翌年、郷里備中国に帰郷する。

栄西禅師頂相（京都・建仁寺両足院蔵）

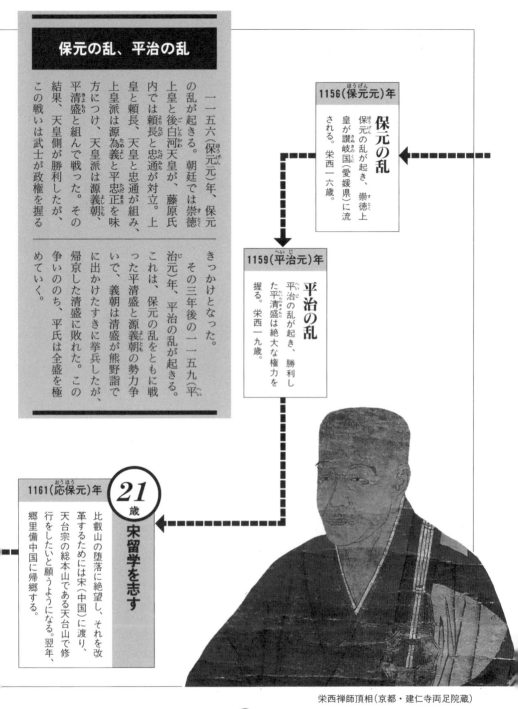

1167(仁安《にんあん》2)年

27歳

宋留学のため鎮西に渡る

一二月、父母に宋留学の許可を得て、ひとまず鎮西《ちんぜい》(九州地方)に渡る。当時は遣唐使のような制度は廃止されており、中国に行くには商船が来るのを待つしか手立てがなかった。

1168(仁安3)年

28歳

入宋、南宋禅を知る

四月、入宋《にっそう》を果たす。天台山にのぼるが、すでに禅宗の寺院に変わっていた。念願の天台の教えは学べなかったものの宋で流行していた南宋禅を知ったことを成果とし、五カ月後帰国する。

1169(嘉応《かおう》元)年

29歳

天竺行きを希望する

帰国後、九州を中心に高僧として布教活動を展開。しかし、このころから仏教の正しい教えを学びたいと願い、今度は宋を経て天竺《てんじく》(インド)へ行きたいと強く希望するようになる。

1185(文治《ぶんじ》元)年

平家、滅亡する

平家、壇の浦の戦いで源氏に敗れる。栄西四五歳。

壇の浦の戦い

平治の乱で勝利した平氏の隆盛も長くは続かなかった。平清盛の強引かつ急激な勢力拡大は、既成勢力である院の反発を招くことになる。その反発が表面化した一一七九(治承《じしょう》三)年、清盛は軍事クーデターを起こし院政を停止、軍事独裁政治を開始した。これが平氏をいっそう孤立化させたことはいうまでもない。そして、満を持していた源氏が反平氏勢力とともに立ち上がることになる。

平治の乱からつづいた源平の争いに終止符を打ったのが、一一八五(文治《ぶんじ》元)年三月、下関東方の壇《だん》の浦《うら》で行われた海戦だ。この年二月、四国屋島《やしま》(高松市)を源義経《よしつね》に強襲された平氏の総帥平宗盛《むねもり》らは、屋島を放棄して長門《ながと》彦島《ひこしま》(下関市)で形勢逆転を狙った。しかし、屋島での勝利で勢いに乗る義経は、瀬戸内の制海権を握り、壇の浦で一気に決戦に臨んだ。結局平氏が敗北し、滅亡することになる。

栄西が建立した建仁寺（京都）

1187（文治３）年 47歳

二度目の入宋

再び宋に渡るも、中国政府から交通不可能との理由で許可がおりず、天竺行きは断念。天台山などで四年間、虚庵《きあん》懐敞《えしょう》のもと臨済宗黄竜派《おうりょうは》の禅の修行を積む。

1191（建久《けんきゅう》２）年 51歳

帰国し、禅の教えを説く

七月、宋にて虚庵懐敞より臨済僧としての嗣法《すほう》の印可《いんか》を授けられ、帰国する。翌月、筑前《ちくぜん》（福岡県）ではじめて禅の教えを説く。その後、九州を中心に精力的に禅をひろめた。

1192（建久３）年

鎌倉幕府、開かれる

源頼朝は征夷大将軍《せいいたいしょうぐん》となり、鎌倉に幕府を開いた。栄西五二歳。

1194（建久５）年 54歳

禅停止の命が下る

九州で地歩を固めた栄西は、京で禅宗開教を目指す。しかし、九州での評判を聞いた比叡山の僧らがこれをねたみ、朝廷に訴える。これを受けた朝廷は、栄西に禅停止の命を下した。

1195（建久６）年 55歳

再び京都にのぼる

博多に日本最初の禅寺聖福寺《しょうふくじ》を建立。その後、京都にのぼって禅による天台宗の再興を試みた。しかし、比叡山から猛反撃にあい、迫害を受けることとなった。

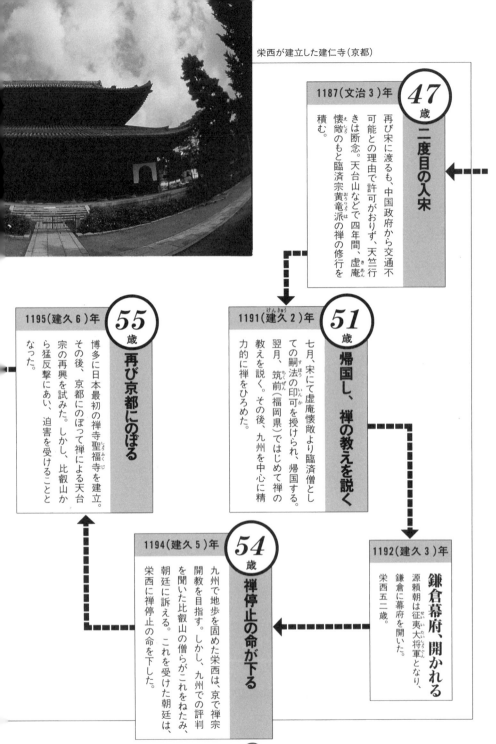

1198(建久9)年

58歳

『興禅護《こうぜんご》国論《こくろん》』を著述

比叡山の迫害に対抗するため『興禅護《こうぜんご》国論《こくろん》』を記す。天台宗の開祖である最《さい》澄《ちょう》も比叡山で禅を取り入れていたと反論。また、禅を興すことが国家を護持することと主張した。

1202(建仁《けんにん》2)年

62歳

京都に建仁寺を建立

源頼家《よりいえ》の外護《げご》を受け京都に建仁寺《けんにんじ》を建立するが、寺内に真言院、止観院を設け、真言・天台・禅の三宗をおき、比叡山の末寺として出発した。ここにはじめて禅宗は公認される。

1207(承元《しょうげん》元)年

67歳

後鳥羽院皇女の戒師となる

六月、東大寺に筆・墨を献じる。七月、病気になった後鳥羽《ごとば》院皇女の戒師を任ぜられる。このころよりだんだん禅の地位が確固たるものとなり、京都での活動も活発化する。

京都・建仁寺の塔頭のひとつ両足院

1211（建暦《けんりゃく》元）年　71歳
『喫茶養生記』を著述

このころ、二度目の宋留学の際に持ち帰った茶が全国に広まり、茶祖と呼ばれるようになっていた。そして、茶の効能をまとめた『喫茶養生記《きっさようじょうき》』を著し、源実朝《さねとも》に献上する。

栄西が60歳のときに開いた寿福寺《じゅふくじ》（鎌倉）

1213（建保《けんぽう》元）年　73歳
権僧正に任命

四月、法勝寺《ほっしょうじ》（京都）で九重塔供養。五月、権僧正《ごんのそうじょう》に任命。六月、鎌倉に参着。このように京都と鎌倉を精力的に往復し、布教活動をつづけることで、禅の確立を目指した。

1215（建保３）年　75歳
七月五日、京都で入滅

『吾妻鏡《あづまかがみ》』に基づき六月五日に鎌倉で入滅《にゅうめつ》とされてきたが、二〇〇九（平成二一）年に『興福寺大乗院具注暦《ぐちゅうれき》日記』が発見され、七月五日に京都で入滅したことが確定された。

茶祖の碑　京都・建仁寺

栄西の著書

『興禅護国論』三巻

一一九八（建久《けんきゅう》九）年著述

比叡山僧徒に対し、禅は正法《しょうほう》であると主張

宋《そう》から帰国した栄西は、九州に禅寺を次々と開き、比叡山《ひえいざん》僧徒の妬《ねた》みをかう。

〝禅停止《ちょうじ》〟を朝廷に働きかける比叡山僧徒への反論として栄西は『興禅《こうぜん》護国論《ごこくろん》』を書いたとされる。

比叡山からの非難は四点あった。

一、禅僧は修行もせず、わが身がそのまま仏だと豪語している。
二、禅は末世の法ではない。
三、禅はわが国に不要である。
四、栄西は機根《きこん》・資格・地位がないくせに禅をひろめようとしている。

これに対して栄西は、自分の禅は天台宗の開祖最澄《さいちょう》の伝えた禅と同じ禅戒一如の禅であり、その目的は天台宗を復興させるとともに、国家を鎮護し安泰にするものだと説明する。

しかし、「禅は諸経の極《ごく》理《り》、仏法の総府」という主張に、比叡山の圧力が減じることはなかった。

禅の未来を予言

栄西は、禅の定着を長期で考えていたと思われる。本書の最後の部分に「未来記」なる一文がある。

《禅宗はむなしく滅びることはないであろう。予、栄西が世を去ってのち五〇年、この宗は最も盛んになるはずだ。栄西自らこれを予言する》

この予言は的中する。それは栄西が幕府や朝廷の権威をうまく利用し、既成仏教のなかに禅を定着させようと企てたからであり、まさに栄西の政治手腕を思わせる一文である。

『興禅護国論』の構成

第一令法久住門《りょうぼうくじゅうもん》
戒律と禅定によって仏法を隆盛させるべきことを説く

第二鎮護国家門《ちんごこっかもん》
禅宗こそ国家を鎮護し安泰させるものであると説く

第三世人決疑門《せにんけつぎもん》
世の人々の禅宗に対する疑問や批判に解答する

第四古徳誠証門《ことくじょうしょうもん》
中国や日本の祖師たちが禅を重視していた証拠を挙げる

第五宗派血脈門《しゅうはけちみゃくもん》
栄西にいたる法脈を掲げ、禅が正法であることを示す

第六典拠増信門《てんこぞうしんもん》
不立文字・教外別伝の根拠としての論書を挙げる

第七大綱勧参門《だいこうごんさんもん》
禅の大綱を示し、世の人々に禅をすすめる

第八建立支目門《こんりゅうしもくもん》
禅院の生活がいかに綿密で法に従うものかを示す

第九大国説話門《だいこくせつわもん》
インドや中国の仏法は禅によるものであることを説く

第十回向発願門《えこうほつがんもん》
禅の功徳を回向し、衆生救済に励むことを願う

『喫茶養生記』二篇

一二一一(建暦《けんりゃく》元)年著述

茶は万病に効く霊薬で仏道修行にも欠かせないと奨励

栄西は宋から茶の実を持って帰り、人々の健康維持に役立てようと『喫《きっ》茶養生記《さようじょうき》』を書き、三代将軍源実朝《みなもとのさねとも》に献上した。そして背振山《せぶりやま》(佐賀県)を手始めに、栂尾《とがのお》(京都府)などに茶の木を植え、一般に奨励した。喫茶の風習はやがて僧・貴族から庶民のあいだにもひろまっていった。

栄西も大陸で茶に救われる

本書は、前編の五臓和合門《ごぞうわごうもん》と、後編の遺除鬼魅門《けんじょきみもん》の二つからなる。

前編は、人間の体が肝・心・肺・脾《ひ》・腎《じん》の五臓の調和によって健康を保っていることを密教の教えから説き、茶の苦みがとくに心臓に作用して、ほかの臓器の働きも健全にすることを説明している。

後編では桑の薬効を書いたあと、茶の名称や形状・効能、服用法、栽培法などを詳しく説明し、栄西自身が宋で行脚《あんぎゃ》の最中、炎暑に苦しんだとき、茶を服用して助けられたことを紹介している。

ちなみに〝遺除鬼魅〟とは、養生・修行を妨げる鬼・化け物を払い除くことをいう。茶は、坐禅の修行を妨げる眠気・雑念・坐相不正を散じる妙薬であり、仏道修行にたいへん役立つ霊薬であると書いている。

それからのちに、京都大徳寺《だいとくじ》の一《いっ》休宗純《きゅうそうじゅん》に参禅した村田珠光《むらたじゅこう》が佗茶《わびちゃ》を創出し、それを千利休《せんのりきゅう》が日本の文化――茶道として確立したことは興味深い。

お茶の花

茶者養生之仙薬也
延齢之妙術也
山谷生之其地神霊也
人倫採之其人長命也

[和訳]
茶は養生の仙薬であり、人の寿命を延ばす妙術をそなえたものである。山や谷にこの茶の木が生《は》えれば、その地は神聖にして霊験あらたかな地であり、人がこれを採って飲めば、その人は長命を得るのである。

(『喫茶養生記』古田紹欽著より)

第3章

「臨済宗の教え」

経典にみる教義

拈華微笑の教え
達磨の四聖句
作務を尊ぶ百丈懐海の教え
「十牛図」にみる禅の心
経典にみるお釈迦さまの教え
『坐禅和讃』にみる白隠の教え

十牛図　第四図［得牛］　天理大学附属天理図書館蔵

拈華微笑の教え

禅とは、お釈迦《しゃか》さまが深い瞑想《めいそう》のもとに悟った〃無我の境地〃を、坐禅や作務《さむ》をとおして体験し自覚すること。こだわらず、とらわれず、迷いも欲望も苦悩もない、天地と同化した絶対的境地。それは人間が本来もつ清浄な仏心《ぶっしん》そのものだ。禅の修行はそこをめざす。

【無我の境地を伝える】

〃心性本清浄《しんしょうほんしょうじょう》（人間の心は本来清浄なもの）〃という、お釈迦《しゃか》さまの深い悟りの体験が禅の教えの根本である。しかし、この無我の境地を言葉や文字で表現するのは、とてもむずかしい。

その境地を伝えようとしたお釈迦さまの物語が『大梵天王問仏決疑経《だいぼんてんのうもんぶっけつぎきょう》』にあらわされている。のちに『無門関《むもんかん》』という禅書にも引用された有名な〈拈華微笑《ねんげみしょう》〉の物語だ。

＊

マガダ国の首都ラージャ・グリハの王舎城の東北に、禿鷲《はげわし》の飛びかう霊鷲山《りょうじゅせん》がそびえている。お釈迦さまがその地で説法されるというので、多くの弟子や信者が集まっていた。

聴衆は、どんな話をされるのか、ひと言も聞きもらすまいと期待してお釈迦さまを見つめていたが、お釈迦さまはいつまでたっても口を開こうとしない。

そのうち、信者のひとりがきれいな蓮《はす》の華《はな》をお釈迦さまにささげた。お釈迦さまは黙ってその蓮の華を受け、ちょっと自分のほうに向けて（拈《ねん》華《げ》）ながめた。

弟子も信者もなんのことやらわか

我に正法眼蔵《しょうぼうげんぞう》、
涅槃妙心《ねはんみょうしん》、
実相無相《じっそうむそう》、
微妙《みみょう》の法門《ほうもん》あり。
不立文字《ふりゅうもんじ》、
教外別伝《きょうげべつでん》にして、
摩訶迦葉《まかかしょう》に附嘱《ふぞく》す。

らず、呆然として不思議な思いにとらわれていた。そのとき、高弟のひとり摩訶迦葉《まかかしょう》だけがにっこりとほほえんだ(微笑《みしょう》)。お釈迦さまのただ華を慈しむ気持ち、その無心の境地が摩訶迦葉の心に伝わったのだ（以心伝心）。

　お釈迦さまは、こういった。

「私には、正しい仏法の教えの真髄である〝涅槃妙心《ねはんみょうしん》(悟りの不思議な心)〟〝実相無相《じっそうむそう》(現象に執着しない自己)〟という微妙な教えがある。いまそれを文字によらず、教えのほかに別伝として摩訶迦葉に渡した。迦葉よ、頼んだぞ」

〝禅〟独特の世界が展開

　この『大梵天王問仏決疑経』は、現在の研究ではインドではなく、後世中国でつくられたものということらしい。〈拈華微笑《ねんげみしょう》〉の物語も歴史的事実ではないであろうが、ここには師と弟子の心がひとつとなって正法を伝える、禅独特の世界がはっきりと示されている。

　蓮の華をとりあげて聴衆に示したお釈迦さまの心境と、その行為を見てほほえんだ迦葉の心境は同一で、二人の心が涅槃妙心、実相無相そのものとなっている。〈拈華微笑〉の教えは、生き生きとした宗教的生命の伝承の象徴なのだ。

師資相承《ししそうじょう》

禅の悟りは言葉や文字であらわせない宗教的体験のため、弟子は師にそれを認められてはじめて悟りを得たといえる。そして、師弟が同一の境地に達したとき、師から資(弟子)へ法脈が受け継がれたことになる。

達磨の四聖句

お釈迦さまから二八代目の菩提達磨《ぼだいだるま》は中国禅の始祖といわれている。その教えは、六祖慧能《えのう》によって〝達磨の四聖句《しせいく》〟としてまとめられ、現在にいたるまで脈々と師資相承《ししそうじょう》されてきた。禅の教化伝《きょうけでん》法《ぼう》にとって四聖句は基本スローガンである。

教外別伝

お釈迦《しゃか》さまが教えを説いた二五〇〇年前、インドにすでに文字はあったが、宗教的教えを文字にすることは冒涜《ぼうとく》だと考えられていた。お釈迦さまの入滅後、摩訶迦葉《まかかしょう》ら弟子たちは、師から聞いたとおりを復唱しあって、教えを整理した。これらがのちに、サンスクリット語やパーリ語の経典となった。

〈教外別伝《きょうげべつでん》〉とは、お釈迦さまの教えを集大成したこうした経典のほかに別な教えがあるのではない。

経典の心、すなわちお釈迦さまの悟りの境地を坐禅や日常の修行のなかから直《じか》につかんで、それをまた、悟りの境地を求める弟子に、同一レベルで直接伝えていくことをいう。

啐啄同時《そったくどうじ》

「啐」とは、雛《ひな》がかえるとき、内側から卵の殻を吸ったりつついたりすることで、「啄」とは親鳥が外側から卵の殻をつつくこと。修行僧が雛で、師家《しけ》が親鳥である。まさに悟りに達しようとする機微をさす禅語だ。

悟りとは何ものにもこだわらず、何ものにも影響されない絶対的な自己を自覚することだから、その自覚の境地は、文字や言葉では表現しづらいのである。

つまり、お釈迦さまの教えが経典や戒律としてまとめられる以前の、深い禅定《ぜんじょう》によって得られたお釈迦さまの悟りの体験を尊び、言葉や文字では伝えにくいこの教えの真髄を、師から弟子へ、心から心へ直接の体験として伝えることを〈教外別伝〉というのである。

不立文字

禅では、お釈迦さまの悟りの体験そのものを尊ぶ。その悟りとは、坐禅や日常の修行を重ねるなかから直観的に到達するものである。

お釈迦さまは菩提樹の下で深い禅定に入り、暁の明星を見てハッと悟りを得た。

「心性本清浄《しんしょうほんしょうじょう》」

迷いや欲望や知識を捨てたとき、人間は広大無辺な宇宙と一体化し、こだわりのない清浄な自己に到達する。それは周囲の何ものからも影響されない絶対的自己で、生も死も超越した〝空《くう》〟の世界である。

この境地は、やはり修行の体験をとおして、修行僧が自覚するしかな

以心伝心
いしんでんしん

師資《しし》相承《そうじょう》される禅の伝法の方法は、特別な言葉によるものではない。師弟が無心のまま問答し、両者の心がひとつになったとき、印可となる。それはまさに〝以心伝心〟。心から心へ、宗教的体験の共有である。

いものだろう。

〈拈華微笑《ねんげみしょう》〉の教えで示されたように、お釈迦さまの悟りの境地は言葉や文字では伝えきることはできない。

　また、その境地を師から弟子へ伝えていくとき、文字は不十分な効果しかもっていない。だから臨済宗では、特定の経典を読まなくてはならないという制約はない。

〈不立文字〉とは言葉や文字を否定するのではなく、その限界を知り、まず自ら体験したあと、経典・語録の言葉や文字を味わうことをさしている。

直指人心

　そのまま読めば「人の心を直《じか》にさす」となる。つまり、人心とはすなわち仏心《ぶっしん》。人の心は本来仏さまの心と同じものだというのである。

〃心性本清浄（人間の心は本来清浄なもの）〃というお釈迦さまの悟りを自分のものとし、こだわりのない広大無辺な無我の境地〃空〃、何ものにも動かされない本来の自己の発見。これが〃仏心〃である。

　しかし仏心は、いかに経典を読み、書物を読んでも発見できるものではない。禅の修行とは、自分を見つめなおすことであり、書物を読んで思考をめぐらせたり分析したりするこ

殺仏殺祖《さつぶつさっそ》

「仏に逢《あ》っては仏を殺し、祖師に逢っては祖師を殺す」この臨済《りんざい》義玄《ぎげん》の言葉は、既成概念を捨て、徹底して自己を見つめよという意味。そして、殺すに殺せない絶対的自己を根底に置いて「随処《ずいしょ》に主となれ」と教える。

丹霞焼仏《たんかしょうぶつ》

中国唐代、馬祖道一《ばそどういつ》・石頭希遷《せきとうきせん》らに師事した丹霞天然《たんかてんねん》が慧林寺《えりんじ》に滞在中のこと。ある寒い日、焚火《たきび》にくべるものがなくなったため木造の釈迦如来像《しゃかにょらいぞう》を焼やして暖《だん》をとっていたところ、仲間がとがめるので「仏像を焼いて舎利《しゃり》（お釈迦《しゃか》さまの骨）を手に入れようとしているのだ」と答えた。木像に舎利があるはずがないという仲間の反論に「それなら、これは仏ではなく、ただの木にすぎない」といって、なおも燃やしつづけたという。この逸話には、禅の本質的なあり方があらわされている。

とではない。眼を外部に向けず、徹底して自己の内奥を見つめつくす体験にある。そして、その方法が坐禅であり、日常の修行なのだ。

見性成仏

達磨《だるま》の四聖句《しせいく》の最後、最も重要なのがこの〈見性成仏《けんしょうじょうぶつ》〉だ。

結論からいえば、本来そなえている仏性《ぶっしょう》（仏さまになれる本性）を自覚すれば、自ずと仏になれるということである。

お釈迦さまが菩提樹の下で坐禅を組み、多くの煩悩《ぼんのう》と闘いながら開いた悟りそのものなのである。

人はみな本来、仏心（仏の慈悲心）をそなえているのに、それに気づかず迷ったり、煩悩に悩んだりしている。まさに人間は〝未完成の仏〟だ。

中国の臨済義玄《りんざいぎげん》は「自分のなかの一無位《いちむい》の真人《しんにん》（あらゆる束縛から解き放たれた絶対的解脱者）が五官《ごかん》を出たり入ったりしている。早くそれに気づけ」といった。

〈見性成仏《けんしょうじょうぶつ》〉とは、坐禅や日常の修行に徹して自己の仏性を見つめつくし、悟りを開いて仏陀《ぶつだ》となることを修行者に要求した言葉なのである。

自己の仏心に到達することができれば、人間として完成されたと見ていいだろう。

悉有仏性《しつうぶっしょう》

『涅槃経』に「一切衆生悉有仏性」という言葉がある。すべての生きとし生けるものには、ことごとく仏性がそなわっているという意味。それを確信して修行に励むことを、臨済宗中興の祖白隠《はくいん》慧鶴《えかく》は教えた。

作務を尊ぶ

百丈懐海の教え

禅の世界では、日常の行住坐臥《ぎょうじゅうざが》すべてが修行となる。坐禅はもちろん食事も行《ぎょう》、朝夕二度の勤行《ごんぎょう》（誦《ず》経《きょう》）も行。そして禅道場の一大特色として〝作務《さむ》〟がある。堂内の掃除や屋外の清掃、草むしりや畑仕事、雪かきなど、日常生活のなかに悟りを見いだそうとするものだ。

インド仏教の教えからすれば、出家者は頭陀行《ずだぎょう》（乞食行《こつじきぎょう》）に徹し、生活の糧《かて》はすべて在家信者の布施によるとされていた。それが唐代末から宋代にいたる中国の禅僧たちによって破られていく。

六祖慧能《えのう》の法脈を受け継ぐ南嶽《なんがく》派の馬祖道一《ばそどういつ》は日常生活のなかで禅を実践し、その弟子百丈懐海《ひゃくじょうえかい》は率先して牛を追い、大地を耕した。

百丈は高齢となっても労働をやめず、弟子たちが見かねて「老師は休んでいただきたい」と頼んでも、やはりやめない。やむを得ず弟子たちは百丈の農具を隠してしまった。そ

食事五観文《じきじごかんもん》

沈黙を守る禅寺の食堂。行である食事の前には必ず「食事五観文《じきじごかんもん》」をとなえる。

一《ひと》つには功《こう》の多少《たしょう》を計《はか》り彼《か》の来処《らいしょ》を量《はか》る

一、この食物が食膳に運ばれるまでには、多くの人々の苦労と天地の恵みがあったことを感謝します。

二《ふた》つには己《おのれ》が徳行《とくぎょう》の全欠《ぜんけつ》を忖《はか》って供《く》に応《おう》ず

二、自分の修行が、食事をいただくのにふさわしいか反省しつついただきます。

三《み》つには瞋《しん》を防《ふせ》ぎ過貪《とがとん》等《とう》を離《はな》るゝを宗《しゅう》とす

三、この食物に向かって、貪《むさぼ》る心、厭《いと》う心を起こしません。

四《よ》つには正《まさ》に良薬《りょうやく》を事《こと》とするは形枯《ぎょうこ》を療《りょう》ぜんが為《ため》なり

四、この食物は生命を保ち、修行を続けるために必要な良薬と考えていただきます。

五《いつ》つには道業《どうぎょう》を成《じょう》ぜんが為《ため》に当《まさ》に此《こ》の食《じき》を受《う》くべし

五、修行を通じて悟りを得るために、この食事をいただきます。

の結果、老師は作務を休んだが、その日の食事をとらなかった。なぜ食事をしないのかと弟子がたずねると、百丈はいった。「一日作《な》さざれば、一日食《くら》わず」。こうして禅道場に〝作《さ》務《む》〟が定着していく。

禅道場の生活規則も百丈懐海がつくった。これを、僧堂の清衆《せいしゅう》の生活規則なので「清規《しんぎ》」という。

たとえば、禅堂はもちろん、食堂や浴室での談笑は禁止。合図はすべて音で知らせる。起床・就寝の時刻は木板を叩き、食事を知らせるのは鉄製の雲版《うんばん》、坐禅の開始は拍子木と種類も多く、鳴らし方もいろいろだ。

また、こうした清規のなかに、一山全員で労働にたずさわることが定められている。これが〝作《さ》務《む》〟だ。

坐禅の前後に必ず作務を行う。「動中の工夫」といい、公案透過のためには畑仕事や堂内の掃除をしているときの工夫こそ大切とされる。

「十牛図」にみる禅の心

「十《じゅう》牛《ぎゅう》図《ず》」とは、禅の修行の段階と悟りの境地を一〇枚の絵によってあらわしたものである。牛を探しだし、飼いならし、家に連れ帰るという物語だが、この牛はただの牛ではない。人間が本来もっている〝仏心〟の象徴だ。

十牛図
天理大学附属天理図書館蔵

一、尋牛（じんぎゅう）

村人が牛を探し歩いている。この牛は、欲望や執着にまどわされない〝本来の自己（仏心）〟の象徴である。人間は自分のなかの仏心に気づかず探しまわる。この図は、悟りを求め、煩悩《ぼんのう》の世界から第一歩を踏みだした姿。

二、見跡（けんせき）

探しまわった村人は、やっと牛の足跡を見つける。まだ〝本来の自己〟を見つけたわけではないが、経典を読んだり師の話を聞いて、知識としてて、自分のなかにあることをなんとなく理解する。図は、ようやく手掛かりを得た姿。

三、見牛（けんぎゅう）

村人はついに牛の姿の一部を見る。しかし、まだ全体は見えない。修行により、はじめて〝本来の自己〟の姿を見て、わずかに悟りが開けた段階である。図は、村人は牛のほうに歩みを進める。図は、全体像がぼんやり見えた自分の姿。

四、得牛（とくぎゅう）

村人は牛を捕え、手綱《たづな》をかけるが、牛は逃げようとし、逃がすまいと手綱を引く村人。まだはっきり正体がわからない「本来の自己」とそれを求める自己。努力して修行を続けなければすぐに見失ってしまう緊張感をあらわした図。

五、牧牛（ぼくぎゅう）

やっとなついた牛は、村人に手綱を引かれて一緒に歩く。しかし、まだ手綱は離せない。厳しい修行の結果〝本来の自己〟を得たつもりでも、常に迷いや欲望が襲う。悟りを開いたのちの悟後の修行の大切さを説いている図。

六、騎牛帰家（きぎゅうきか）

もはや牛は、村人を背に乗せても逃げようとしない。村人の心は安らかに笛を楽しみながら牛に乗って家に帰る。ついに〝本来の自己〟と求める自分とが同化した。求めようと努力しなくてもよい自由な境地をあらわした図。

七、忘牛存人（ぼうぎゅうそんじん）

牛の姿はない。村人だけが家にいて、牛を得たことも忘れ、ゆったりとくつろいでいる。悟りを得たと意識すれば、それは迷いだ。その意識すら捨て、〝本来の自己〟になりきっている図。

八、人牛倶忘（じんぎゅうぐぼう）

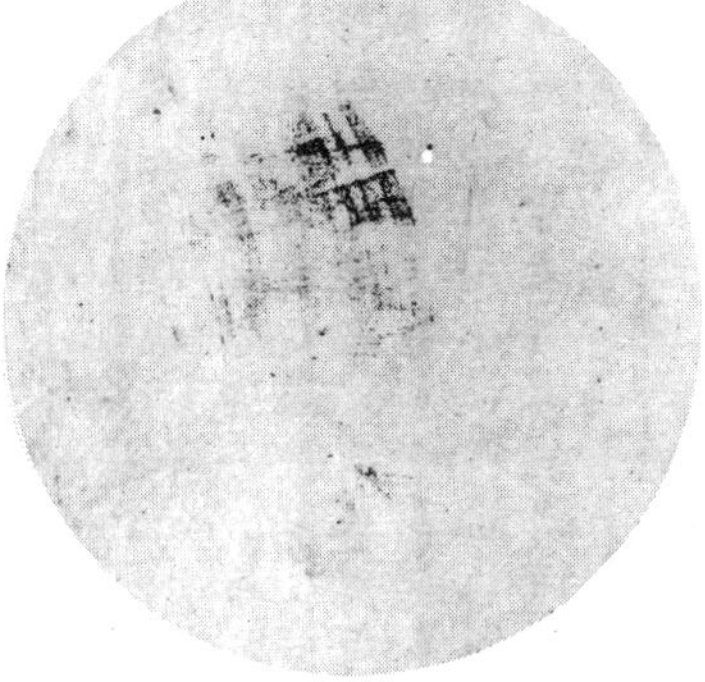

牛の姿ばかりか村人の姿も消え、ただ空白の円がある。これを「空一円《くういちえん》相《そう》」という。完全に自我を捨て、広大無辺な宇宙と一体になったかのような〝無我の境地〟。いま、ここにいる自己は「空《くう》」。その境地をめざせという図。

九、返本還源（へんぽんかんげん）

美しい自然が広がっている。村人の修行や悟りとは無関係に、自然は最初からそこにあった。〝無我の境地〟にいたった村人は、時間も空間も超越し、ありのままの自然と一体になっている。万物が本来に返り、源に還るという図。

十、入鄽垂手（にってんすいしゅ）

村人は他人と接するため町へ出る。「鄽《てん》」は町、「垂手《すいしゅ》」はだらりと手をさげた姿をいい、お釈迦さまが何の印相《いんそう》も示さないのに、人々が自然にその教えに従うことを意味している。悟りを開いても禅の世界に閉じこもっていてはいけないという図。

経典にみるお釈迦さまの教え

臨済宗では読誦《どくじゅ》すべき経典が定められていないが、習慣として『般若心経《はんにゃしんぎょう》』や『観音経《かんのんぎょう》』（『法華経《ほけきょう》』普門品《ふもんぼん》）などがよく読まれる。では、経典に書かれたお釈迦《しゃか》さまの教えとは、何なのだろうか。

仏説摩訶般若波羅蜜多心経《ぶっせつまかはんにゃはらみたしんぎょう》

唐三蔵法師玄奘《とうさんぞうほうしげんじょう》訳

観自在菩薩《かんじざいぼさつ》　行深般若波羅蜜多時《ぎょうじんはんにゃはらみたじ》　照見五蘊皆空《しょうけんごおんかいくう》　度一切《どいっさい》
苦厄《くやく》　舎利子《しゃりし》　色不異空《しきふいくう》　空不異色《くうふいしき》　色即是空《しきそくぜくう》　空即是色《くうそくぜしき》
受想行識亦復如是《じゅそうぎょうしきやくぶにょぜ》　舎利子《しゃりし》　是諸法空相《ぜしょほうくうそう》　不生不滅《ふしょうふめつ》　不垢不《ふくふ》
浄《じょう》　不増不減《ふぞうふげん》　是故空中《ぜこくうちゅう》　無色無受想行識《むしきむじゅそうぎょうしき》　無眼耳鼻舌身《むげんにびぜっしん》
意《に》　無色声香味触法《むしきしょうこうみそくほう》　無眼界《むげんかい》　乃至無意識界《ないしむいしきかい》　無無明亦無《むむみょうやくむ》
無明尽《むみょうじん》　乃至無老死《ないしむろうし》　亦無老死尽《やくむろうしじん》　無苦集滅道《むくしゅうめつどう》　無智亦無《むちやくむ》
得《とく》　以無所得故《いむしょとくこ》　菩提薩埵《ぼだいさった》　依般若波羅蜜多故《えはんにゃはらみたこ》　心無罣礙《しんむけいげ》
無罣礙故《むけいげこ》　無有恐怖《むうくふ》　遠離一切顛倒夢想《おんりいっさいてんどうむそう》　究竟涅槃《くうぎょうねはん》　三世諸《さんぜしょ》
仏《ぶつ》　依般若波羅蜜多故《えはんにゃはらみたこ》　得阿耨多羅三藐三菩提《とくあのくたらさんみゃくさんぼだい》　故知般若《こちはんにゃ》
波羅蜜多《はらみた》　是大神呪《ぜだいじんしゅ》　是大明呪《ぜだいみょうしゅ》　是無上呪《ぜむじょうしゅ》　是無等等呪《ぜむとうどうしゅ》　能《のう》
除一切苦《じょいっさいく》　真実不虚《しんじつふこ》　故説般若波羅蜜多呪《こせつはんにゃはらみたしゅ》　即説呪曰《そくせつしゅわつ》　羯《ぎゃ》
諦《てい》　羯諦《ぎゃてい》　波羅羯諦《はらぎゃてい》　波羅僧羯諦《はらそうぎゃてい》　菩提薩婆訶《ぼじそわか》　般若心経《はんにゃしんぎょう》

『般若心経』が教えていることは？

『摩訶般若波羅蜜多心経《まかはんにゃはらみたしんぎょう》』が正式名で、唐の玄奘三蔵《げんじょうさんぞう》の漢訳がよく知られている。般若波羅蜜多《はんにゃはらみた》とは、梵語《ぼんご》で「最高の知恵をもって悟りの彼岸へ渡る」という意味である。

『般若心経《はんにゃしんぎょう》』の最大の特徴は、すべての人々を苦悩から救おうと説き、はじめて大乗仏教を宣言していることである。

お釈迦《しゃか》さまは、観音《かんのん》さまが一切の苦しみを克服したのはこの世のすべての存在は〝空《くう》〟だと悟ったからであると、煩悩《ぼんのう》を克服しようとこだわっていた小乗仏教の教えを否定し、心のこだわりを捨てれば〝空〟の境地が開けると説いた。

そして、〝空〟のなかには物質への執着も、老病死への恐怖も、美醜の感覚も、煩悩も何もない、その悟りの彼岸へみな一緒に行くのだと教えている。

『観音経』が教えていることは？

このお経の正式名は『妙法蓮華経《みょうほうれんげきょう》』観世音菩薩普門品《かんぜおんぼさつふもんぼん》第二十五といい、観世音菩薩の功徳を説いている。

観音さまは天神・人身・僧俗・婦女身など三三の姿に変化して、救いの手をさしのべてくれる。観世音菩薩という名前には、観音さまにすがって救いを求める人々の〝音声《おんじょう》を観じる〟という意味があり、大いなる知恵と慈悲の心をもつ仏さまである。だから人々は、あらゆる苦難をとりのぞき救ってくれるという観音さまが現われることを願って、心から念じなければならない。観音さまは汚《けが》れのない清らかな知恵の光でこの世を照らしており、いついかなるときでも、人々が念じさえすれば、たちまち現れて困難や苦しみを消し、すべての人を救ってくれるのだからと教えている。

〝空〟がわかれば〝実〟がわかる

『般若心経《はんにゃしんぎょう》』ではすべての存在は空である、『法華経《ほけきょう》』ではすべての存在は〝実《じつ》〟であると教えている。両者は矛盾しているようだが、その教えは根本で一致している。

〝空〟とはこだわりをなくした無我の境地をさすが、その悟りに達すれば、すべては区別なくありのままに見えてくる。〝実〟とはすべてのものに仏性があり、尊くないものはないのだから、形にとらわれるな、ありのままに見よといっている。結論はどちらも同じだ。

中国臨済宗の六祖慧能《えのう》があるお寺の前を通りかかった。すると、2人の僧が風になびく幡《はた》を指してなにやらいい争っている。

「あれは幡が動いているのだ」

「いいや、あれは風が動いているのだ」

慧能は譲らない2人に向かって、

「幡が動くのでも、風が動くのでもない。きみたちの心が動いているのだ」

といった。2人は驚き、慧能をおそれあがめた。

(『無門関《むもんかん》』第29則・非風非幡《ひふうひばん》より)

『坐禅和讃』にみる

白隠の教え

臨済宗中興の祖白隠慧鶴《はくいんえかく》の著した『坐禅和讃《ざぜんわさん》』は、リズムのあるやさしい日本語で坐禅の讃歌《さんか》をうたっているようだが、内実は〝白隠の禅原論〟ともいうべきもの。どんな教えなのか簡単に紹介しよう。

白《はく》隠《いん》禅《ぜん》師《じ》坐《ざ》禅《ぜん》和《わ》讃《さん》

衆生《しゅじょう》本来《ほんらい》仏《ほとけ》なり　水《みず》と氷《こおり》のごとくにて
水《みず》をはなれて氷《こおり》なく　衆生《しゅじょう》の外《ほか》に仏《ほとけ》なし
衆生《しゅじょう》近《ちか》きを知《し》らずして　遠《とお》く求《もと》むるはかなさよ
譬《たと》えば水《みず》の中《なか》に居《い》て　渇《かつ》を叫《さけ》ぶが如《ごと》くなり
長者《ちょうじゃ》の家《いえ》の子《こ》となりて　貧里《ひんり》に迷《まよ》うに異《こと》ならず
六趣輪廻《ろくしゅりんね》の因縁《いんねん》は　己《おのれ》が愚痴《ぐち》の闇路《やみじ》なり
闇路《やみじ》に闇路《やみじ》を踏《ふ》み添《そ》えて　いつか生死《しょうじ》を離《はな》るべき
夫《そ》れ摩訶衍《まかえん》の禅定《ぜんじょう》は　称歎《しょうたん》するに余《あま》りあり
布施《ふせ》や持戒《じかい》の諸波羅蜜《しょはらみつ》　念仏《ねんぶつ》懺悔《さんげ》修行《しゅぎょう》等《とう》
其品《そのしな》多《おお》き諸善行《しょぜんぎょう》　皆此中《みなこのうち》に帰《き》するなり

〝衆生本来仏なり〟

白隠は、まず一行めに『涅槃経《ねはんぎょう》』の「一切衆生《いっさいしゅじょう》　悉有仏性《しつうぶっしょう》」をもとにして、すべての衆生は生まれながらにして仏性をそなえていると、大乗仏教の基本を説いている。

そして、氷のように固まったこだわりを溶かしてしまえば無我となり、その水のような融通無碍《ゆうづうむげ》の自己の姿がそのまま仏なのだと教える。

また、無我の境地は遠くにあるのではなく、自分自身のうちにあるのだから探しに行くことはないといい、ほかを探すことは水のなかでのどが渇いたと叫ぶようなものと、まず自分の内奥を徹見せよと強調している。

一《いち》座《ざ》の功《こう》を成《な》す人《ひと》も　積《つ》みし無《む》量《りょう》の罪《つみ》ほろぶ
悪《あく》趣《しゅ》何《いず》処《く》に有《あ》りぬべき　浄《じょう》土《ど》即《すなわ》ち遠《とお》からず
辱《かたじけな》くも此《こ》の法《のり》を　一《ひと》たび耳《みみ》にふるる時《とき》
讃《さん》歎《たん》随《ずい》喜《き》する人《ひと》は　福《ふく》を得《う》る事《こと》限《かぎ》りなし
いわんや自《みずか》ら廻《え》向《こう》して　直《じき》に自《じ》性《しょう》を証《しょう》すれば
自《じ》性《しょう》即《すなわ》ち無《む》性《しょう》にて　既《すで》に戯《け》論《ろん》を離《はな》れたり
因《いん》果《が》一《いち》如《にょ》の門《もん》ひらけ　無《む》二《に》無《む》三《さん》の道《みち》直《なお》し
無《む》相《そう》の相《そう》を相《そう》として　行《ゆ》くも帰《かえ》るも余《よ》所《そ》ならず
無《む》念《ねん》の念《ねん》を念《ねん》として　歌《うた》うも舞《ま》うも法《のり》の声《こえ》
三《さん》昧《まい》無《む》礙《げ》の空《そら》ひろく　四《し》智《ち》円《えん》明《みょう》の月《つき》さえん
此《この》時《とき》何《なに》をか求《もと》むべき　寂《じゃく》滅《めつ》現《げん》前《ぜん》する故《ゆえ》に
当《とう》処《しょ》即《すなわ》ち蓮《れん》華《げ》国《こく》　此《こ》の身《み》即《すなわ》ち仏《ほとけ》なり

衆《しゅ》生《じょう》本来仏なり(一句目)
直《じき》に自《じ》性《しょう》を証《しょう》すれば(三〇句目)
此《こ》の身即ち仏なり(四四句目)

生けるものすべてに、仏となれる可能性がある。禅定《ぜんじょう》により直《じか》に「本来の自己が仏心である」と体験自覚すれば、それが悟りであり、わが身がそのまま仏なのだという意味。この三句で臨済宗の教えのすべてをいいあらわしている。

禅の教えをわかりやすい詩文であらわす

小乗仏教では、生《しょう》老《ろう》病《びょう》死《し》に悩まされ、苦しみに満ちたこの世では幸せになれず、また何度死んでも輪《りん》廻《ね》転《てん》生《しょう》からは逃れられず、その苦しみから逃れるためには、解《げ》脱《だつ》して彼岸に渡るしかないという。

これに対し、お釈迦さまが開いた悟りは、自ら深い禅《ぜん》定《じょう》を体験し、直《じか》に本来清浄な自己(仏心)を自覚できれば、そこはもう無我の世界、苦しみも迷いも欲望も何もない〝空《くう》〟の境地であるというもの。それは生《しょう》死《じ》を超越した世界であり、そうなれば、ここが浄土であり、この身がそのまま仏なのだ。その解脱の道が大乗仏教の禅だと教えている。

この禅の教えの真髄を二二行四四句のわかりやすい詩文にまとめたのが白隠だ。

コラム②

病気も治る白隠の瞑想法

84歳の長寿をまっとうした白隠慧鶴《はくいんえかく》だが、
青年時代、激しい修行のうちに神経衰弱にかかった。
耳鳴りがし、心気は上がり、両脚は冷え、幻覚に悩んだ。
それを白幽《はくゆう》仙人から伝授された〈内観の秘法〉で克服したといわれる。
基本は、呼吸法と瞑想法《めいそうほう》だ。
数息観《すそくかん》という呼吸法は坐禅で使われており、
軟酥《なんそ》の法で白隠はのちに多くの病人を回復させている。

●数息観

布団《ふとん》の上に仰向けに横たわり、眼を閉じて手足を伸ばし、全身から力をぬく。そして、ゆったりとした気持ちで数息観《すそくかん》を行う。「いィ〜ち」という感じで息を細く長く吸い、「にィ〜い」で同じように息を吐いていく。これを繰り返し、一〇までいったらまた一から繰り返す。ひたすら繰り返しているうちに、心気が臍下《せいか》丹田《たんでん》(へそ)に下りていき、気持ちが静かになり、集中されてくる。

息はいよいよ細く、長く、深くなり、ついには吸っていることも吐いていることも気づかなくなる。宇宙に溶けこむような自分を感じるころ、病は消えてなくなっているはずだ。回数や時間の長さが定められているわけではないので、自分なりに工夫し毎日行うとよい。

●軟酥の法

「酥《そ》」とは牛や山羊などの乳を煮詰めた練乳のこと。〈軟酥の法〉は、この酥のようなやわらかい仙薬を瞑想《めいそう》する方法だ。まず、姿勢正しく坐禅を組み、頭の上に清浄な香りの丸い仙薬がのっていると想像する。その神秘の薬は体温で温まり、ゆっくりと溶けはじめる。頭をつたい、首から肩へ、よい香りを放ちながら体全体を包む。と同時に、その仙薬は体のなかにもしみとおって、胃も肺も、肝臓も腸も、骨も、ゆったり浸しながら足まで下りてくる。ほどよく温かくてまことに気持ちがよい。心の悩みも体の病もすべて霊妙なこの仙薬が溶かしさってくれるようだ。このイメージを繰り返し想像すると、想像のなかの仙薬は次第に足元にたまって下半身を温めてくれる。

特集

「公案」語録

大疑団を発して〈公案〉と取り組む

〈公案《こうあん》〉とは、悟りに達した先輩禅僧たちの言動を記録したお手本であり、「則《そく》」ともいう。

名利世俗にあって〝本来の自己(仏心《ぶっしん》)〟を見失っている修行者に、師家《しけ》(指導者)は公案をぶつけて、〝大《だい》疑団《ぎだん》(頭だけでなく全身疑いの塊)〟を起こさせ、世俗の知識や分別をなげうって〝真空無相《しんくうむそう》(本来無一物《ほんらいむいちもつ》)の自己(仏心)〟を体験させようとする。

臨済宗中興の祖白隠慧鶴《はくいんえかく》の前と後とでは、使用した公案に差があった。室町時代五山《ござん》のころの公案はもっぱら中国宋代の禅僧圜悟克勤《えんごこくごん》が編纂《へんさん》した『碧巌録《へきがんろく》』一〇巻からとった。これは雪竇重顕《せっちょうじゅうけん》が『景徳伝燈録《けいとくでんとうろく》』を中心に一〇〇則の公案を選んで頌《じゅ》(韻文。偈《げ》ともいう)をつけたものに編者の圜悟が教えや評を加えたもので、量も多いが内容も複雑で文学的だった。江戸時代初期、白隠が出るにおよび、おもに『無門関《むもんかん》』一巻からとるようになった。これは、南宋末期の臨済僧無門慧開《むもんえかい》が古人の公案四八則を選んで評と頌を加えたものだが、『碧巌録』に比べれば直接的で、内容も哲学的だった。

「平常心是道《へいじょうしんこれどう》(かざらない、そのままの心が真理である)」と喝破《かっぱ》していた唐代の馬祖道一《ばそどういつ》、百丈懐海《ひゃくじょうえかい》、黄《おう》檗希運《ばくきうん》、臨済義玄《りんざいぎげん》といった天才的禅僧たちに公案は無用だったが、宋代以降、平凡な禅僧が増えるにおよび、悟りへの道筋が必要となった。それが〈公案〉であり、白隠は公案の教育体系化をはかり、〝無相の自己〟という悟りを体験するもの、その悟りを日常のなかで活かせるようにするもの、そうした体験を後進に教化《きょうけ》するものといったように区分した。

古則ばかりではなく自分でも創始して、修行僧が見性成仏《けんしょうじょうぶつ》しやすいよう道筋をつくったのである。現在、中国の古則一七〇〇と白隠創始のものとが伝わっている。

隻手音声《せきしゅのおんじょう》

両掌《りょうしょう》相い打って音声《おんじょう》あり、隻手《せきしゅ》に何の音声かある。

白隠《はくいん》創始

「両手を打ち合わせれば音がする。では、片手ではどんな音がするのか」。白隠慧鶴《はくいんえかく》が創始した有名な公案である。新到《しんとう》(新参の修行僧)は最初に、師家《しけ》からこの公案か「趙州無字《じょうしゅうむじ》」の公案を与えられることが多い。

片手の音など聞こえるはずがない。と、考えるのが自然で、もともと知識や常識とは無縁の問いかけなのだ。この公案をぶつけることによって、師家は修行僧を分別のおよばぬ世界へ直入させようとする。

学人《がくにん》(修行僧)は迷う。これまで身につけてきた論理や知識が邪魔をして、なかなか新しい世界へ直入することができない。作務《さむ》のあいだも坐禅のあいだも「隻手《せきしゅ》」がちらつき、「なんだ、なんだ」と疑問で身を焦がす。頭のなかだけでなく、体全体が疑問の塊となる。悟りにいたる直前の〝大疑団《だいぎだん》〟の状態である。

手や音にこだわるからいけないのだ。これはあくまで例にすぎない。畑を耕す自分を考えてみればよい。夢中になって鍬《くわ》を振るううちに、周囲のことなど気にならなくなり、我を忘れ、いわゆる三昧《さんまい》となる。畑の土と鍬を振るう自分が一体となっている。「両手を打った音」とはまさにそれだ。

自己と対象が一体とならなければ妙音は出ない。「片手の音」とは、まだ自己と対象が一体となっていない、本来の自己を見失ったままの状態である。思慮分別を捨て、〝本来の自己〟を究明することから禅の修行が始まる。

趙州無字《じょうしゅうむじ》

——『無門関《むもんかん》』第一則

趙州和尚《じょうしゅうおしょう》、因《ちな》みに僧問う、「狗子《くし》に還《かえ》って仏性《ぶっしょう》有りや也《ま》た無《な》しや」。州云《いわ》く、「無《む》」。

唐代末期の禅僧趙州《じょうしゅう》に、ある僧が聞いた。「犬にも仏性《ぶっしょう》がありますか」。趙州は答えた。「無《む》」。この公案は「隻《せき》手音声《しゅおんじょう》」と並んで、初関《しょかん》(はじめて与えられる公案)に使われる第一のものである。

訓は秋月龍珉《あきづきりょうみん》のものに従っている。その教えによると「無」は「なし」と読むのではない。あくまで「む」と読む。『涅槃経《ねはんぎょう》』には「一切衆生《いっさいしゅじょう》、悉有仏性《しつうぶっしょう》(すべての生きものには仏性がある)」とあるから、「犬に仏性があるか」と問われれば、経典の知識からいって「ある、なし」で答えるのが普通。それを「無」と答えたところに、この公案のポイントがある。「隻手音声」と同じく分別のおよばぬ世界へ入る関門である。

修行僧が仏性の「ある、なし」や虚無(ニヒリズム)の「無」にこだわれば、どう工夫してもこの公案は透過できない。師家は、「無」の一字が禅の基本である〝真空無相《しんくうむそう》(自我を捨てる。本来無一物《ほんらいむいちもつ》)〟そのものであることを示唆する。「ある、なし」ではなく、絶対的な「無」である。修行僧は四六時中「無」と格闘するうち、やがて三昧《さんまい》の境地に入ってくる。外部の物音も動きも気にならず、自分の内部の妄想も消え果て、真空無相の静寂が訪れる。〝禅定《ぜんじょう》〟である。無門慧開《むもんえかい》のいう内外打成一片《ないげだじょういっぺん》の境地。自己と、対象の「無」が一体となっている。そして、なにかのきっかけで「無」が爆発したとき、悟りが開けると無門は教えている。

庭前柏樹子《ていぜんのはくじゅし》

——『無門関《むもんかん》』第三七則

僧《そう》、趙州和尚《じょうしゅうおしょう》に問《と》う。「如何《いか》なるか是《こ》れ祖師西来意《そしせいらいのい》」。州云《しゅういわ》く、「庭前柏樹子《ていぜんのはくじゅし》」。

ある僧が趙州《じょうしゅう》にたずねた。「始祖達磨《だるま》がわが国にやって来た理由は何でしょうか」。趙州は答えた。「庭前《ていぜん》の柏樹《はくじゅ》だ」。問答はこのあと、こう続く。「老師、境《きょう》(たとえ。客観物)で示さないでください」。「私は、境で示したりはしない」。「達磨はなぜ、わが国にやって来たのですか」。「庭前の柏樹だ」。なんとなくユーモラスで、趙州の人柄があらわれたような公案である。しかし、公案としては手がかりがつかみにくい。秋月龍珉《あきづきりょうみん》は質問の部分を多少変えて「達磨の禅の極意は何ですか」、「庭前の柏樹だ」としている。このほうが、公案としてとらえやすい。

それにしても、達磨が中国に伝えたかった禅の極意が「柏樹」とは、いったい何のことだろうか。修行僧はここでも大疑団《だいぎだん》を発し、「柏樹」と格闘しなければならない。ヒントはやはり、自己と対象との一体化だ。達磨禅の伝灯は、師資相承《ししそうじょう》(師から弟子へ)により趙州にも伝えられており、趙州は達磨そのものともいえる。そして、もうひとつ。お釈迦《しゃか》さまが深い禅定《ぜんじょう》に入り、暁《あかつき》の明星《みょうじょう》を見て〝心性本清浄《しんしょうほんしょうじょう》〟を悟ったとき、「あの明星は私だ」と叫んだではないか。自己と対象が一体となった〝物我一如《もつがいちにょ》〟の境地を、そう表現したのだ。何物にもこだわらない〝真空無相《しんくうむそう》の自己〟は、どのような相にも変化できる。趙州が僧に質問されたとき、目の前に牛がいれば「牛だ」と答えたであろう。

南泉斬猫《なんせんざんみょう》——『無門関《むもんかん》』第一四則

南泉和尚《なんせんおしょう》、東西両堂の猫児《びょうじ》を争うに因《よ》って、泉、乃《すなわ》ち提起《ていき》して云《いわ》く、「大衆《だいしゅ》、道《い》い得《う》れば、便《すなわ》ち救わん。道《い》い得《え》ずんば、便《すなわ》ち斬却《ざんきゃく》せん」。衆、対《こた》うるなし。泉、遂《つい》に之《こ》れを斬《き》る。晩に趙州《じょうしゅう》、外より帰る。泉、州に前話を挙示《こじ》す。州、乃《すなわ》ち履《くつ》を脱いで、頭上に安《やす》んじて出《い》ず。泉、云く、「子若《しも》しあらば、乃ち猫児を救い得たらんに」。

唐代の禅僧南泉《なんせん》は、馬祖道一《ばそどういつ》門下の三大士といわれた。その南泉の禅院で、東西両堂の修行僧たちが一匹の猫をめぐって争っていた。南泉は猫をつかみあげていった。「たったいま、みなが道にかなうことをいえれば猫を斬《き》らない。いえなければ斬る」。だれも答えられない。南泉はやむなく猫を斬った。その晩、高弟の趙州《じょうしゅう》が帰院したので出来事を話した。趙州は、はいていた草履《ぞうり》を脱ぐと頭にのせて出ていった。南泉はいった。「お前さんがいたら、猫を斬らずにすんだのに」。

この公案は、悟りを得て日常生活に戻ったとき、その悟りが活かせるかどうか、悟後《ごご》の修行の大切さを体得させるためのものだ。あらゆる執着を捨て、〝本来無一物《ほんらいむいちもつ》〟の自由な境地を悟っても、日常は猫一匹の争いに満ちている。師の南泉が猫を斬ったのはなぜか。不殺生戒《ふせっしょうかい》を破ることになるとは、当然知ってのことだ。「猫」はだれなのか。また「猫」とは何なのか。南泉は命がけで弟子たちに〈道〉を問い、弟子たちはこの切所《せっしょ》で分別にとらわれて真空無相《しんくうむそう》とはゆかず、即答できなかった。しかし趙州はさすがに悟後の修行にすぐれ、師の剣の下で、とっさに無心のまま汚れた草履を頭にのせて出ていった。行為の意味ではなく、無心で状況と一体化する〝禅機〟が大切だ。

放下著《ほうげじゃく》 ——『従容録《しょうようろく》』

巌陽尊者《げんようそんじゃ》、趙州和尚《じょうしゅうおしょう》に問う。
「一物不将来《いちもつふしょうらい》の時、如何《いかん》」。
州云《いわ》く、「放下著《ほうげじゃく》」。
尊者、更に問う。
「一物不将来、この什麼《なに》をか放下《ほうげ》せん」。
州云く、「恁麼《いんも》ならば、担取《たんしゅ》し去れ」。

趙州《じょうしゅう》に巌陽《げんよう》がたずねた。「何も持っていないときは、どうしたらよいのですか」。趙州がいった。「捨ててしまえ」。巌陽はさらに聞いた。「何も持っていないのに、何を捨てろというのですか」。趙州がいった。「そういうことなら、担いでいけ」。

この公案も、悟後《ごご》の修行を体得させるためのものである。

巌陽は悟りを得たばかりで、無相の自己を体験し、〝無一物《むいちもつ》〟という澄みきった心境にあった。

しかし、自信に満ち得意気な巌陽の問いかけに、趙州はいきなり「捨ててしまえ」という。「著《じゃく》」は強い命令形である。

何を捨てろというのか。

「無の境地を悟ったと思ったのに、さらに捨てろとは、どういうことでしょうか」

巌陽が重ねてたずねると、今度は「担いでいけ」という。

どういうつもりなのか。

趙州がいいたかったことは、「とらわれるな」ということである。

「お前さん、何もない、無一物だというが、後生大事に〝無一物〟を抱えこんでいるじゃないか。そんなものはさっさと捨ててしまえ。悟ったということにすらこだわってはいけない。そんなに捨てられないのなら、担いでいったらよかろう」

執着を残したままでは、日常生活の場で大自在は得られないのである。

喫茶去《きっさこ》

趙州和尚《じょうしゅうおしょう》、新到《しんとう》に問う「曾《かつ》て此間《すかん》に到るや」。僧云《いわ》く「曾って到る」。師云く「喫茶去《きっさこ》」。又一僧に問う。僧云く「曾って到らず」。師亦《また》云く「喫茶去」。後に院主《いんじゅ》云く「和尚什麼《なん》としてか、曾って到るも也《また》〝喫茶去〟と云《い》い、曾って到らざるも也〝喫茶去〟と云う」。師、院主を召す。主、応諾《おうだく》す。州云く「喫茶去」。

『趙州録《じょうしゅうろく》』

趙州《じょうしゅう》が新参の僧に聞いた。「以前にもここに来たかな？」。「はい、来ました」。「お茶をお飲み」。もう一人の僧にも聞いた。「以前にもここに来たかな？」。「来たことはありません」。「お茶をお飲み」。院主《いんじゅ》(寺務の責任者)がいった。「老師はなぜ、来たことのある者にもはじめての者にもお茶をすすめるのです？」。趙州は「院主さん」と呼んだ。院主が返事をすると、趙州はいった。「お茶をお飲み」。

この公案は、悟後《ごご》の修行の、さらにその先を体得させようとする内容である。

その先とは、どのような複雑な状況、まぎらわしい議論に出会っても、即座に相手を見抜き言葉に惑わされない〝悟りの眼〟を養うことだ。

無我の境地を体験し、いつでも対象と一体化できる無相の自己を日常生活のなかで鍛えたとしても、修行がそれで終わるわけではない。

今度は人に自身の体験を伝え、同じ体験をみなで体得していく必要がある。

他を教えるためには、他を見抜く〝悟りの眼〟がなければ難しい。

趙州は、相手がだれであっても区別なく、まるで春風のような温かさでお茶をふるまおうとした。

この無心のお茶が出せるか、また無心で飲めるか。

乾屎橛《かんしけつ》 ——『無門関《むもんかん》』第二一則

僧、雲門《うんもん》に問う「如何《いか》なるか是《こ》れ仏」。門云《いわ》く「乾屎橛《かんしけつ》」。

ある僧が、唐代末期の雲門宗《うんもんしゅう》の祖雲門《うんもん》にたずねた。「仏とはどのようなものですか」。雲門は答えた。「乾いた糞《くそ》かきベラだ」。この気合いのすさまじさはどうだろうか。

屎橛《しけつ》とは、竹製の「糞かきベラ」とでもいうべきもの。紙が貴重だった昔の中国では、公衆便所などに置かれていた。排便後、立てかけてある屎橛を手に取る。前人の糞が乾いてこびりついているから壁にパンパン叩きつけて落とし、きれいになったところで自分の肛門の糞をかきとり、また壁にパンパンと叩いて立てかけておく。道に落ちている牛馬の糞をかきとる屎橛もあったという。

雲門はこともあろうに、仏がこの「糞かきベラ」だというのだ。この公案もやはり、後進を教え導く際、どのようなときにも惑うことなく、即座に相手の意を見抜く〝悟りの眼〟を養うためのものである。

仏とは、一切のこだわりを捨てた〝無相の自己〟。人であれ、物であれ、日常のいかなる対象とも無心に一体化して闊達《かったつ》自在《じざい》に働くことができる。だから雲門は、まだ悟りを開いていない僧の質問に、意表をついた言葉を浴びせた。不潔不浄の「糞かきベラ」が仏だ。そして、それが自分だといいきった。世俗の思慮分別とは無縁である。ここでは「糞かきベラ」が大光明《だいこうみょう》を放っている。その気迫は、大燈国師《だいとうこくし》が五条橋の下で二〇年の乞《こつ》食行《じきぎょう》を行ったとき、最低辺の生活をしていながら、花園《はなぞの》天皇と平等に対座し問答したことに通じるものがある。

第4章

宗門史に名を残す

「臨済宗の名僧たち」

蘭渓道隆 〝専修禅〟の鎌倉臨済禅を自立させた渡来僧

夢窓疎石 臨済宗の黄金期に禅宗文化の基礎を築く

応・燈・関 厳格清貧、純禅をつらぬいた応・燈・関の流れ

一休宗純 乱世を風狂に生きた天衣無縫の禅僧

沢庵宗彭 将軍、大名を教え導いた孤高の禅匠

盤珪永琢 公案不要、やさしく庶民に「不生禅」を説く

白隠慧鶴 公案の体系化がいまに生きる臨済禅中興の祖

蘭渓道隆

夢窓疎石

宗峰妙超
（大燈国師）

一休宗純

盤珪永琢

沢庵宗彭

白隠慧鶴

蘭溪道隆《らんけいどうりゅう》

〝専修禅〟の鎌倉臨済禅を自立させた渡来僧

執権北条時頼の師となる

蒙古《もうこ》の北方への侵攻が目立ちはじめた南宋末期の一二四六年、三四歳の蘭溪道隆《らんけいどうりゅう》は弟子の義翁紹仁《ぎおうじょうにん》らとともに九州博多に来日した。留学僧などから日本は仏教が盛んであることを聞いて、すでに頽廃《たいはい》しつつあった宋の仏教界にいるよりはと、新天地を求めての来日だった。

京都泉涌寺《せんにゅうじ》の日翁智鏡《にちおうちきょう》を頼ったが、一二四九（建長元《けんちょう》）年、執権北条時頼《ほうじょうときより》の招きで鎌倉に入った。時頼は二三歳。その二年前には曹洞宗《そうとうしゅう》の開祖道《どう》元《げん》を招いて菩薩戒《ぼさつかい》を受けており、崇《すう》仏心《ぶっしん》のあつい感受性の豊かな青年だった。権威者に近づくことをよしとしない道元は、わずか半年で越前《えちぜん》（福井県）の永平寺《えいへいじ》に帰ったため、時頼は禅の良師を求めていたのだ。

来日した蘭溪の名は、当時の念仏や密教を含んだ兼修禅が主流の日本禅宗界にあって、純粋な宋朝禅を伝える気鋭の禅僧として、鎌倉にも響いていた。

蘭溪道隆像　国宝／鎌倉・建長寺《けんちょうじ》蔵

蘭溪道隆プロフィール

1213〜1278年。大覚禅師《だいかくぜんじ》。宋の時代、中国の西蜀《せいしょく》（四川省《しせんしょう》）涪江《ふっこう》に生まれる。蘇州陽山《そしゅうようざん》で無明慧性《むみょうえしょう》の印可を得る。1246（寛元《かんげん》４）年来日。執権北条時頼《ほうじょうときより》の招きで鎌倉の常楽寺《じょうらくじ》、建長寺《けんちょうじ》開山。京都の建仁寺《けんにんじ》11世。教禅兼修を排して純粋な宋朝禅の専修を確立。元寇《げんこう》の直前、スパイではないかと疑われ流罪。許されて建長寺にて66歳で示寂。

建長寺の伽藍《がらん》は中国宋《そう》代の禅寺を模している

蘭渓を鎌倉に迎えた時頼は、彼を常楽寺《じょうらくじ》の開山とし、ついで建長寺が創建されると、同じく開山として熱心に参禅した。どちらも純粋に禅のみの修行をする専修道場だった。

時頼は厳しく純粋禅を伝えようとする蘭渓に深く帰依《きえ》し、参禅八年をへた三〇歳のとき、ついに出家した。

その後の時頼は、京都東福寺《とうふくじ》の円《えん》爾《に》弁円《べんねん》が鎌倉に来れば禅を問い、宋から兀庵普寧《ごったんふねい》が来日すれば鎌倉に招いて建長寺二世とするなど修養に努めた。そして、兀庵普寧から印可を得、その翌年の一二六三(弘長《こうちょう》三)年、三七歳にして坐禅の姿勢のまま示寂した。

遠慮なく既成仏教を打砕

栄西《えいさい》によって臨済禅が、道元によって曹洞禅が伝えられたとはいえ、当時のわが国では南《なん》都《と》や比叡山《ひえいざん》などの既成仏教の力は強く、禅の布教は思うにまかせないのが現状だった。

すでに鎌倉には臨済宗祖栄西の開山した寿福寺《じゅふくじ》があったが、禅の専修道場としてではなく、天台・真言・禅の兼修道場としての活動だった。同じく栄西開山の京都建仁寺《けんにんじ》も真言院と止観《しかん》院(天台)を置き、教禅兼修の姿勢を見せていた。

これは既成仏教、とくに比叡山への配慮があったと思われる。そうした配慮が、宋僧の蘭渓道隆が来日したことにより吹き飛ばされたのである。

建長寺仏殿前にある七本の柏槙《びゃくしん》は、開山当初の約七七〇年前から育つ古木。蘭渓道隆のお手植えといわれる

蘭渓は鎌倉常楽寺の入寺の際も遠

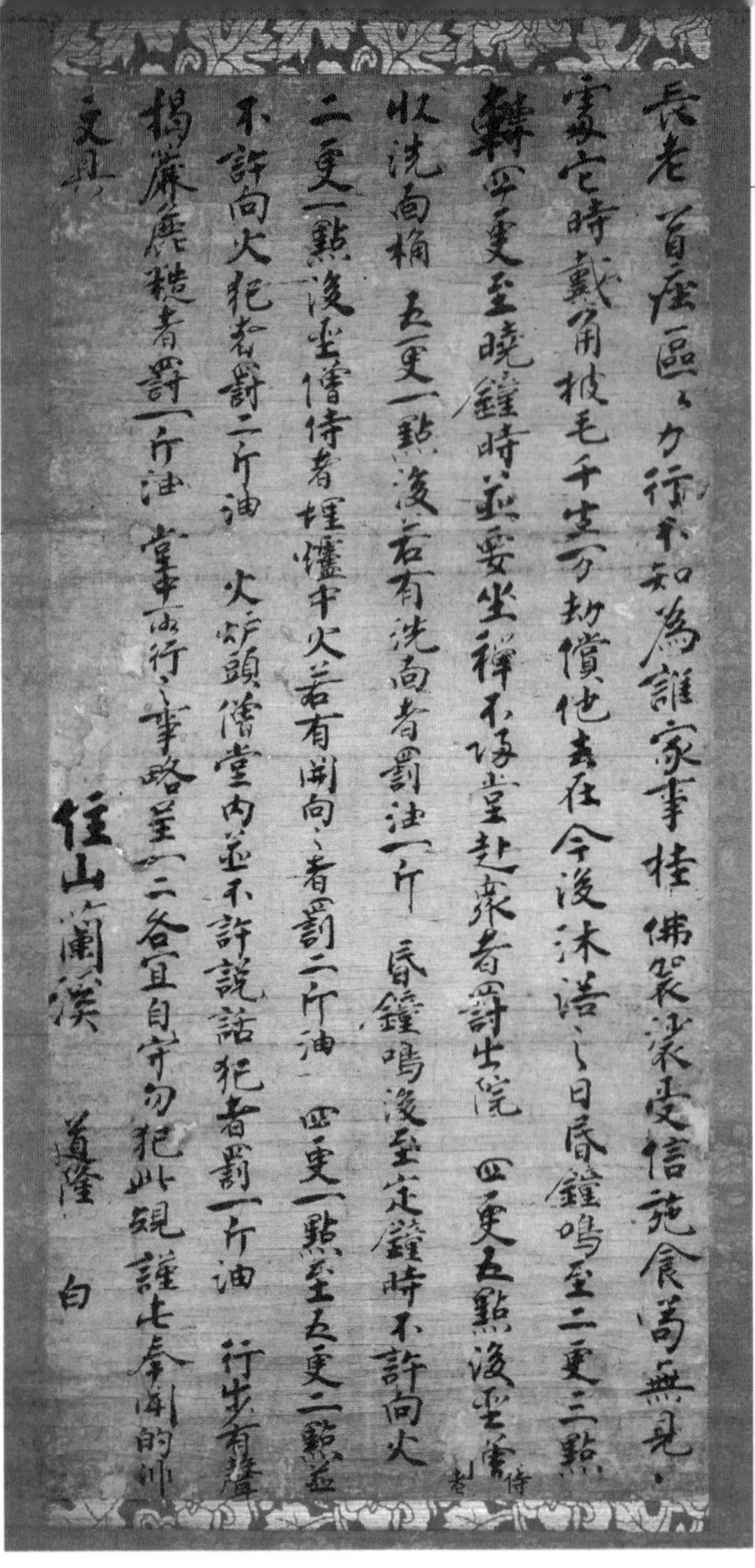

蘭溪道隆墨蹟　法語規則《ほうごきそく》(国宝)。建長寺の僧たちに修行中の行儀や日常生活の規則を書いたもの。鎌倉・建長寺蔵

慮なく宋朝禅の方式で行ったし、一二五三(建長《けんちょう》五)年に完成した建長寺の伽藍《がらん》にしても、中国五山第一位の杭州《こうしゅう》径山《きんざん》興聖萬寿禅寺《こうしょうまんじゅぜんじ》を模した配置・規模で建立をすすめている。

蘭溪が鎌倉で活躍していたころ、京都で東福寺を開山した円爾が、京都と鎌倉の間を忙しく往来している。時頼に禅を講じ、寿福寺の清規《しんぎ》(僧堂の生活規則)を整備し、炎上した建仁寺の住職として復興に努めたりと精力的に働いている。

実はこの円爾と蘭溪は師を同じくしていたのだ。円爾は入宋《にっそう》したのち、興聖萬寿禅寺の無準師範《ぶじゅんしはん》のもとに参禅し、印可を得ている。蘭溪も修行の過程で無準師範に参じた時期があった。円爾と蘭溪は同門のつながりがあるのだ。

蘭溪が印可を得たのは蘇州陽山《そしゅうようざん》で、無明慧性《むみょうえしょう》の法脈を継いだが、そこにいたるまでに、径山で無準師範・痴《ち》絶道冲《ぜつどうちゅう》・北磵居簡《ほっかんきょかん》らに参禅していた。

ところがこの二人、教禅兼修の件では考え方が違っていた。円爾は入宋前は天台宗の大阿闍梨《だいあじゃり》にまでのぼった日本人僧であるだけに、宋朝禅の印可を得ても既成仏教への配慮が残った。

蘭溪は前述のように宋朝禅としての誇りがあった。鎌倉武士を相手にしても、遠慮なく禅を専修したのだ。

そして、建長寺一山の清衆《せいしゅう》(修行僧)に参禅弁道の要を説いて、放縦怠慢《ほうじゅうたいまん》を戒め、僧堂中の行儀や日常生活の規則などの清規を定めた。

【語録】
もっぱら坐禅だけを要す

蘭溪は死に臨んで遺戒《ゆいかい》を残している。蘭溪の教えを集大成した『大覚禅師語録』にあり、その意味は「禅寺には坐禅だけが必要なのであって、その他はまったく余計なこと」というもの。蘭溪の根本思想がここにあった。

建仁寺を禅の専修道場にする

一二六五(文永《ぶんえい》二)年、蘭溪は後嵯峨《ごさ》《が》上皇の帰依を受け、鎌倉を離れて京都建仁寺の一一世として入寺する。そこでも蘭溪は既成仏教に遠慮することなく、栄西以来の真言・天台・禅の兼修道場である建仁寺を純然たる禅の専修道場とした。これが比叡山の反感をかうところとなった。陰に陽に妨害を受け、在京二年で鎌倉へ帰らざるを得なくなった。

大陸では宋が滅び元が興ろうとしていた。蒙古襲来が迫った一二七二(同九)年ころ、「蘭溪は蒙古のスパイではないか」というあらぬ疑いをかけられ、甲斐《かい》(山梨県)に流されたりしたが、やがて許されて鎌倉建長寺に戻る。

それからの蘭溪は、時頼の子である執権時宗《ときむね》と円覚寺《えんがくじ》建立の相談をするなど、臨済禅のさらなる布教を目指している矢先、突然の病に倒れた。

一二七八(弘安《こうあん》元)年七月二四日、建長寺で示寂。六六歳だった。

亀山《かめやま》法皇より号された大覚禅師《だいかくぜんじ》は、わが国禅師号の最初。蘭溪に続いて、兀庵普寧(建長寺二世)、無学祖元《むがくそげん》(建長寺五世、円覚寺開山)ら宋僧が来日し、わが国の臨済禅の自立、中国禅からの独立が加速されることになる。

蘭溪道隆の墓塔。開山堂の背後に建っているが一般公開されていない。鎌倉・建長寺

夢窓疎石《むそうそせき》

臨済宗の黄金期に禅宗文化の基礎を築く

名利を避け求道行脚

「人生五〇年」といわれた時代。五〇歳までの夢窓は、ひたすら山紫水明を求め、山野に坐禅し、名利を避けた隠遁《いんとん》と求道行脚《ぐどうあんぎゃ》を続けていた。のちに、門下一万三〇〇〇人といわれた夢窓派を率いて、南浦紹明《なんぽじょうみょう》(大応国師《だいおうこくし》)の大応派とともに、当時の臨済宗の二大潮流といわれるようになるとは思いもよらなかっただろう。

ましてや、五山之上《ござんのうえ》の南禅寺《なんぜんじ》住職、また京都五山第一位の天龍寺《てんりゅうじ》開山として、歴代皇室が深く帰依《きえ》し、将軍足利尊氏《あしかがたかうじ》までもが師事した〃七朝国《しちちょうこく》師《し》〃を予測させる何ものもなかった。

夢窓は鎌倉時代末期の一二七五(建治《けんじ》元)年、伊勢国安濃《いせのくにあのう》郡(三重県)に生まれている。四歳のときに甲斐国《かいのくに》(山梨県)に移住。母親が翌年亡くなったことから、九歳で平塩山《へいえんざん》の空阿《くうあ》のもとで出家し、智曤《ちかく》と名づけられた。

頭脳明晰《めいせき》で、教えられるものは経典ばかりか老荘思想まで吸収し、周囲を驚かせたという。

一八歳、大和国《やまとのくに》(奈良県)東大寺《とうだいじ》戒壇院《だんいん》で受戒、はじめは真言密教の僧

夢窓疎石プロフィール

1275〜1351年。七朝国師《しちちょうこくし》。鎌倉時代末期、伊勢国《いせのくに》(三重県)に生まれる。鎌倉万寿寺《まんじゅじ》の高峰顕日《こうほうけんにち》から印可を受け、各地を求道行脚《ぐどうあんぎゃ》。1325(正中《しょうちゅう》2)年、後醍醐《ごだいご》天皇の勅請により南禅寺《なんぜんじ》住職に。恵林寺《えりんじ》、臨川寺《りんせんじ》、天龍寺《てんりゅうじ》を開山。全国に安国寺《あんこくじ》建立。各寺に山水(庭)をつくり、弟子から京都五山文学の逸材を輩出した。臨川寺にて77歳で示寂。

夢窓疎石頂相《ちんそう》　京都・鹿王院《ろくおういん》蔵　禅文化研究所提供

であった。その真言僧智曤を禅の方向へ歩ませたきっかけについて、夢窓疎石の〝疎石〟という名前の由来とともに、次のような話が伝えられている。

一人前の真言僧となった夢窓は、翌年師僧の病死に遭う。無常を感じた夢窓は仏前で一〇〇日の祈願に入ったが、その満願近くに夢を見た。その夢には二説あって、ひとつは夢窓の夢のなかに中国の禅者、疎山光《そざんこう》仁《にん》と石頭希遷《せきとうきせん》が現われたというもの。もうひとつは夢窓が疎山と石頭の二寺に参詣し、老僧から達磨大師《だるまだいし》の画像を授けられたという夢。いずれにせよ、疎山と石頭から〝疎石〟と改名し、禅に傾斜していったようだ。

奈良をあとにした青年僧夢窓は、京都の建仁寺《けんにんじ》、鎌倉の東勝寺《とうしょうじ》、円覚寺《えんがくじ》、建長《けんちょう》寺《じ》などに歴参。その後一二九九(正安《しょうあん》元)年、元《げん》がはじめて日本に派遣した使節の一人、一山一寧《いっさんいちねい》に二年ほど学ぶ。

しかし、いまだ悟りの境地に達することができない夢窓は、あるとき、そのことを一山にたずねた。一山は、「わが宗に言葉はない。人に授ける法もない」と、答えたという。

納得できない夢窓は、鎌倉万寿寺の高峰顕日《こうほうけんにち》に教えを請う。高峰は、「禅の極意は言葉の理解にとどまってはいけないと一山和尚はいわれているのだ」と一喝した。

そのとき夢窓は、〝経典をどれだけ勉強しても悟りは開けない〟ことに気づいたという。

夢窓はそのまま奥州(常陸《ひたち》以北)を行脚。ひたすら坐禅の修行をして自己を見つめた。

そして鎌倉に戻り、万寿寺に入る。当時、住職の高峰は南浦紹明と並んで「禅界の二甘露門《にかんろもん》」とうたわれた名僧だ。夢窓がこの高峰から印可を授かったのが三一歳。

その後二〇年、夢窓はひたすら名

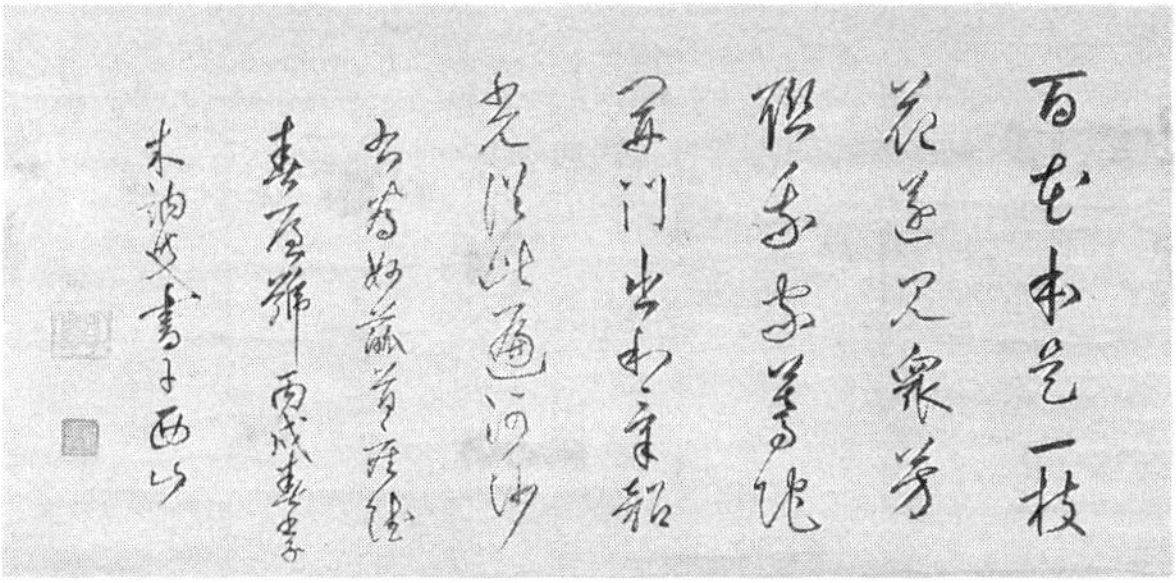

春屋号記《しゅんおくごうき》　重文／京都・鹿王院蔵　禅文化研究所提供
夢窓が相国寺《しょうこくじ》二世春屋妙葩に与えた号(上)と偈《げ》(下)

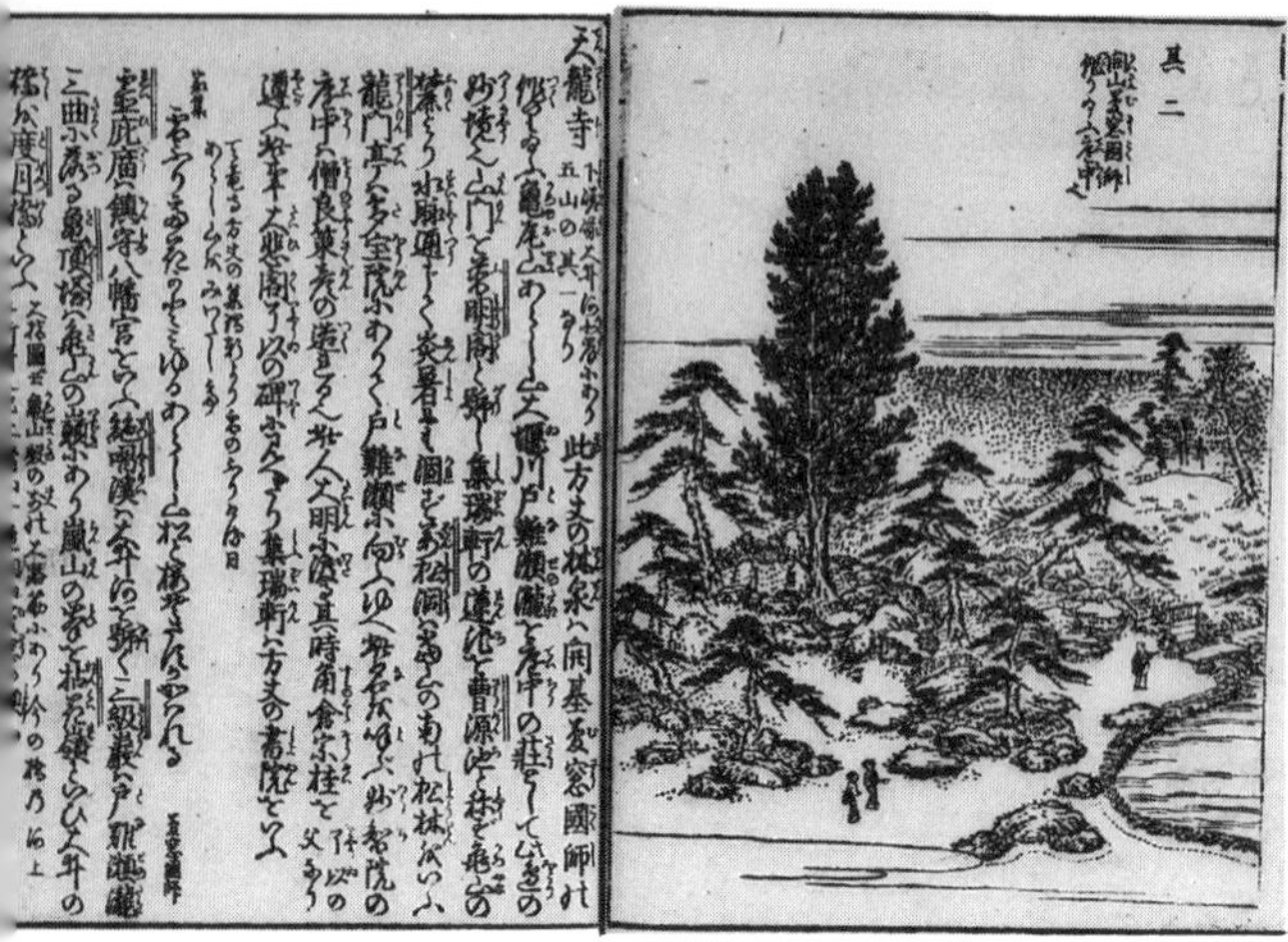

天龍寺《てんりゅうじ》　『都林泉名勝図会《みやこりんせんめいしょうずえ》』より
国立国会図書館蔵

利を避け、大寺への入寺を固辞しつづけ、求道行脚する。甲州《こうしゅう》、美濃《みの》(岐阜県)、山城《やましろ》(京都府)、土佐《とさ》(高知県)、相模国《さがみのくに》三浦《みうら》(神奈川県)、上《かず》総《さ》(千葉県)と、各地の庵《いお》を転々とし、弟子を避けて坐禅を組んだ。そして、自らの手で悟りへの道をあらわした庭園づくりに励んだ。それが五〇歳まで続くのである。

後醍醐天皇の勅請を受ける

その夢窓が一転、権門の接近を許し、朝廷や幕府に傾いていった。

一三二五(正中《しょうちゅう》二)年、後醍醐《ごだいご》天皇の勅請を受け、京都南禅寺に住職として入寺。天皇の熱心な勅請を固辞しきれなかったとはいえ、南禅寺はもともと亀山《かめやま》法皇の離宮で、瑞龍山《ずいりょうざん》太平興国《たいへいこうこく》南禅々寺の名前のとおり、国家安泰を祈願する寺だった。

ついで一三二九(元徳《げんとく》元)年、前執権北条高時《ほうじょうたかとき》の招きで鎌倉円覚寺の住職となる。幕府滅亡の四年前である。ここでは住山一年、甲州に退去し、恵林寺《えりんじ》を開いて隠遁《いんとん》した。

鎌倉幕府が倒れ建武《けんむ》の中興がなると、ふたたび後醍醐天皇の招きで一〇年ぶりに南禅寺住職に。中興が挫折したため、三年で京都嵯峨《さが》の臨川《りんせん》寺《じ》に退く。

しかし夢窓は、今度は後醍醐天皇を吉野《よしの》に追った足利新政権の尊氏・直義《ただよし》兄弟の信仰を受けた。そして一三三九(暦応《りゃくおう》二)年、後醍醐天皇が吉野で崩御。天皇追善のため天龍寺《てんりゅうじ》が創建されたが、これは夢窓が尊氏にすすめて造らせたものだった。

また、戦没者慰霊のため全国六六国に一カ寺ずつ、国分寺と同じように安国寺《あんこくじ》と利生塔《りしょうとう》を建立させたのも夢窓である。これらの費用は、元との貿易を行う〝天龍寺船〟を出すことでまかなった。

北条氏、南北朝廷、足利氏と、対立抗争した公武政権から、ともに信仰をかち得た影響力、政治力のすさまじさには舌を巻かざるを得ない。長い求道行脚の旅からひとたび立ち返るや、たちまちのうちに臨済宗の黄金時代を築きあげた手腕、功績は並々ならぬものがある。

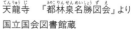

【語録】
山水に得失なし、得失は人の心にあり

『夢《む》中《ちゅう》問《もん》答《どう》』のなかで、夢窓疎石に足《あし》利《かが》直《ただ》義《よし》が聞く。「禅では、執着するなと教えるのに、なぜ山水を好むか」。夢窓は答える。「山水への所有欲ではない。山水の自然を修行の師として見る。心のもち方による」と。

中世文芸を担う才能の開花

夢窓の後半生は、彼を慕って参じる僧たちへの指導に明け暮れる日々でもあった。そのなかからは多くの優秀な門弟が育っている。

相《しょう》国《こく》寺《じ》を開いて師夢窓を開山として、自らは二世となった春《しゅん》屋《おく》妙《みょう》葩《は》、絶《ぜっ》海《かい》中《ちゅう》津《しん》、義《ぎ》堂《どう》周《しゅう》信《しん》などは中心的人物だ。

夢窓作と伝えられる枯山水式庭園
鎌倉・瑞泉寺

夢窓は天龍寺、西芳寺、恵林寺、瑞泉寺など各地に見事な山水(庭)をつくった造園家としても知られているが、絶海中津と義堂周信は詩文をもって五山文学の双璧とうたわれた。

当時は他派の禅僧のなかからも、虎《こ》関《かん》師《し》錬《れん》、雪《せっ》村《そん》友《ゆう》梅《ばい》などがつぎつぎ現れ、五山には中世文芸を担う才能が一時に花開いた。このように臨済禅が日本文学、日本文化史上に果たした役割ははかり知れない。

ただし、夢窓は弟子に「己事究明を専一にする者が上等なのであり、心を外書に酔わしめ業を文筆に立つる者は下等ともいえない俗人である」という遺《ゆい》戒《かい》を残している。

夢窓は、生前に後醍醐天皇から「夢窓国師」、光《こう》明《みょう》天皇から「正《しょう》覚《がく》国師」、光《こう》厳《ごん》上皇から「心《しん》宗《そう》国師」、示寂後は「普《ふ》済《さい》国師」、「玄《げん》猶《ゆう》国師」、「仏《ぶっ》統《とう》国師」、「大《だい》円《えん》国師」の号を七人の天皇から賜ったため「七《しち》朝《ちょう》国《こく》師《し》」と呼ばれる。生涯、大陸に渡らず、国内で臨済禅を挙揚。中国禅からの独立は夢窓によって確立したといってもよいだろう。

南浦紹明《なんぽじょうみょう》（大応国師《だいおうこくし》）
宗峰妙超《しゅうほうみょうちょう》（大燈国師《だいとうこくし》）
関山慧玄《かんざんえげん》（無相大師《むそうだいし》）

厳格清貧、純禅をつらぬいた応・燈・関の流れ

五山派に対する大応の祖師禅

夢窓疎石《むそうそせき》（夢窓派）に連なる官寺五山の禅僧たちが詩文に酔っているころ、南浦紹明《なんぽじょうみょう》（大応国師《だいおうこくし》）を派祖とする大応派（山林派）の禅僧たちはひたすら純禅の立場をつらぬこうとした。朝廷や幕府に近づかず、深山幽谷《しんざんゆうこく》に隠遁《いんとん》することもせず、世の動乱のなかで庶民とともにいて、禅宗の発展に尽くした。

この大応国師から、大燈国師《だいとうこくし》（宗《しゅう》峰妙超《ほうみょうちょう》）、そして関山慧玄《かんざんえげん》へ受け継がれた法脈を「応《おう》・燈《とう》・関《かん》の一流」と呼ぶ。

派祖である大応は、一二三五（嘉禎《かてい》元）年、駿河国《するがのくに》安倍《あべ》郡（静岡市）に生まれ、一五歳で仏門に入り、鎌倉建長寺《けんちょうじ》の蘭溪道隆《らんけいどうりゅう》のもとで出家している。

蘭溪は宋より来日し、天台・真言との兼修禅が主流だった当時の禅林に、純粋な祖師禅を確立させた名僧で、建長寺を開山

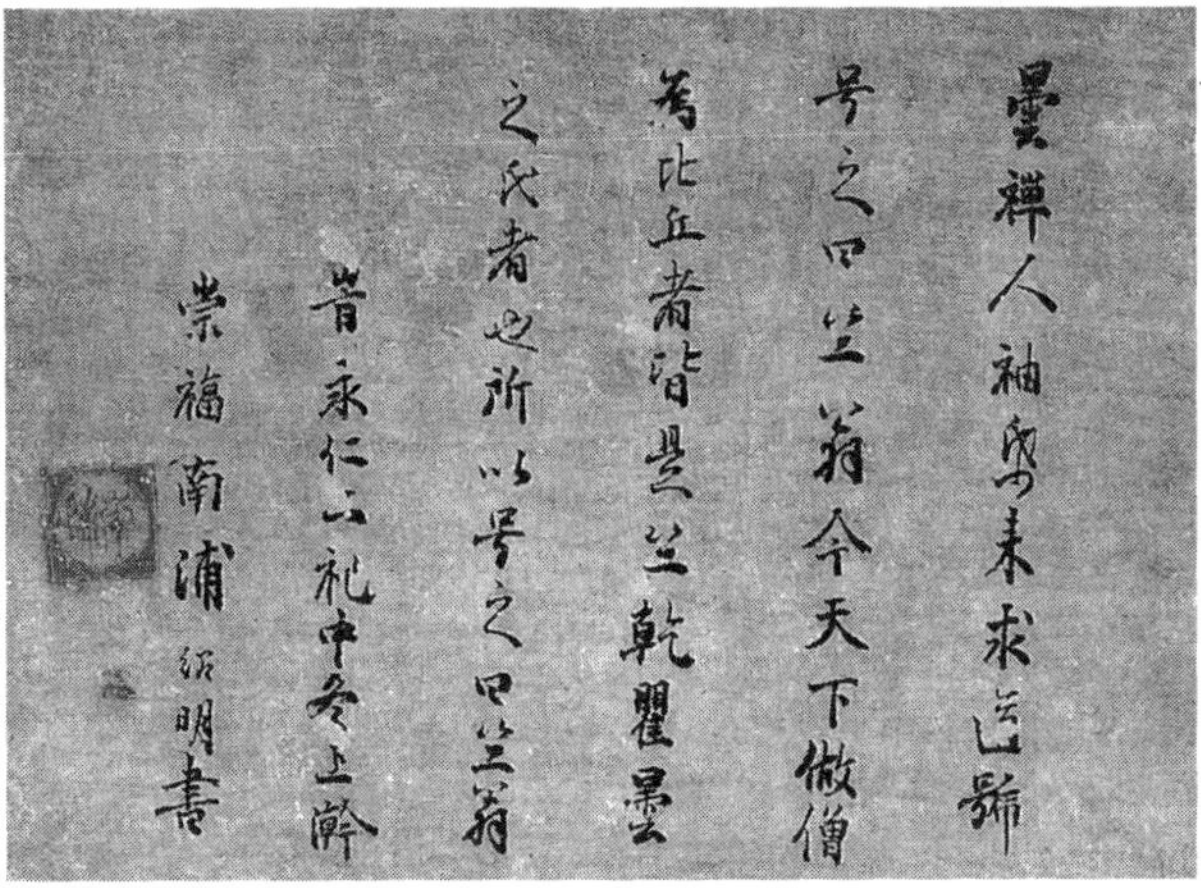

大応国師墨蹟　博多・崇福寺蔵

している。

大応は蘭渓のもとで一〇年間修行したのち、一二五九（正元《しょうげん》元）年、師のすすめにより二五歳で入宋《にっそう》。杭州《こうしゅう》浄慈寺《じんずじ》の虚堂智愚《きどうちぐ》を訪ねた。

入宋六年、大応は径山《きんざん》の興聖萬寿《こうしょうまんじゅ》禅寺《ぜんじ》に移った虚堂から、三一歳で印可を受けた。

二年後の一二六七（文永《ぶんえい》四）年帰国。蘭渓のいる建長寺に三年いたのち、九州へ下る。一二七〇（同七）年、興徳寺《こうとくじ》（福岡市西区）住職。二年後、崇福寺《そうふくじ》（福岡市博多区）住職に。

蒙古《もうこ》との関係が風雲急を告げ、九州は騒然としていた。最初の元寇《げんこう》は、大応が崇福寺に入ってわずか二年ののちの一二七四（同一一）年である。

大応は、なぜこのような時期に最前線ともいうべき博多の地へ行ったのか。

蒙古襲来最前線の禅

諸説あるが、大陸留学から帰国したばかりの大陸通として、鎌倉幕府が利用しようとしたという説がもっぱらだ。

一二七九（弘安《こうあん》二）年、南宋は蒙古に滅ぼされ、わが国への二回目の元寇は一二八一（同四）年。大応は、このときも最前線の崇福寺にいた。

『大応国師語録《だいおうこくしごろく》』に「外国の高人、日本に来る…」という一文があり、蒙古の意を帯した要人と会っていたのだ。しかし、幕府外交の一翼を担っていたにしては、発言のなかに戦場の高揚がない。どれほど周囲が騒がしかろうと動かされず、深く己を見つめ、

「禅は意相に非ず　寒月輝輝《かんげつきき》たり」

（禅は分別や知識ではない。無心に輝く明るい寒月が禅の境地だ）

と上堂説法している。戦場どころか平常そのままの日々であったらし

南浦紹明プロフィール

1235〜1308年。大応国師《だいおうこくし》。鎌倉時代末期、駿河国《するがのくに》（静岡県）に生まれ、鎌倉建長寺《けんちょうじ》の蘭溪道隆のもとで出家。25歳で入宋《にっそう》し、虚堂智愚《きどうちぐ》の印可を受ける。帰国後、九州に下り、元寇《げんこう》は博多の崇福寺《そうふくじ》で迎えた。崇福寺に32年。70歳で上洛《じょうらく》、京都万寿寺《まんじゅじ》住職となる。鎌倉に戻り、正観寺《しょうかんじ》および建長寺住職。門下千余人。建長寺にて74歳で示寂。

【語録】大応国師

法に定相《じょうそう》無し、方に随《したが》って主となる

真理、悟りには定まった形のようなものはない。いつ、どのような状況におかれていても、本来の自己をつかんでさえいれば、水が方円の器に従うように、どのようにも対処できる。自分の立つ所は常に真である。

い。大応は崇福寺に三二年もいた。

七〇歳で上洛《じょうらく》、万寿寺《まんじゅじ》住職につく。大応のために東山《ひがしやま》に新寺開創の話があったが、比叡山の反対で中止となり、鎌倉に戻り、正観寺《しょうかんじ》および建長《けんちょう》寺《じ》の住職を務めた。一三〇八(延慶《えんぎょう》元)年、七四歳で示寂。門下千余人といわれ、そのなかから、のちに大徳《だいとく》寺《じ》開山となる宗峰妙超《しゅうほうみょうちょう》(大燈国師)が法脈を継いだ。

大応国師《だいおうこくし》の墓塔　博多・崇福寺《そうふくじ》

若き日の大燈は出色の傑物

大燈は一二八二(弘安《こうあん》五)年、播磨《はりまの》国《くに》揖西《いっさい》郡(兵庫県)に生まれた。一一歳で書写山円教寺《しょしゃざんえんぎょうじ》で天台の教えを学んだのち、京都・鎌倉の師家を訪ねて参禅。二三歳、鎌倉万寿寺の高峰《こうほう》顕日《けんにち》のもとで出家。

その後、大応(南浦紹明)に参じる。その修行はたいへん厳しかったが、一年間で二〇〇則もの公案をクリアしてしまう。

舌を巻いた大応は、大燈に「雲門《うんもん》の関字《かんじ》」という難解な公案を与えた。さしもの大燈もこの公案をクリアするには三年を要した。まさに苦修三年、ようやく大応の印可を得ることになる。このとき大燈は二六歳。

しかし、師は印可の証を公表する前に、大燈に二〇年の悟後の修行を命じた。大燈が千余人の門下から抜きんでて出色の傑物であることを認め、さらなる修行を課したのだ。

五条の橋下で二〇年の頭陀行

大応が一三〇八(延慶《えんぎょう》元)年に示寂すると、大燈は師の喪が開けるのを待って、命じられたとおり翌年から悟後の修行に入った。その修行とは、頭陀乞食行《ずだこつじきぎょう》という周囲の意表をつくものだった。京都五条の橋の下で物《もの》乞《ご》いし、病者たちの群れに投じたのである。

乞食大燈像《こつじきだいとうぞう》　白隠《はくいん》筆　永青文庫蔵

そのなかにあって、托鉢《たくはつ》と坐禅三《ざん》昧《まい》の生活。大燈の道場は、世俗を離れた深山でもなく、公武から寄進された大寺院でもなく、ほこりにまみれた人間たちの真《ま》っ只中《ただなか》にあった。

一三一五(正和《しょうわ》四)年ころ、叔父の赤松則村《あかまつのりむら》により洛北《らくほく》に小庵《しょうあん》(紫野大徳庵。のちの大徳寺)を与えられるが、大燈は相変わらず五条橋の下にやってきては坐禅を組んだ。

そのころのことで、次のようなエピソードが伝えられている。

ある夜のこと、橋の下で坐禅を組んでいた大燈を三人組の武士が襲った。しかし己の仏心を見つめて、生死一如の境地にある大燈にはまったく動揺がない。ただ一個の気魄だけが、巨大な岩石のようにそこにあった。刀をふりかぶった武士には、どうしても大燈が斬《き》れなかったというのである。

こうした大燈のありさまは、はるか時代が下がって江戸時代中期の白《は》隠慧鶴《いんえかく》が描いた「乞食大燈像《こつじきだいとうぞう》」によくあらわれている。破れ笠をかぶった異様な形相、気の凝結した恐ろしいほどの眼光。一途に純粋禅を追求する修行者の、名利を離れた姿がそこにある。

これほどの禅者が世に知られずにいるはずもなかった。

後醍醐《ごだいご》天皇がぜひ会いたいと希望したのだ。周囲の者が、物乞いの群れに投じているため捜すのがむずかしいというと、天皇は大燈の好物がまくわ瓜だということを調べ、まくわ瓜《うり》で大燈をつりだす策を講じたという。

天皇の意を受けた使いの者が、まくわ瓜を積みあげ、群がる物乞いたちに向かっていう。

宗峰妙超プロフィール

1282～1337年、大燈国師《だいとうこくし》。鎌倉時代末期、播磨国《はりまのくに》(兵庫県)に生まれ、鎌倉万寿寺《まんじゅじ》の高峰顕日《こうほうけんにち》に参禅。ついで上洛《じょうらく》し、京都万寿寺の南浦紹明《なんぽじょうみょう》に参禅。26歳で印可を受ける。その後20年間、五条橋下で頭陀乞食行《ずだこつじきぎょう》をし、大徳寺《だいとくじ》に開山として迎えられる。南北朝の混乱期にも足利幕府になびかなかったことで知られる。56歳で示寂。

「脚をつかわず来る者に、これをくれてやろう」
物乞いたちが途方に暮れていると、ぼろぼろになった乞食が一人進みでて、
「手をつかわずに、それを渡せ」
といった。これで、大燈は簡単に見つけだされてしまった。

大徳寺の開創

やがて大燈の頭陀行にも終わりがくる。一三二五(正中《しょうちゅう》二)年、花園《はなぞの》上皇(持明院統《じみょういんとう》＝後深草《ごふかくさ》天皇の皇統・のちの北朝)より大徳庵を祈願寺「大徳寺」とする院宣《いんぜん》が発せられた。同時に「興禅大燈国師《こうぜんだいとうこくし》」の号が授けられている。また、後醍醐天皇(大《だい》覚寺統《かくじとう》＝後深草天皇の弟の亀山《かめやま》天皇の皇統・のちの南朝)も同寺を勅願寺とした。

権力に近づかず、頭陀行二〇年の禅者がなぜ急に、という疑問は当然かもしれない。その答えは、一〇年ほど前に遡《さかのぼ》る。

大燈が三五歳ころのことだ。大徳庵に花園天皇の勅使が来訪し、大燈に参じるように命じた。花園天皇は二〇歳。大燈はへりくだることなく天皇と対等にわたりあった。天皇が「仏法は不思議、王法《おうぼう》と対座す」というと、これに大燈は「王法は不思議、仏法と対座す」と応じた。

現世の支配者と精神世界の師が、まったく平等だという気概を示したエピソードだ。

こうした考えをもつ大燈であれば、皇室からであろうと、だれからであろうと、招かれたので当然のように応じたのであろう。皇位継承の争いなど大燈にとってはまったく価値のないものに映っていた。

大燈の影響もあってか、花園天皇は在位一〇年を経た二二歳で、九歳年上の後醍醐天皇に譲位して上皇と

【語録】 大燈国師

仏祖を截断《せつだん》し、吹毛《すいもう》常に磨く
機輪転ずる処《ところ》、虚空《こくう》牙《きば》を咬《か》む

示寂する直前の遺偈《ゆいげ》である。筆勢は強く、死期迫る人が書いたとは思えない。内容も激しく、近づきがたい気迫だ。うかつな解釈はやめ、この言葉はひと文字ずつじっくりかみしめたい。

京都・大徳寺《だいとくじ》

なったのであった。

大徳寺となって九年目となる一三三四(建武《けんむ》元)年、建武の中興がなるや後醍醐天皇は、大徳寺に「本朝無《ほんちょうむ》双之禅苑《そうのぜんえん》」の宸翰《しんかん》と、大燈に「高照《こうしょう》正燈国師《しょうとうこくし》」の号を授けた。そして、京都五山の筆頭とし、大徳寺の歴代住職は必ず大燈の法脈でなければならないとした。

ところが足利尊氏《あしかがたかうじ》が背き、後醍醐天皇は吉野に移って南朝を開く。足利氏は持明院統の光明《こうみょう》天皇を立てて北朝とし、大徳寺は後醍醐天皇と関係が深いため五山からはずされてしまう。

このころ花園上皇は剃髪《ていはつ》し、法皇《ほうおう》となった。そして病床の大燈に「師なきのちの問法は、だれに仰ぐべきか」とたずねた。離宮を禅《ぜん》苑《えん》としたいが、開山をだれにしたらよいかというのである。

大燈は、悟後の修業中で行方知れずの一番弟子関山慧玄《かんざんえげん》を推し、大徳寺はもうひとりの弟子徹翁義亨《てっとうぎこう》に継がせた。

大燈は一三三七(同四)年、徹翁に置文《おきぶみ》と嫡伝《ちゃくでん》の証を渡し、大徳寺で結《けっ》跏趺坐《かふざ》のまま示寂。五六歳であった。

この年、花園法皇は離宮を禅苑(のちの妙心寺《みょうしんじ》)とし、大燈の法脈を継ぐ関山を開山に迎えることとした。

密かに美濃に隠れた関山

大燈の法脈を継いだ関山慧玄の出自ははっきりしない。一二七七(建《けん》治《じ》三)年、信濃国《しなののくに》(長野県)に高梨高《たかなしたか》家《いえ》の子として生まれたとされる。

三一歳のとき、鎌倉建長寺の東伝《とうでん》士啓《しけい》のもとで出家、慧眼と称し大応のもとで修行した。五一歳で上洛《じょうらく》、大応の法脈を継ぐ大徳寺の大燈の門下となった。五歳年上の弟子である。

大燈の印可を得たのは一三二九(嘉暦《かりゃく》四)年。師から課せられた公案「雲門の関字」を二年かかってクリアしたときだ。大燈は大いに喜び、〝関山の号〟を与え、名も慧眼から慧玄に改めさせた。

ところが関山は印可を得た翌年、突然美濃国《みののくに》(岐阜県)に隠遁《いんとん》してしまう。深い山中に庵をかまえ、九年間黙々と田畑を耕した。悟後の修行に励んだのだ。

このころ、鎌倉幕府と後醍醐天皇との確執は深くなり、後醍醐天皇は大徳寺の大燈に参じるように命じてきた。病中の大燈は関山を代理で参じさせたが、関山は天皇と会ったのち、密かに美濃に隠れるのだ。

大燈と関山のあいだで、了解がなされていたのは確かだろう。大徳寺

岐阜県美濃加茂市にある正眼寺《しょうげんじ》

【語録】関山慧玄

慧玄が這裏《しゃり》に生死なし

ある僧が「大切な生死の事柄を解決するために来ました。教えを請いたい」というと、関山は大声で「わしのところに生死などはない」と叱咤《しった》した。禅の悟りは〝本来無一物〟。生死にとらわれていてはいけないのだ。

が政争に巻きこまれたとしても、その渦中から純禅の大道を守らなければならない。大燈は関山をつまらない政争に巻きこみたくなかったのだろう。

関山立亡の大往生

関山は一三三八(暦応《りゃくおう》元)年、花園上皇が開創した妙心寺に迎えられ開山となる。しかし、妙心寺住職となった関山は寺院経営には無頓着で、頭陀行、托鉢、作務、坐禅の毎日。援助を仰ぐ才覚がなかった。

天龍寺の夢窓疎石が訪ねてきたときも、銭四〜五文で焼き餅を買ってもてなしたという。

また、こんなエピソードもある。屋根は破れ、雨漏りがした。あるとき、激しく雨が降り、関山は器を持ってくるように叫んだ。あわてた弟子がざるを抱えて飛んで行くと、関山は大いにほめたという。しばらくして弟子のひとりが桶《おけ》を持参すると、今度は大いに怒った。

つまり、禅は思慮分別ではない。論理を超えた非合理のひらめきが大切なのだという逸話である。

関山は一三六〇(延文《えんぶん》五)年、八四歳で示寂。行脚に出るといい、あとを継がせる授翁宗弼《じゅおうそうひつ》に妙心寺山内の泉井の傍らで妙心寺の今後について懇々と訓誡《くんかい》し、語り終わったとき、旅衣立姿のまま立亡《りゅうぼう》したという。突然の死であった。

関山慧玄プロフィール

1277〜1360年。無相大師《むそうだいし》。鎌倉時代末期、信濃国《しなののくに》(長野県)に生まれる。31歳で鎌倉建長寺《けんちょうじ》の東伝士啓《とうでんしけい》のもとで出家、南浦紹明《なんぽじょうみょう》について修行。翌年南浦が示寂すると、鎌倉で諸師を訪ね修行を重ねる。51歳で京都大徳寺《だいとくじ》の宗峰妙超《しゅうほうみょうちょう》に参じる。1329(嘉暦4)年、印可を受ける。1338(暦応《りゃくおう》元)年、京都妙心寺《みょうしんじ》開山となる。84歳で示寂。

一休宗純《いっきゅうそうじゅん》

乱世を風狂に生きた天衣無縫の禅僧

入水自殺を防いだ母の慈愛

一休《いっきゅう》の父後小松《ごこまつ》天皇は北朝の第一〇〇代天皇。母は南朝の遺臣の娘。母は懐妊すると宮中から追われ、一休を民家で生んだという。一休の生涯を通しての屈折はここから始まった。

幼名は千菊丸《せんぎくまる》。六歳で京都安国寺《あんこくじ》の象外集鑑《ぞうがいしゅうかん》のもとで出家、周建《しゅうけん》と称する。一三歳で建仁寺《けんにんじ》の慕喆龍攀《ぼてつりゅうはん》から詩文を学ぶ。少年期の一休は、頓智《とんち》を働かせるような軽妙な子供ではなかった。ひたすらものの本質を追究し、偽善俗悪を憎む、真面目一途な少年だった。

一六歳のときのエピソードがある。建仁寺の法要に参集した禅僧たちが声高に生家や出身門閥を自

一休宗純頂相《いっきゅうそうじゅんちんそう》　重文／京都・酬恩庵《しゅうおんあん》蔵

一休宗純プロフィール

1394～1481年。室町時代、京都に生まれる。13歳で建仁寺《けんにんじ》の慕喆龍攀《ぼてつりゅうはん》に詩文を学ぶ。17歳で謙翁宗為《けんおうそうい》の門下となる。22歳で華叟宗曇《かそうそうどん》に参禅し、27歳で印可を受ける。形式、権威を嫌い、肉食女犯《にくしょくにょぼん》を公然と行い、京や堺の人々から慕われる。1474（文明《ぶんめい》6）年、勅命により大徳寺《だいとくじ》住職となるが住山せず。京都酬恩庵《しゅうおんあん》にて88歳で示寂。

京都・酬恩庵

慢していた。禅僧は名利を捨てたはずなのにと、一休はいたたまれずその場を離れ、師慕喆に詩を献じた。

「法を説き禅を説いて姓名を挙《あ》ぐ、人を辱《はずか》しむるの一句を聴いて声を呑《の》む」

少年一休の真面目《まじめ》がよくわかる詩だ。一休の精神に強い影響を与えたのは、母親だった。それを伝えるものが舘山寺《かんざんじ》(静岡県浜松市)に残されている。修行に励む一休に母があてた遺書である。

《…御身《おんみ》よき出家に成りたまひ仏性《ぶっしょう》の見《けん》をみがき、その眼より我ら地獄に落つるか落ちざるか、不断添ふか添はざるかを見たまふべし。釈迦《しゃか》、達磨《だるま》をも奴《やっこ》となしたまふ程の人と成りたまひ候《そうら》はば、俗にても苦しからず候《そうろう》。仏四十余年説法したまひ、つひに一字不説《いちじふせつ》とのたまひし上は、我と見、我と悟るが肝要に候。何事も莫妄想《ばくもうそう》、あなかしこ。

不生不死身

千菊丸殿へ

(書き加えて)かえすがえすも、方便のせつをふみ守る人は、くそ虫と同じ事に候。八万の諸聖教《しょうきょう》をそらによみても、仏性の見をみがかずんば、此文ほどの事も解しがたかるべし》

求道《ぐどう》という点では、甘えを許さぬ手厳しさがあり、同時にわが子の見《けん》性成仏《しょうじょうぶつ》を願う母の慈愛を感じさせる。

少年一休は、この母の気魂を心のよりどころに、一七歳で西金寺《さいこんじ》の謙《けん》翁宗為《おうそうい》に参禅、名を宗純《そうじゅん》と改めた。一休はよほど謙翁の徳にうたれたらしい。二一歳で師が病没すると、呆然として母のもとに帰った。

強い母に叱咤《しった》され石山観音《いしやまかんのん》で七日間の坐禅に入るが耐えきれず、瀬田《せた》の大橋から入水《じゅすい》自殺をはかった。それを寸前で救ったのは、一休の身を気づかい、秘かに人を頼んで見守らせていた母であった。

この自殺未遂が、一休の内面を大転換させたことはまず疑いがない。

禅では、修行者の悟りに到達する寸前のあがきに対して「死にきれ」と教える。思慮・分別・執着のすべてを吐きだし、なお捨てつくして無我にいたったとき、内面に大転換を起こして大活《だいかつ》するのだ。

修行の浅かった一休は絶望に耐えきれずに、一切を捨てようとした死の覚悟が、逆に何かを直観させ、大活を導きだしたといえる。

印可証を焼き捨てる

一休は決意を新たに近江《おうみ》(滋賀県)へ、禅興庵《ぜんこうあん》(のちの祥瑞寺《しょうずいじ》)に隠棲《いんせい》していた華叟宗曇《かそうそうどん》を訪ねた。華叟は大《だい》燈国師《とうこくし》(宗峰妙超《しゅうほうみょうちょう》)の法脈に連なり、峻厳《しゅんげん》をもって知られていた。容易に入門は許さない。門前の地べたにうずくまる一休に水を浴びせ、罵倒して追い払おうとした。しかし一休は、さらに入門を請い、ようやく弟子入りを許された。だが、修行は峻烈《しゅんれつ》をきわめた。非情としかいいようのない華叟のもとで、六年間の辛苦に耐えた。難問で知られる「洞山三頓《とうざんさんとん》の棒」の公案をクリアできたのは二五歳のとき。華叟はこのとき、〝一休〟の号を与えている。

一休が華叟の印可を得たのは二七歳のときだ。

一四二〇(応永《おうえい》二七)年、琵琶湖畔の小舟で坐禅を組んでいた一休は、闇に鳴いた鴉《からす》の声を聞き、突然大悟した。夜明けを待ち、師の部屋に入室して悟りの境地を告げると、「お前の悟りは、羅漢《らかん》の境界で、本当にすぐれた禅者の境界ではない」と華叟は冷然と突き放していった。

一休は「これが羅漢の境界で本当の禅者の境界でないのなら、羅漢で結構、禅者を嫌うのみ」と切り返した。華叟は笑って膝を打った。そし

【語録】

妄想をも除かず真をも求めず、無明《むみょう》の実性《じっしょう》こそ即仏性《ぶっしょう》なり。

『証道歌《しょうどうか》』の一節。人間には妄念もあれば真実もある。それらの一方だけでは、人間でなくなってしまう。除かず求めず、妄想と真実の働きをそのまま認めるのが自然であり、自然の姿こそ仏性なのだ。

て「お前こそ真の禅者だ」といい、一休の悟りを認めたのだ。

華叟は一休の悟りを証明する印可証を書いたが、一休は受け取らなかった。のちに印可証は送り届けられたが、一休は焼き捨てて平然としていた。

当時の禅林は、印可状自体が形骸化しており、その授与はただの慣習と化していた。一休はそれが許せず、自分の悟りは自身で証明すれば足りるという気概を示したのだった。

まことに素直な愛欲の告白

悟りを開いたあとの一休は、真面目一途の青年僧から一変する。自ら狂雲《きょううん》と号し、千余に及ぶ自作の漢詩『狂雲集』にあらわされたとおりの〝風狂〟を、生涯にわたってやり遂げたのだ。

その実態は傍若無人、一見すれば破戒僧のように見えた。酒を飲み、女を抱き、肉を食らい、各地を漂泊して多くの衆生と交わった。大燈国師は五条橋下で頭陀行《ずだぎょう》を行ったが、大燈の孫を自任する一休は、それをはるかに超え、禅に縛られることなく任運(あるがまま)の逆行《ぎゃくぎょう》に没入した。

〝逆行〟とは、一休自身の言葉で、奔放自在、戒律など無視して、一切の固定された尺度から自由にふるまうことをいった。

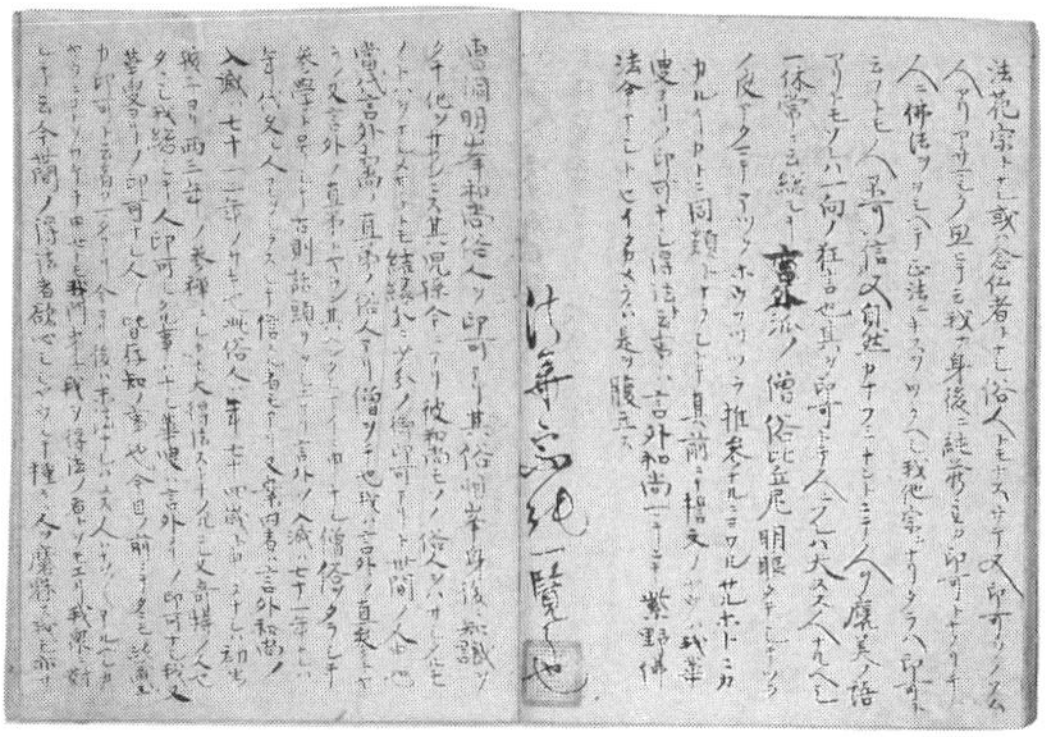

『自戒集《じかいしゅう》』一休宗純著。大徳寺《だいとくじ》の養叟《ようそう》らを批判している。京都・酬恩庵蔵

「大徳寺の開山忌に一休は女連れで参列し、法事のあいだは隣接する庵《いおり》で女と同衾《どうきん》(共寝)していた」

「木曽川《きそがわ》のほとりで、一休は女が水浴びしている姿を眺め、陰部にむかって三度礼拝し、不審がる村人に〝女をば法の御蔵《みくら》というぞ。げに釈迦も達磨もひょいひょいと生む〟と詠んで見せた」

一休はきわめて人間的な禅僧であり、そうしたエピソードには事欠かない。

一休は七七歳になって、住吉《すみよし》の薬師堂で盲目の美女森女《しんにょ》の琵琶《びわ》を聞き、愛するようになる。『狂雲集』には森女との交情が「美人の淫水を吸う」と生々しく描かれている。素直といえば、これほど素直に自身を告白している禅僧はいない。どれほどの人物であろうと、もし一休以外の者がこの真似をすればたちまち破廉恥の汚名をきせられたことであろう。

ニセ坊主どもを徹底糾弾する

もうひとつ、一休の生涯を特徴づけるものとして、形式、権威を嫌い、名利、安逸を求める五山や大徳寺の僧たちを激しく糾弾しつづけたことがあげられる。

一休が洛中を蓬髪《ほうはつ》、黒粗衣《くろあらごろも》に朱鞘《しゅざや》の刀を差して歩いていたことがある。

都人が「いかに乱れた世とはいえ、出家の身で殺生の道具を持ち歩くとは」となじると、一休は刀を抜いて見せた。なんと刀身は木であった。

これでは人を斬《き》るどころか、何の役にも立たない。人々が呆れて笑うと、一休はにこりともせずに、

「昨今のニセ坊主どもは、この木刀に同じ。鞘におさめておけば(お寺におれば)いかにも真剣、役立ちそうにも見えるが、抜いてみれば(一人の人間として見れば)ただの木切れよ。殺しもできぬくせに、どうし

て人を活かすことができようか」
といった。

天皇の勅命で住職となるが住山しなかった京都の大徳寺《だいとくじ》

知識もなく、坐禅を怠け、道具をたしなみ、座敷を飾り、派閥をつくって利権に奔走する禅者に、彼らは衣を着ているだけで在家と変わらないと怒りをあらわしている。

五二歳のときに、法兄の養《よう》叟宗頤《そうそうい》が大徳寺二六世となると『自戒集《じかいしゅう》』を著して、猛烈に養叟をののしっている。大燈、あるいは大応の師である虚堂智愚《きどうちぐ》の弟子であることを自任した一休は、清貧枯淡の松源禅を逸脱するような僧たちを禅者とは認められなかったのだ。

「龍宝山《りゅうほうさん》中の悪知識、言詮《ごんせん》の古則は尽《ことごと》く虚伝《きょでん》」（龍宝山大徳寺の悪僧どもが、昔の高僧達の言行を引用して説いているが、自分たちが悟りに達していないくせに言葉だけ引用しても、それはいい加減なものだ）

一休の破戒的な〝逆行〟は、こうしたニセ坊主どもの横行を糾弾し、同時に、彼らの価値、倫理から自分を解放させるための自己破壊だったとも考えられる。

一四六七（応仁《おうにん》元）年、七四歳のときに応仁の乱が勃発。山城国《やましろのくに》薪村《たきぎ》（京都府京田辺市）の酬恩庵《しゅうおんあん》に避難。八一歳で後土御門《ごつちみかど》天皇の勅命により大徳寺四八世となるが住山せず、「生涯胡乱《うろん》、是れ我が能」（一生を通してでたらめな生き方をしてきた。それこそが自分の自分たる能事だったのだ）という言葉を残している。

傲然《ごうぜん》とした自負の姿勢がある。堺《さかい》の豪商尾和宗臨《おわそうりん》らに援助を頼み、戦乱で焼失した大徳寺の復興にあたり、一四八一（文明《ぶんめい》一三）年、酬恩庵で示寂。八八歳であった。

沢庵宗彭《たくあんそうほう》

将軍、大名を教え導いた
孤高の禅匠

紫衣事件で流罪となる

孤高の禅匠、沢庵《たくあん》は一五七三（天正《てんしょう》元）年、但馬国出石《たじまのくにいずし》（兵庫県豊岡《とよおか》市）に生まれた。一四歳で付近の大《だい》徳寺《とくじ》派宗鏡寺《すきょうじ》の塔頭勝福寺《たっちゅうしょうふくじ》の希先西《きせんさい》堂《どう》に弟子入りし、二二歳で大徳寺の春屋宗園《しゅんおくそうえん》に参禅して宗彭《そうほう》と名乗る。

しかし沢庵は、世俗的な春屋とは禅風が異なるため、彼のもとを辞すと、堺《さかい》の南宗寺《なんしゅうじ》陽春庵《ようしゅんあん》を訪ね、三一歳で一凍紹滴《いっとうじょうてき》の弟子となった。

一凍は一切の名利を嫌い、門を閉じて坐禅三昧、本来あるべき禅者の修行を怠らなかった。沢庵は一凍のもとで修行を積み、一年で印可を得た。〝沢庵〟という法号はこのときからである。師の寂後、陽春庵を継ぎ、三五歳で南宗寺住職となる。

二年後の一六〇九（慶長《けいちょう》一四）年、勅命により三七歳の若さで大徳寺一五四世となるが、沢庵はわずか三日で退いて南宗寺に戻った。さらに四

沢庵宗彭プロフィール

1573～1645年。普光国師《ふこうこくし》。安土《あづち》・桃山時代、但馬国《たじまのくに》（兵庫県）で生まれ、14歳で近在の宗鏡寺《すきょうじ》で出家。堺の南《なん》宗寺《しゅうじ》の一凍紹滴《いっとうじょうてき》から印可を得る。南《なん》宗寺《しゅうじ》、京都大徳寺《だいとくじ》住職。48歳で宗鏡寺に隠棲《いんせい》。紫衣《しえ》事件で幕府に抗議し出羽国《でわのくに》（山形県）に流罪となる。許されたのち、将軍徳川家光《いえみつ》や後水尾《ごみずのお》天皇の帰依《きえ》を受ける。東海寺《とうかいじ》開山。73歳で示寂。

沢庵宗彭頂相《たくあんそうほうちんそう》　東京・東海寺《とうかいじ》蔵　品川区立品川歴史館提供

八歳で郷里の宗鏡寺に戻ると、投淵《とうえん》軒《けん》という草庵《そうあん》をつくって隠棲《いんせい》してしまう。沢庵が歴史の表舞台に躍り出るのは、それから九年後となる。

一六二九(寛永《かんえい》六)年、三代将軍徳川家光《いえみつ》のとき、世にいう紫衣《しえ》事件が起こる。

沢庵の弟子正隠宗知《しょういんそうち》は大徳寺一七二世となった一六二七(同四)年、後水尾《みずのお》天皇より紫衣《しえ》を勅許された。しかし幕府は、一六一五(元和《げんな》元)年の禁中並公家諸法度《きんちゅうならびにくげしょはっと》に違反するとして勅許の取り消しを決定した。これが紫衣事件の発端となる。

徳川以前は、高徳の僧に対して朝廷が紫衣を勅許していたものだが、幕府は寺院諸法度で、紫衣は南禅寺《なんぜんじ》のみとし、朝廷が独自に勅許することを許さなかった。

朝廷はそれを不満とし、法度を無視して勅許を繰り返す。

今回の大徳寺の場合は皇室との関係浅からず、その勅許を見過ごせば、法度は空文化してしまうため、幕府は強硬だった。

沢庵は紫衣取り消しの報を聞き、急ぎ上洛する。問題は紫衣にとどまらない。法度の内容そのものが不備だとし、一六二八(寛永五)年、沢庵の起草による大徳寺と妙心寺の抗弁書が京都所司代に提出された。

法度には「出世(師家)の資格は三〇年の修行、一七〇〇則の公案透過」とあるが、禅の大事は修行年数や公案のクリア数ではなく、大悟徹底にある。だいたい一七〇〇という数は公案の数ではなく、『景徳伝統録《けいとくでんとうろく》』に掲載された祖師の数だ。

また出世までに修行三〇年というが、一五~六歳で師について三〇年修行し、さらに出世まで五年。師家となって弟子を育成するのにまた三〇年かかるとすれば、現実に弟子の育成は不可能。法の伝灯はできないことになる。

翌年、幕府は厳罰に出た。許可を得ていない紫衣はすべて剝奪《はくだつ》され、沢庵ら四僧は流罪となる。五六歳の沢庵は出羽国上之山《でわのくにかみのやま》(山形県上山市)へ配流となった。怒った後水尾天皇は退位して、皇女興子《おきこ》(明正《めいしょう》天皇)に位を譲ってしまった。

しかし出羽での沢庵の生活は、案外恵まれていた。上之山藩主土岐頼行《ときよりゆき》が帰依《きえ》して大切に扱い、幕府に正論を吐いた禅僧として諸国の大名から多くの見舞いが届けられた。

沢庵は「夏には帷子《かたびら》一枚、冬には綿入れが二、三枚あればよい」といって、衣類などはみな村人に分け与えたという。

剣禅一如の境地

一六三二(寛永九)年、沢庵は赦免《しゃめん》され、江戸に入る。二代将軍秀忠《ひでただ》の逝去にともなう恩赦だが、寺社行政

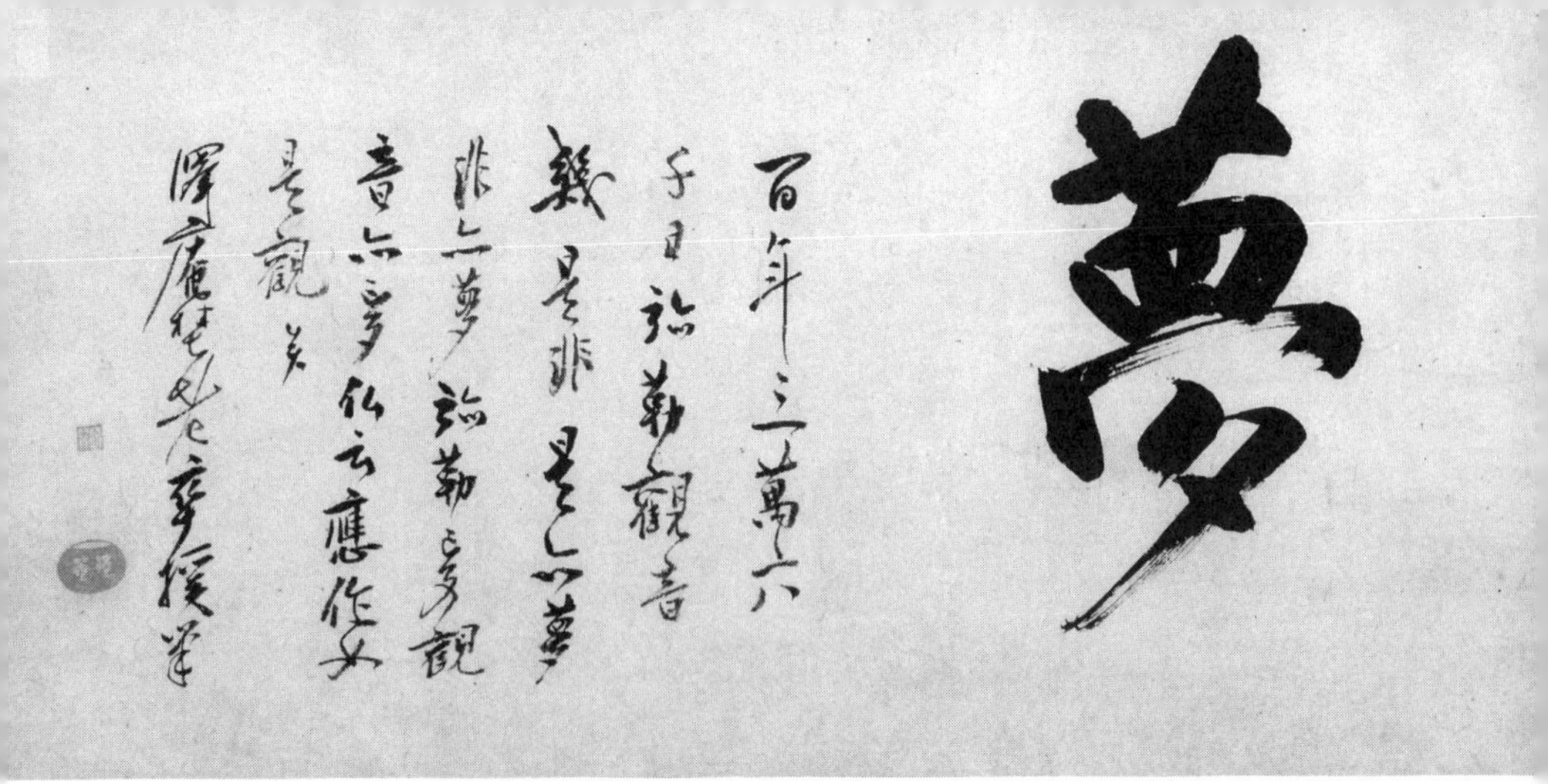

沢庵墨蹟　遺偈《ゆいげ》　東京・東海寺蔵　品川区立品川歴史館提供

に辣腕《らつわん》をふるった南禅寺金地院《こんちいん》の以《い》心崇伝《しんすうでん》(36頁参照)の勢力が、もうひとりの顧問、天台宗の喜多院天海《きたいんてんかい》に押され弱まってきたことが大きい。

　三年の江戸滞在中、多くの人々が沢庵を訪ねた。なかでも将軍家の剣術指南役の柳生但馬守宗矩《やぎゅうたじまのかみむねのり》は熱心に参禅し、ついに〝剣禅一如〟の境地を開いた。

　沢庵は『太阿記《たいあき》』で禅の境地と剣の極意を説く。そのなかに有名な〝活人剣〟がある。

「それ通達《つうだつ》の人は、刀を用いて人を殺さず、刀を用いて人を活《い》かす」

　達人は刀で斬《き》る必要はない。気を呑《の》まれた相手が金縛りにあったようになるから、こちらの気合ひとつで自在に扱うことができる。これが活人剣だ。

　故郷の宗鏡寺に帰った沢庵は、翌年再び江戸へ呼ばれ、柳生宗矩の推挙で家光の顧問役を頼まれる。固辞する沢庵を、家光は懇願して江戸にとどめた。紫衣事件で沢庵を流罪にした本人が、今度は三顧の礼を尽くす。それほど沢庵には徳があった。

　一六三九(寛永一六)年、家光は品川に東海寺《とうかいじ》を建立し、沢庵を迎えて開山とした。家光は、沢庵が示寂するまでの七年間に七五回も東海寺を訪ねたという。

　将軍ばかりではない。水戸頼房《みとよりふさ》など多くの大名が沢庵を訪ねた。熊本《くまもと》藩主細川忠利《ほそかわただとし》の手紙に沢庵の教えが書かれている。

「何程《なにほど》も嘆き候《そうら》え。悦《よろこ》びは悦び、悲しみは悲しむこと、仏法の最上にて候。平人と替わりたる事これなき様に候」(どれほど嘆いてもかまいません。喜ぶときは喜び、悲しむときは悲しむ。自然でこだわりのないことが、仏法の最上の教えなのですから。それは禅者であっても一般の人であっても変わりないことです)

【語録】

香りも味も、浅く軽きを褒美す。然《しか》れども人も万事につき、浅く軽きがよし。塩たれたるは悪し。

香りも味も人間関係も、すべて浅く軽く、ほどほどなのがよい。あまり味濃くできたものは、体にも心にもよくない。必要以上に内容の濃密なものは、食物でも品物でも執着が生じる。人間関係もさらりとすべきだ。

法脈を絶ち、墓も葬式も無用

沢庵は一六四五(正保《しょうほう》二)年、東海寺において七三歳で示寂。

生前、沢庵は弟子のだれにも印可を与えなかった。後水尾上皇や家光の要請も断り、自分のみで絶法とした。紫衣事件であれほど宗門の伝灯が絶えることを危惧した沢庵が、自らの法脈は断絶させたのは、印可が形式に流れていた禅林への批判なのか、自らの禅に縛られることが煩わしかったのか、それはわからない。

弟子が遺偈《ゆいげ》を求めると無言で首をふった。さらに求めると、筆をとり「夢」と一字を書いて筆を捨てた。臨終迫る人の字とは思えぬほど気迫のこもった字である。

また頂相も描かせず、遺戒《ゆいかい》には「葬式、香典、墓は一切無用。死骸は野外に埋めて二度と参ってはならない。朝廷から禅師号《ぜんじごう》を受けてはならない」と託した。

しかし、残された人々は沢庵の徳を慕い、頂相を描き、飾り気のない大きな石を置いて墓石とした。この石は「沢庵石」と呼ばれ、東海寺の墓地の角に残る。そして三〇〇年忌にあたる一九四四(昭和一九)年、「普光国師《ふこうこくし》」の号が贈られた。

盤珪永琢《ばんけいようたく》

公案不要、やさしく庶民に「不生禅」を説く

独創的な〝第三の禅〟

盤珪永琢の禅はまことに独創的、日本的だった。

「親の産みつけたもった仏心は、不《ふ》生《しょう》にして霊明《れいめい》なものでござって、不生で一切の事が調《ととの》いまする」（『盤《ばん》珪《けい》禅《ぜん》師《じ》法《ほう》語《ご》』）。

意味は「親が産んでくださったこの身には、生まれながらに仏心がそなわっており、それは、一切の執着を超越した清浄無垢《むく》なものであって、人間は、生まれたままの清浄無垢な心で接すれば、すべての事柄がうまくいくようにできている」ということ。この短い言葉のなかに、盤珪の教えの特徴がすべて含まれているといってよい。

盤珪はこのように、それまで難解と思われていた禅の根本を、漢語を使わず、方言を交えたやさしい日本語で、身分の上下、老若男女の別なく語りかけた。

聴聞に集まる者と同じところに坐って、「みなの衆、そうじゃござら

盤珪永琢プロフィール

1622〜1693年。仏智弘済禅師《ぶっちこうさいぜんじ》。江戸時代、播磨国《はりまのくに》（兵庫県）に生まれ、赤《あ》穂随鷗寺《こうずいおうじ》の雲甫全祥《うんぽぜんしょう》のもとで出家。苦修の果て26歳で大悟。36歳、雲甫の法脈を継ぐ牧翁祖牛《ぼくおうそぎゅう》より印可を受ける。２年後、京都妙心寺《みょうしんじ》に入り、盤珪《ばんけい》と号す。郷里浜田に龍門寺《りょうもんじ》、大《おお》洲《ず》に如法寺《にょほうじ》、江戸に光林寺《こうりんじ》を開山。妙心寺218世となる。龍門寺にて72歳で示寂。

盤珪永琢木像　愛媛・如法寺《にょほうじ》蔵

ぬか」と穏やかに話したという。

　修行法も独創的だ。臨済宗でありながら、伝統的な公案の工夫を拒否している。従来の修行法によれば、修行僧は師家《しけ》(指導者)から公案を与えられ、それを解く工夫をする。公案は、仏語祖語(悟りに達した先輩禅匠の語録や、経典のなかの言葉)を使った非合理なもので、修行僧は苦労を重ねて公案の見解《けんげ》を出し、師家に点検してもらい、自分にこびりついた思慮、分別を徐々に捨て去って仏心に近づいていくものだ。

　盤珪は、このような公案を「道具」と呼んだ。指導者たちは道具に頼って人々を教えようとするが、そのような回りくどい方法は、悟りの役には立たないとした。

　公案を用いなくとも、我々の周囲には、自分自身が抱えている問題が山積している。そうした「今日の身の上への批判」を直接のテーマとして、聞法者と対話を行えば、すべての事柄は埒《らち》があく(解決できる)というのだ。

　坐禅のあり方も、ただひたすら坐禅することが大切で、ひたむきな坐禅三昧《ざんまい》から〝不生の仏心〟が体得される。不生の仏心を自覚することだけが修行のテーマだというのだ。

　これは道元《どうげん》の曹洞禅《そうとうぜん》、白隠《はくいん》の公案禅と並んで〝不生禅《ふしょうぜん》〟と呼ばれ、第三の禅といわれる理由だが、従来の臨済禅にこれだけの差異を立てた盤珪には、そうするだけのすさまじい修行のあとがあった。

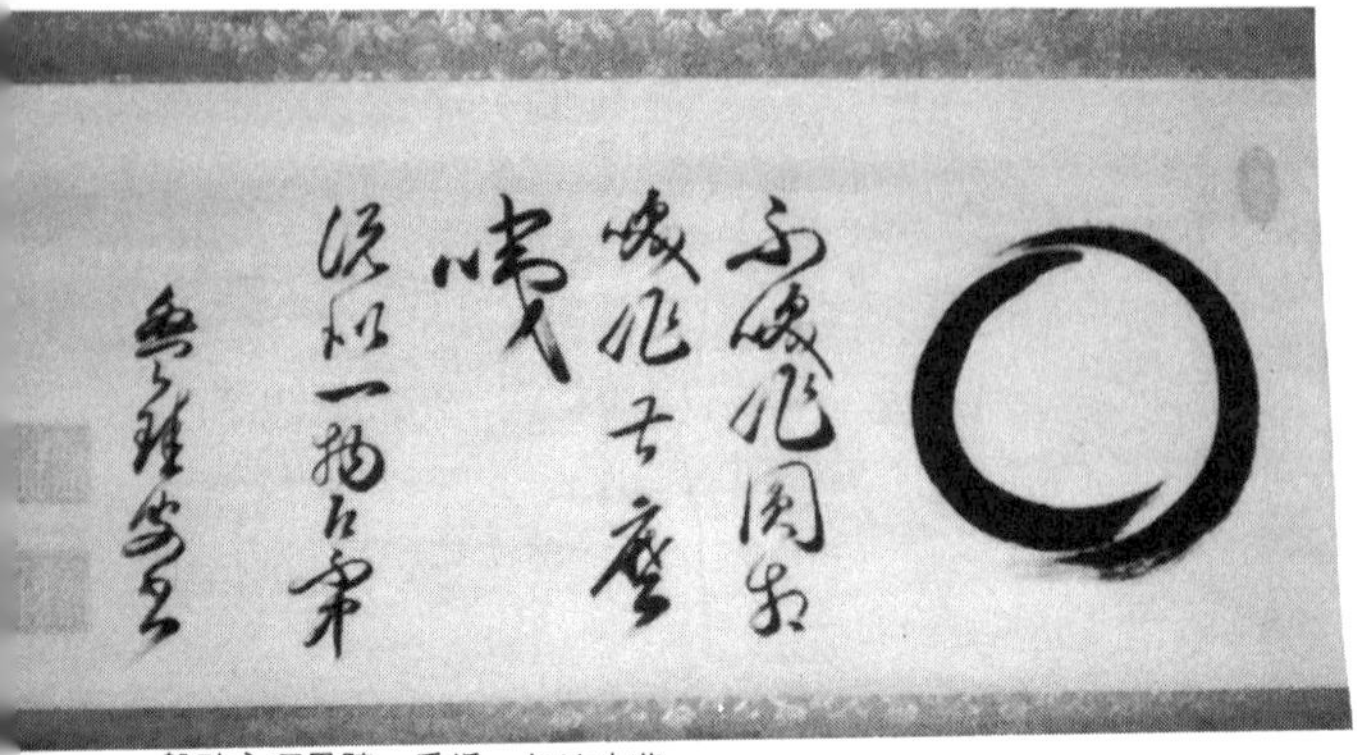
盤珪永琢墨蹟　愛媛・如法寺蔵

死を覚悟した朝に悟る

　父親は儒医《じゅい》で、盤珪は三男(末っ子の四男説あり)。一六二二(元和《げんな》八)年、播磨国《はりまのくに》揖西《いっさい》郡浜田郷(兵庫県姫路市網干区浜田)に生まれた。たいへんな勉強嫌いで、腕白、頑固《がんこ》な子供だった。

　隣村の大覚寺《だいがくじ》の寺子屋に手習いに行かされると、何度も抜けだしてくる。兄の正休《しょうきゅう》に怒られると、それが嫌さに毒蜘蛛《どくぐも》をほおばり、菩提寺《ぼだいじ》である西方寺《さいほうじ》に隠れていたが、死ねなかった。そのくせ、河原でやる石合戦などには、喜んで飛びだしていった。

一二歳のとき、大覚寺で中国の経《けい》書《しょ》『大学』の素読中、「大学の道は明《めい》徳《とく》を明らかにするに在り」という言葉にぶつかった。「明徳」とは何か、寺子屋の師に聞いても近在の知識人にたずねても納得できない。この大疑団が盤珪の生涯を決めることになる。

西方寺の寿欣《じゅきん》に浄土宗の教えを学び、円融寺《えんゆうじ》の快雄《かいゆう》から真言宗の教えを学ぶが「明徳」がわからない。

一七歳のとき、赤穂《あこう》(兵庫県赤穂市)随鷗寺《ずいおうじ》の雲甫全祥《うんぼぜんしょう》のもとで出家、永琢《ようたく》と称した。そして二〇歳のときに四年間の諸国行脚《あんぎゃ》に出る。

江戸初期の仏教界は堕落の風が強く、盤珪の修行はそれを弾き返すかのようにすさまじかった。

「そこな山へ入りては、七日も一〇日も物を食わず、ここな岩に入りては尖《とが》った岩の上に、着物ひきまくって直《じか》に居しき(尻)を岩につけ、坐を組むが最後、命を失うことをも顧みず、自然とこけて落つるまで坐を立たず、食はだれが持ってきてくりょうようはなし」

盤珪はこう語っている。

京都の松尾大社《まつおたいしゃ》で坐禅を組んだまま一週間の断食をし、五条橋の下や摂津《せっつ》(大阪府)天満の不動堂で乞食行《こつじきぎょう》、九州豊後《ぶんご》(大分県)では伝染病者達と起居をともにした。

しかし、まだ「明徳」がわからない。二四歳で赤穂へ戻り、草庵《そうあん》をつくって閉じこもった。出入口をふさいだ牢《ろう》屋《や》のような部屋に入り、食事は一日二回、小さな穴から碗を出し入れする。大小便も部屋のなかでして厠《かわや》に流れ落ちるようにした。

横にならず、坐禅

【語録】

一切の迷いは皆、身の贔屓《ひいき》ゆえに迷いを出《いで》かしまする。身の贔屓から離るれば、一切の迷いは出で来はしませぬ。

迷いというものは、すべて自分の身がかわいいために出てくるものです。自分の身を中心にした欲望や執着から離れれば、迷いなどは出てこないものです。

兵庫県姫路市にある龍門寺《りょうもんじ》

愛媛県大洲《おおず》市にある如法寺

を組んだまま。尻が破れ出血するため、杉原紙《すぎはらし》を敷いて一帖《じょう》ずつ取り替えては坐りつづけた。ついに病を発し、痰《たん》を吐けば親指の頭ほどの血痰がころころと丸くなって出た。それでも納得できる答えが見つからない。

このまま死ぬのかと覚悟したある日の朝、草庵のそばの小川で顔を洗おうとして、漂ってきた梅の香りをかいだ途端、ふっと大悟した。二六歳。心身ともに極限状態で、「一切の事は不生で調う」と直観したのだ。

師雲甫も盤珪の境地を認めた。結局「明徳」とは、一切のこだわりをなくした〝不生の仏心〟にほかならなかったのである。

宗派にこだわらない度量

崇福寺《そうふくじ》に明《みん》僧の道者超元《どうしゃちょうげん》が来日したのは一六五一(慶安《けいあん》四)年、盤珪三〇歳のとき。師の雲甫の命《めい》で道者に会い、一年間、崇福寺で修行をした。道者と「生死」の問答を行って、開悟を認められた。

雲甫全祥が八六歳で示寂。盤珪は、雲甫の法脈を継ぐ牧《ぼく》翁祖牛《おうそぎゅう》から三六歳で印可を受けた。二年後、京都妙心寺《みょうしんじ》前《ぜん》板《ばん》職となり、盤珪と号した。

そして四〇歳で故郷浜田に龍門寺《りょうもんじ》を創建し開山となる。その後、伊予《いよの》国《くに》(愛媛県)大州《おおず》に如法寺《にょほうじ》、江戸に光《こう》林寺《りんじ》を開山。また、妙心寺二一八世として紫衣《しえ》を賜り、六九歳で東山《ひがしやま》天皇より「仏智弘済禅師《ぶっちこうさいぜんじ》」の号を賜る。

本拠地の龍門寺だけでも、説法は九年間に五二九座。四〇〇人の僧と二七〇人の尼僧を直弟子とし、法名を授けられた弟子は五万余人にのぼった。禅宗では一定の期間を定めて集団的に修行することを「結制《けっせい》」と呼ぶが、龍門寺で行われた一六九〇(元禄《げんろく》三)年の大結制は千三百余人が参集、浜田に人があふれた。禅僧ばかりか、律・真言・天台・浄土・真宗・日蓮宗からも僧が集まり、宗派を超えた集いとなった。

一六九三(元禄六)年、この不生《ふしょう》禅を創始した盤珪永琢は、龍門寺にて七二歳で示寂した。

白隠慧鶴《はくいんえかく》

公案の体系化がいまに生きる
臨済禅中興の祖

虚弱な子供

白隠慧鶴は一六八五（貞享《じょうきょう》二）年、駿河国《するがのくに》駿東《すんとう》郡原（静岡県沼津市原）に誕生。五歳になるまで自力ではなかなか立ち上がれないほど体が弱かった。幼名は岩次郎。七歳で『法華経《ほけきょう》』を覚えるほど頭脳明晰《めいせき》で、また感受性の強い神経質な子供だったという。

一一歳のとき、地元の昌源寺《しょうげんじ》に日厳《にちごん》という布教僧が滞在し、岩次郎も説法を聞いた。地獄での恐ろしい責め苦の話になると、岩次郎はふるえ髪が逆立った。その後、決まって風呂場で大声をあげ泣き叫んだといわれる。風呂をたく薪《たきぎ》の音、炎、釜の沸《わ》く音などが地獄に思え、恐ろしさに耐えられなかったのだ。

そんな岩次郎も、白隠となって八四歳の長寿を保ち、臨終の際には大喝一声、気魄《きはく》の生涯だった。

多くの著作と〝四哲《してつ》〟と呼ばれる

白隠木像　静岡・松蔭寺《しょういんじ》蔵

白隠慧鶴プロフィール

1685〜1768年。神機独妙禅師《しんきどくみょうぜんじ》。正宗《しょうしゅう》国師《こくし》。江戸時代、駿河国《するがのくに》（静岡県）に生まれる。15歳で松蔭寺《しょういんじ》の単嶺《たんれい》のもとで出家。24歳で英巌寺《えいがんじ》の性徹《しょうてつ》のもとで大悟する。正受《しょうじゅ》老人のもとで猛修行。26歳で神経衰弱となるも、白幽《はくゆう》から教わった内観法で克服。34歳で妙心寺第1座となる。50代以降は各寺で講義。また、公案体系を完成させる。松蔭寺にて84歳で示寂。

優秀な弟子(東嶺円慈《とうれいえんじ》・峨山慈棹《がざんじとう》・遂翁元盧《すいおうげんろ》・大休慧昉《だいきゅうえぼう》)を残し、示寂後約二五〇年たったいまでは臨済宗専門道場(僧堂)の師家《しけ》(正師の印可をもつ指導者)はすべて白隠門下の法脈を引く。臨済宗の一四本山のうち、どの宗派も白隠禅の影響下にないものはない。

白隠禅が主流になった理由

白隠禅が臨済宗の主流となった大きな理由は、禅を指導する際の教科書や公案の教育体系を完成させたことにある。非凡な人間でなくても段階的に公案を工夫すれば、悟りの体験〝見性成仏《けんしょうじょうぶつ》〟にいたれるよう、未整理だった古則《こそく》(先輩禅匠たちの言動)を整理し、公案の教育体系をつくりあげた。

たとえば「隻手《せきしゅ》の音声《おんじょう》を聞いてこい」と問われて、解答をどのように工夫するのか。白隠が創りだしたこの公案は「趙州無字《じょうしゅうむじ》」と並んで、現在でも修行僧の初関《しょかん》(最初の公案)に必ず出される。

「隻手」とは片手のこと。両手を叩けば音が出るが、片手の音とは何か。隻手の音声を聞けるか聞けないかは、論理ではない直観の世界だ。直観は煩悩を捨て去ったときはじめて働く。

「隻手音声《せきしゅおんじょう》」「趙州無字」といった公案が初関に使われるのは、修行僧が深く自分を見つめたとき、この公案により無我の境地にいたりやすいからだ。

白隠の公案体系は、まず修行僧に悟らせる公案、次いで悟りが身につく公案、最後に悟りの臭みを抜く公案と、段階的に重ねられている。

静岡県沼津市原にある松蔭寺

産湯の井戸。松蔭寺のすぐ近くで白隠は生まれた

富士山大爆発の最中も坐禅

白隠は一二歳のころから出家することを願った。父母は日蓮宗の信者であったため、宗教的意識のめばえも早く『法華経』の威力を信じた。

一五歳、白隠は地元にある妙心寺派松蔭寺《しょういんじ》の単嶺祖伝《たんれいそでん》のもとで出家、慧鶴と称した。

しかし次第に『法華経』の功徳に疑問を感じ、一九歳で諸国行脚《あんぎゃ》に出る。良師に縁がなく、二三歳で故郷へ戻ったとき、一七〇七(宝永《ほうえい》四)年の富士山大爆発に遭うが、坐禅を組んだまま動かなかった。

　翌年、越後《えちご》国(新潟県)英巌寺《えいがんじ》で性《しょう》徹《てつ》に参じ、一〇日余りの坐禅の最中、明け方に遠くから響いてくる鐘の音を聞いて悟りを開く。しかし師の性徹はそれを認めなかった。白隠だけが「古来これほど痛快に悟った者はいない。他人を見ること土塊《つちくれ》のようだ」と得意になった。そのあと、白隠は信濃国《しなののくに》飯山《いいやま》(長野県飯山市)の正《しょう》受《じゅ》老人を訪ね、その得意になった鼻をへし折られる。

正受老人の人間的気魄

　正受老人、名は道鏡慧端《どうきょうえたん》。江戸で至道無難《しどうぶなん》の弟子になった。東北庵《とうぼくあん》住職の至道は、堕落した仏教界を痛烈批判し、「坊主は極悪、大盗人《おおぬすっと》なり」とののしった禅匠である。至道は正受を東北庵二世にしようとしたが、正受は飯山に庵《いおり》をつくって隠棲《いんせい》してしまう。以来四〇年、俗界を離れて厳しい修行を積んだ。庵の近くの楢沢村《ならさわむら》を襲った狼の群のなかで七日間坐禅し、何事もなかった。狼たちは正受の全身の気に弾き返され、噛《か》むことができなかったというエピソードも残っている。

　そんな正受を訪ねた白隠は二四歳。正受は七〇歳近い。ひと目見て白隠の非凡さを見抜いたが、力量を試そうと「趙州無字」について問うた。

　白隠は自信に満ち、「趙州無字、どこから手をつけようか」と答えた。

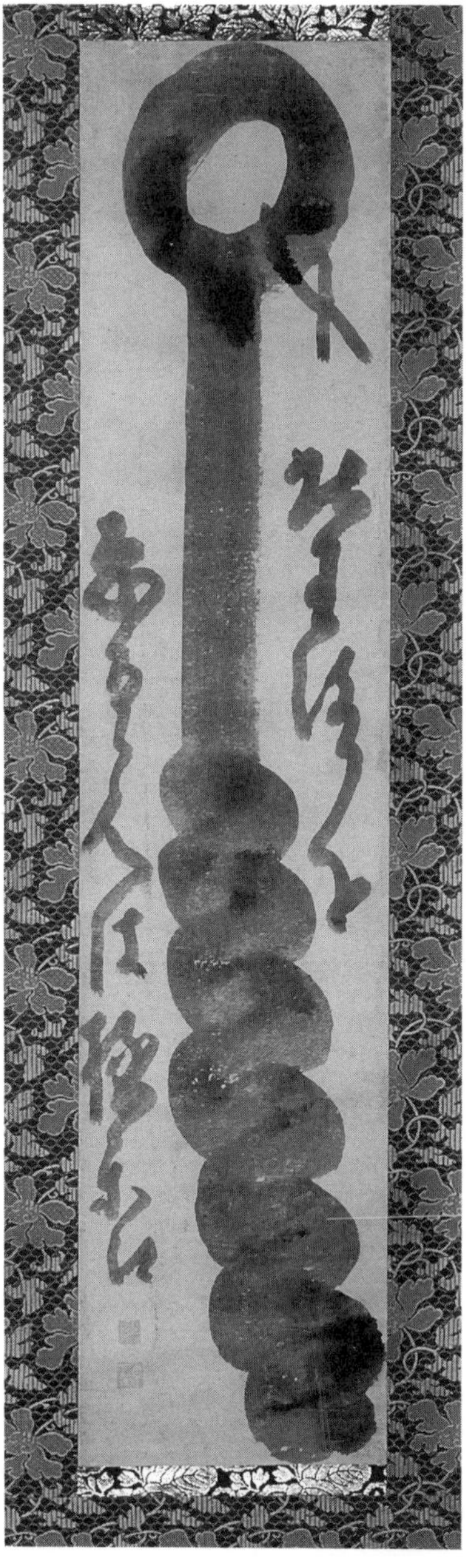

『鉄棒図《てつぼうず》』白隠筆　静岡・松蔭寺蔵

この「趙州無字」の公案は、

《ある僧が趙州に「狗子《くし》(犬)にも仏《ぶっ》性《しょう》がありましょうや」と聞き、趙州は「無《む》」と答えた》

これだけのものである。

趙州が答えた「無」は、あるかないかの「無」ではない。何ものにもとらわれない絶対的な「無」をさしている。

白隠は「絶対的な無には手のつけようがない」と答えたのだが、その慢心を見てとった正受は、やおら白隠の鼻の頭を指で抑えた。

「ほれ、すでに、無の字にとらわれているではないか」。

白隠の得意の鼻は、このひと言でへし折られる。

反省した白隠に、正受は今度は「南泉遷化《なんせんせんげ》」という公案を与えたが、それからの正受は、白隠がどのような見解《けんげ》を示しても、何も教えようとしない。白隠は怒鳴られ拳《こぶし》で打たれて、縁側から転げ落ちた。しかし、師の大きな慈愛を感じることができた。

白隠が大悟したのは飯山の町に托《たく》鉢《はつ》に出たときだ。門口に立ち公案に没頭していた白隠は、家人が「あっちへ行け」といっているのが聞こえなかった。怒った家人がほうきで白隠を叩いたとき、白隠はハッと悟りを得たのである。

そのころ正受は、白隠に無相心地《むそうしんち》戒《かい》を授けている。この戒は「見性成仏した者でなければ、師も授けることができない。お釈迦《しゃか》さまから歴代の祖師たちをへて、私まで伝えられた」と正受が説明したもので、今日《こんにち》も白隠門下に伝えられる。白隠は涙を流して受戒した。

八カ月の猛烈な修行を終え、白隠は正受のもとを去る。印可は得ていないが、白隠は正受から法を相承《そうじょう》したのである。

悩みを救った〃内観の秘法〃

ところが、白隠は、正受老人のもとを去った二年後に神経を病んでしまう。師正受に悟境を認められたが、悟りと日常の生活が一致しない。悟りは現実生活に役立たないのかと悩みつづけた結果だった。

修行に没頭すればするほど、心身のバランスが失われていく。現在なら心療内科へ行く病気だろう。白隠はその病を〃内観の秘法〃という現代にも通用する治療法によって克服した。

白隠に内観の秘法を教えたのは、京都白河の奥に住む白幽《はくゆう》という隠者《いんじゃ》だった。人と会わず岩窟《がんくつ》で暮らしたため、仙人と呼ばれていたが、実は古代中国医学と健康体術を身につけた修行者だったのだろう。

内観の秘法の基本は呼吸法である。心気を逆上させないよう、気を臍下《せいか》

【語録】

利根《りこん》才覚、鼻先出《いで》るは、まこと修行の足らぬゆえ。

『草取唄《くさとりうた》』のなかの一節。生まれつきの才能・知恵が顔に出ているのは、修行ができていないためだ。知っていることでも知らないというのが本当の智者で、智者といわれて喜ぶのは愚者である。禅の修行と悟りをおもしろく教えている。

丹田《たんでん》（へその下）に集める。腹式呼吸で、できるだけ細く、長く、柔らかい呼吸を持続させる。

白隠はこの呼吸法を坐禅と合わせて実行するために数息観《すそくかん》を用いた。「い〜」と息をゆっくり吸い、「ち〜」と今度は吐いていく。一から一〇まで数え、また戻って一から一〇〇を数える。合計一〇〇、一〇〇〇と重ねるうち、ほとんど息をしていることを忘れるほどになる。これが数息観である。

呼吸法と並んで五無漏《ごむろ》の法も重視された。「五」とは人間の五感。「漏」とは煩悩《ぼんのう》のこと。見たり、聞いたり、話したり、触ったり、臭《か》いだりといった、五感を労することを一切するなということ。これを「五無漏の法」と呼ぶ。

白隠は「内観の秘法」を三年間行い神経の病を克服した。後年、『夜《や》船閑話《せんかんな》』『遠羅天釜《おらてがま》』を書いて、この秘法を多くの人に紹介している。

やさしくおもしろい仮名法語

病を克服した白隠の活躍はめざましかった。三四歳で京都妙心寺第一座となるや白隠と号し、『臨済録《りんざいろく》』や『碧巌録《へきがんろく》』『虚堂録《きどうろく》』『五家正宗賛《ごけしょうしゅうさん》』『禅門宝訓《ぜんもんほうくん》』『原人論《げんにんろん》』などを講じて後進を導くようになる。

四二歳、こおろぎの声を聞き、一〇代のころに失望した『法華経』が、やはり諸経の王だと悟る。

五〇〜七〇代は、松蔭寺をはじめ全国各地のお寺に招かれて講義提唱を続け、多くの著作を行い、公案の教育体系を完成させた。そして、専門道場として龍澤寺《りゅうたくじ》（静岡県三島市）を開山している。門下への指導は厳しく、修行の末悟りを得ても現実との矛盾に悩む悟後の修行については厳格をきわめた。在家に対する指導にも話が伝えられる。

ある日、彦根《ひこね》藩士織田信茂《おだのぶしげ》が白隠を訪ね、地獄極楽について教えを請うた。白隠は「何を迷って地獄、極楽と騒ぐ、腰抜け武士め」と一喝。怒った信茂が抜刀して斬《き》りかかると、白隠は「それ、それが地獄だ」と諭したという。

白隠の著作は難解な漢文語録と、やさしい仮名法語とに分かれる。漢文語録は中国の臨済禅、日本の応《おう》・燈《とう》・関《かん》の伝統を伝える専門書だが、自身の禅体験を踏まえ、中国古典や禅匠の語録が入り、半端な読み方では歯が立たない。『荊叢毒蘂《けいそうどくずい》』『毒《どく》語心経《ごしんぎょう》』『槐安国語《かいあんこくご》』『息耕録開筵《そくこうろくかいえん》普説《ふせつ》』などがある。

仮名法語には、自分の経歴や体験を書いた『夜船閑話《やせんかんな》』『壁生草《いつまでぐさ》』など。また、公案や禅と念仏の違い、白隠禅の特色を書いた『藪柑子《やぶこうじ》』『遠羅天釜《おらてがま》』など、観音信仰について書いた『八重葎《やえむぐら》』『延命十句観音《えんめいじっくかんのん》経霊験記《ぎょうれいげんき》』などもある。

そして、学問とは縁遠い庶民に禅を面白く、わかりやすく書いた『大《だい》道《どう》ちょぼくれ』『おたふく女郎粉引《じょろうこなひき》歌《うた》』『善悪種蒔鏡《ぜんあくたねまきかがみ》』『安心法興利多《あんじんほこりた》多記《たき》』『見性成仏丸方書《けんしょうじょうぶつがんほうしょ》』『坐禅和《ざぜんわ》讃《さん》』なども興味深い。

また白隠は書画をよく描き、『大《だい》燈乞食像《とうこつじきぞう》』『南無地獄大菩薩《なむじごくだいぼさつ》の書』『鉄棒図《てつぼうず》』などは世界的に評価が高い。

白隠は、一七六八(明和《めいわ》五)年、病が重くなると松蔭寺に戻った。遂翁《すいおう》元盧《げんろ》に後事を託した翌朝、大喝一声して示寂。八四歳だった。神機独妙《しんきどくみょう》禅師《ぜんじ》。明治《めいじ》天皇より「正宗国師《しょうしゅうこくし》」の号を賜った。

『南無地獄大菩薩《なむじごくだいぼさつ》』白隠筆
静岡・松蔭寺蔵

第5章

ぜひ訪ねたい「臨済宗ゆかりの名刹」

建仁寺　東福寺
南禅寺　相国寺
大徳寺　妙心寺
天龍寺　建長寺
円覚寺　向嶽寺
方広寺　永源寺
佛通寺　国泰寺
ほか

鎌倉・円覚寺

東山《とうざん》 建仁寺《けんにんじ》

臨済宗建仁寺派《けんにんじは》大本山

＊多くの学僧を輩出

データ
住所＝京都市東山《ひがしやま》区小松町《こまつちょう》

祖師栄西の遺風が薫る日本最古の本格的禅刹

建仁寺《けんにんじ》は、鎌倉二代将軍 源頼家《みなもとのよりいえ》を開基とし、宋《そう》より臨済宗を伝えた栄西《えいさい》を開山としている。京都の繁華街に近いが、広大な山内は静寂が保たれ、塵《ちり》ひとつない。戒律を重んじた祖師栄西の遺風が薫るようだ。

国宝の風神雷神図《ふうじんらいじんず》があり（京都国立博物館に寄託）、方丈や山内塔頭《たっちゅう》の襖絵《ふすまえ》には桃山時代の絵師海北友松《かいほくゆうしょう》の力作が多い。また、どっしりと構えた方丈と勅使門《ちょくしもん》は国の重要文化財に指定されている。

正式名は「建仁禅寺」。中国の百《ひゃく》丈山《じょうざん》に模して建立され、のちの禅宗建築のもととなり、建仁寺流と呼ばれる。太い割り竹の表面を並べて垣に結った「建仁寺垣」は、いまや全国どこでも見られるようになったが、建仁寺でつくられたのが最初だった。

お寺の行事として開山降誕会《ごうたんえ》法要後の四頭茶会《よつがしらちゃかい》では、方丈での四頭茶《さ》礼《れい》をはじめ、境内に茶席が設けられ、いかにも栄西の『喫茶養生記《きっさようじょうき》』で茶の効用を述べた宗派らしい。

一二〇二（建仁《けんにん》二）年の創建当時は禅専修とはいかず、天台・真言・禅の兼修道場だったが、蘭渓道隆《らんけいどうりゅう》により純粋な宋朝禅の専修道場となった。最盛期は室町時代で、京都五山第三位。当時、六四を数える山内塔頭から多くの学僧が輩出して「建仁寺《けんにんじ》の学問面《づら》」といわれた。

室町末期の応仁《おうにん》の乱で建物は荒らされ、一五五二（天文《てんぶん》二一）年の兵火で大半を焼失。一五九九（慶長《けいちょう》四）年、安芸《あき》（広島県）安国寺《あんこくじ》の恵瓊《えけい》によって再興され、現在の建物の大部分は江戸時代以降のものである。

慧日山《えにちさん》 東福寺《とうふくじ》

臨済宗東福寺派《とうふくじは》大本山

＊紅葉の名所

データ
住所＝京都市東山《ひがしやま》区本町《ほんまち》

藤原氏ゆかりの名家が財を傾けた巨刹

渓谷をはさむ広大な山内は森閑として、たたずめば心が洗われるようである。秋には多くの観光客が集まる紅葉の名所となる。

東福寺《とうふくじ》は、藤原《ふじわら》氏ゆかりのお寺でもある。すでに平安期の栄華とはかけはなれたものになっていたとはいえ、開基である九条道家《くじょうみちいえ》は藤原北家《ほっけ》出身の摂政関白。政界を引退したのち、藤原家の氏寺《うじでら》である法性寺《ほうしょうじ》の寺域に一二三六（嘉禎《かてい》二）年から一九年かけて「東福禅寺」を建立する。工事半ばの一二四三（寛元《かんげん》元）年、宋《そう》で無準師範《ぶじゅんしはん》に師事し帰国していた円爾《えんに》弁円《べんねん》の名声を聞き、ぜひにと招いて開山としたのである。

寺号は奈良の東大寺《とうだいじ》と興福寺《こうふくじ》から一字ずつとり、当初は真言・天台・禅の兼修道場とした。

一三一九（元応《げんおう》元）年、一三三四（建武《けんむ》元）年、一三三六（同三）年と相次ぐ火災で諸堂を焼失するが、九条・一条両家が財力を傾けて維持。諸堂の完成に三五年かかった。

しかし、京都五山第四位となったさしもの巨刹も、応仁《おうにん》の乱で山内の大半を焼失。豊臣秀吉《とよとみひでよし》から寺領一八五〇石《こく》もの寄進を受けて再建された。江戸時代までは塔頭《たっちゅう》が七十余もあった。その繁栄も、やがて明治政府によって多くの寺領が没収され、終止符を打つ。波瀾の歴史である。

国宝には、豪壮ななかにも品位のある三門のほか、無準師範頂相《ちんそう》・墨《ぼく》蹟《せき》（円爾印可状《いんかじょう》）、禅院額字《ぜんいんがくじ》などがあり、開山堂（常楽庵《じょうらくあん》）、偃月橋《えんげつきょう》、明兆《みんちょう》筆聖一国師《しょういちこくし》（円爾弁円）像、五百羅漢《ごひゃくらかん》図《ず》など国の重要文化財も数多い。

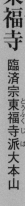

瑞龍山《ずいりょうざん》 南禅寺《なんぜんじ》

臨済宗南禅寺派《なんぜんじは》大本山

＊天皇家ゆかりの大寺

データ

住所＝京都市左京区南禅寺福地町《ふくちちょう》

御所の清涼殿と見事に調和する枯山水の名刹

「絶景かな、絶景かな」と、南禅寺《なんぜんじ》の三門（国重文）の上で石川五右衛門《いしかわごえもん》がいったことになっている。もちろん伝説で、事実ではない。この三門は大坂《おおざか》夏の陣の戦没者を弔うために、藤堂高虎《とうどうたかとら》が寄進建立した。

　正式名を「瑞龍山太平興国《ずいりょうざんたいへいこうこく》南禅々寺」といい、盗賊どころか、天皇家との縁が深い。もともとは亀山《かめやま》上皇の離宮「禅林寺殿《ぜんりんじどの》」だった。上皇は円爾弁円《えんにべんねん》の法嗣《ほうし》無関普門《むかんふもん》に深く帰依《きえ》。離宮で出家して法皇となられたあと離宮を禅寺とし、一二九一（正応《しょうおう》四）年に無関普門を開山に迎えた。

　だから山内の建物も天皇家ゆかりのものが多い。一六一一（慶長《けいちょう》一六）年に後陽成《ごようぜい》天皇から拝領した大方丈《おおほうじょう》は御所の清涼殿《せいりょうでん》を移築したものとされ、国宝。小方丈《こほうじょう》には名高い狩野探幽《かのうたんゆう》の傑作「水呑《の》み虎」の襖絵《ふすまえ》がある。勅使門《ちょくしもん》は一六四一（寛永《かんえい》一八）年に御所の日《ひ》の御門《ごもん》を築地塀《ついじべい》とともに明正《めいしょう》天皇より拝領し、国の重要文化財。寺格も当然ながら高く、五山の別格として「五山之上《ござんのうえ》」に列せられた。

　山内には見事な庭園・茶席が多い。なかでも大方丈前の小堀遠州《こぼりえんしゅう》作庭と伝えられる禅院式枯山水《かれさんすい》庭園が品格のある優雅枯淡の姿を見せている。石組みと樹木を散らさず一カ所にまとめたもので、巨石の姿から「虎の子渡し」と呼ばれ、国の名勝。

　塔頭《たっちゅう》の南禅院が南禅寺発祥の地であり、徳川《とくがわ》五代将軍綱吉《つなよし》の母により再建された本堂には亀山法皇坐像《ざぞう》（国重文）がまつられている。京都最古とされる池泉回遊式庭園は亀山法皇の作庭といわれ、国の史跡。

萬年山《まんねんざん》 相国寺《しょうこくじ》

臨済宗相国寺派《しょうこくじは》大本山

＊承天閣美術館は必見

データ

住所＝上京区相国寺門前町《もんぜんちょう》

金閣も銀閣も含む足利将軍家ゆかりの古刹

同志社大学の北側、相国寺《しょうこくじ》の静まりかえった大屋根が、大学の洋風建築とおもしろい対照をなしている。唐様《からよう》(禅宗様)の法堂《はっとう》、枯山水《かれさんすい》と開山塔、方丈などが見事に調和している。そのなかに、江戸時代、千宗旦《せんのそうたん》に化けて茶を点《た》てた狐をまつる宗旦稲荷《そうたんいなり》があったりする。

足利《あしかが》三代将軍義満《よしみつ》が開基となり、一三九二(明徳《めいとく》三)年に「萬年山相国《まんねんざんしょうこく》承天禅寺《しょうてんぜんじ》」を完成させた。実際の開山は春屋妙葩《しゅんおくみょうは》だが、師の夢窓疎石《むそうそせき》を開山とする夢窓派の中心禅林。京都五山第二位に位置した。世界遺産の金閣(北山鹿苑寺《きたやまろくおんじ》)・銀閣(東山慈照寺《ひがしやまじしょうじ》)も相国寺《しょうこくじ》の山外塔頭《たっちゅう》である。

相国寺建立にまつわるおもしろい説に、小説家の井沢元彦氏が書いている〝天皇になろうとした足利義満の野望〟がある。

義満のころ、相国寺は御所の北側の高台に位置していた。当時は山内に七重塔がそびえ、御所の内部がよく見えた。しかも賀茂川《かもがわ》の水をまず相国寺に引きこみ、使用した水が御所に流れるようにした。井沢氏は、寺号は〝相国《しょうこく》(太政《だじょう》大臣や左大臣の中国風呼び名)〟と臣下としてへりくだっているが、実は不遜《ふそん》な野望を抱いていたというのである。

さしもの大禅苑《だいぜんえん》も応仁《おうにん》の乱で焼け落ちる。豊臣氏、徳川氏の手で再建されたが、一七八八(天明《てんめい》八)年の大火で再度焼失。一八〇七(文化《ぶんか》四)年にようやく旧観を取り戻し、いまにいたる。法堂と玄関廊《げんかんろう》が国の重要文化財。また、国宝の無学祖元《むがくそげん》墨蹟《ぼくせき》をもつ承天閣《しょうてんかく》美術館は必見である。

龍宝山《りゅうほうざん》 大徳寺《だいとくじ》

臨済宗大徳寺派《だいとくじは》大本山

＊歴史的文化財の宝庫

データ

住所＝京都市北区紫野大徳寺町《だいとくじちょう》

大燈国師、一休、沢庵の伝灯を引く洛北随一の巨刹

堂塔は壮大で、しかも芸術的にすぐれている。方丈、聚楽第《じゅらくだい》の遺構とされる唐門《からもん》は国宝、勅使門《ちょくしもん》・山門《さんもん》・仏殿・法堂《はっとう》など多くの建物が国の重要文化財に指定されている。そのほか、牧谿《もっけい》筆「観音・猿・鶴三幅対《さんぷくつい》」、開山大燈国師《だいとうこくし》像などの国宝も所有し、方丈庭園は国の史跡・特別名勝。

山内塔頭《たっちゅう》にも中世のすぐれた建築・庭園・障壁画が見られる。龍源院《りょうげんいん》の枯山水《かれさんすい》「龍吟庭《りょうぎんてい》」、わずか三坪の庭に広大な空間が表現される「東滴壺《とうてきこ》」が有名。大仙院《だいせんいん》の本堂は国宝、枯山水庭園は国の特別名勝・史跡だ。

応仁《おうにん》の乱で山内の大半が焼失したが、一休宗純《いっきゅうそうじゅん》が堺《さかい》の町衆の応援を得て復興した。以降、茶道との縁が深まり、「大徳寺の茶人面《づら》」と呼ばれた。千利休《せんのりきゅう》と親しかった豊臣秀吉《とよとみひでよし》ら有力大名が大徳寺への寄進を続け、ついに洛北《らくほく》随一の巨刹となったのである。

開山宗峰妙超《しゅうほうみょうちょう》（大燈国師）は、まさかこれほどの巨刹になるとは思いもしなかったに違いない。印可《いんか》を得たのち五条橋の下で二〇年間の乞食行《こつじきぎょう》を続けるなか、叔父の赤松則村《あかまつのりむら》から紫野《むらさきの》大徳庵《だいとくあん》を与えられたのがはじまりである。一三二五（正中《しょうちゅう》二）年、花園《はなぞの》上皇が祈願寺とする院宣《いんぜん》を発し、「大徳禅寺」とした。また、後醍醐《ごだいご》天皇からも庇護《ひご》を受け、京都五山の筆頭に位置した。

大徳寺は南北朝分裂により五山からはずれたのちも歴史の舞台がまわるたびに登場する。織田信長《おだのぶなが》の葬儀、秀吉の大茶会、千利休の切腹事件、徳川幕府と対立した沢庵宗彭《たくあんそうほう》の紫衣《しえ》事件、すべて眺めてきたのである。

正法山《しょうほうざん》 妙心寺《みょうしんじ》

臨済宗妙心寺《みょうしんじ》派《は》大本山

＊文化財の一大殿堂

データ

住所＝京都市右京区花園妙心寺町《みょうしんじちょう》

関山一流の禅風を全国に発信する宗派最大の大伽藍

妙心寺《みょうしんじ》の伽藍《がらん》は、四十余の塔頭《たっちゅう》を含んで一〇万坪。洛西花園《らくせいはなぞの》は、古来四季折々の花が咲き乱れる遊園の地だった。花園《はなぞの》上皇はこの地を好み離宮を営まれ、出家後、宗峰妙超《しゅうほうみょうちょう》（大燈《だいとう》国師《こくし》）に離宮を下賜《かし》して「妙心禅寺」とした。開創は一三三七（建武《けんむ》四）年、関山慧玄《かんざんえげん》開山とされる。

足利《あしかが》前将軍義満《よしみつ》に対する大内義弘《おおうちよしひろ》の反乱（応永《おうえい》の乱）に巻きこまれ、大内氏と関係が深かった六世住職は義満によって天台宗青蓮院《しょうれんいん》に幽閉され、寺領・寺号まで没収されて廃絶の憂き目をみたが、三三年後に日峰宗舜《にっぽうそうしゅん》が七世住職となって妙心寺を再興。応仁《おうにん》の乱の兵火後は、細川《ほそかわ》氏の手で再建。九世住職雪江宗深《せっこうそうしん》の綿密な寺院経営も成功して、京の人々はその経営ぶりを「妙心寺の算盤面《そろばんづら》」と呼んだ。以来、豊臣《とよとみ》氏、徳川《とくがわ》氏ほか諸大名の寄進が続き、宗派最大の伽藍となった。

三門・仏殿・法堂《はっとう》・開山堂・大方丈《おおほうじょう》・経蔵《きょうぞう》・寝堂《しんどう》・庫裏《くり》・浴室・勅使門《ちょくしもん》などが国の重要文化財。法堂にある「黄鐘調《おうしきちょう》の鐘《かね》」と呼ばれる梵鐘《ぼんしょう》は国宝、法堂天井には狩野探幽《かのうたんゆう》の「八方睨《はっぽうにら》みの龍」が描かれている。大方丈の襖絵《ふすまえ》は狩野探幽と益信《ますのぶ》の筆。絵画や墨蹟《ぼくせき》、工芸品も多数保持して、大燈国師墨蹟二幅《ふく》は国宝、花園法皇像・虚堂智愚《きどうちぐ》像・大燈国師像は国の重要文化財。枯山水《かれさんすい》庭園の見どころは、退蔵院《たいぞういん》、桂春院《けいしゅんいん》、大心院《だいしんいん》など。

江戸初期には、臨済宗の巨星、盤珪永琢《ばんけいようたく》と白隠慧鶴《はくいんえかく》が妙心寺から出て、いまや関山一流《かんざんいちりゅう》の禅風は全国におよんでいる。

霊亀山《れいきざん》 天龍寺《てんりゅうじ》

臨済宗天龍寺派《てんりゅうじは》大本山

＊嵐山は天龍寺十境のひとつ

データ

住所＝京都市右京区嵯峨《さが》天龍寺芒ノ馬場町《すすきのばばちょう》

後醍醐天星や南北朝の死者を慰める穏やかな古刹

世界遺産の天龍寺《てんりゅうじ》は桜や紅葉の名所、京都嵐山《あらしやま》のすぐ脇にある。というより、もともと嵐山のほうが天龍寺の寺域だった。紅葉の名所として知られていたが、多くの桜は夢窓疎石《むそうそせき》によって、後醍醐《ごだいご》天皇が崩御された吉野の山から移植されたのだ。

正式名は「霊亀山天龍資聖禅寺《れいきざんてんりゅうしせいぜんじ》」といい、吉野で不遇のうちに崩御された後醍醐天皇の霊を慰める目的で、夢窓が一三三九(暦応《りゃくおう》二)年に足利尊氏《あしかがたかうじ》にすすめて建立させたお寺である。建立の費用を得るために、元《げん》との貿易を意図して天龍寺船《てんりゅうじせん》を派遣したことは有名。

国宝・国の重要文化財を含め、天龍寺船が持ち帰った大香炉《おおこうろ》や大花瓶《おおかひん》など貴重な文化財が多い。

また、この地は後嵯峨《ごさが》・亀山《かめやま》両天皇の離宮「亀山殿《かめやまどの》」があった場所で、山内には後嵯峨天皇陵、亀山天皇陵《りょう》がある。どちらの陵にも法華堂《ほっけどう》が付随しているめずらしい形である。

東向きの大方丈《おおほうじょう》の前庭は、白砂と松の緑が映える優雅な枯山水《かれさんすい》庭園。自然石と松を配した池が宋元画風《そうげんが》の味を出して静まり、大方丈の西には、夢窓作庭の曹源池庭園《そうげんちていえん》があり、日本最初の史跡・特別名勝に指定されている。正面に二枚の巨岩を立て龍門の滝とし、嵐山や亀山を借景に取り入れて、まことに美しい。禅寺としては枯淡ななかにも穏やかさが漂う不思議な空間である。

足利《あしかが》将軍家の帰依《きえ》を受けて官刹五山《かんさつござん》の第一位となったため、京の人々は「天龍寺の武家面《づら》」と呼んだが、印象はもう少し優しい。

巨福山《こふくさん》 建長寺《けんちょうじ》

臨済宗建長寺派《けんちょうじは》大本山

＊関東で唯一の七堂伽藍

データ
住所＝神奈川県鎌倉市山ノ内

武家の府の厳しさ漂う鎌倉大禅林の古刹

　鎌倉は平坦な土地が少ない。低い山と狭い谷《やつ》が入り組んでおり、小袋《こぶくろ》坂《ざか》の建長寺《けんちょうじ》も谷のひとつを埋めるように三門・仏殿・法堂《はっとう》（いずれも国重文）などが一直線に並んで建つ。

　鎌倉時代には「巨福呂坂《こぶくろざか》」と書き、罪人の処刑場で、地蔵堂があったことから禅寺には珍しく地蔵尊《じぞうそん》を本尊とする。その胎内には、無実を訴える斎田左衛門《さいたざえもん》の髪に持仏の地蔵尊が入っていたため刀が折れて斬《き》れなかったといういわれをもつ斎田地蔵が納められている。

　鎌倉幕府五代執権北条時頼《ほうじょうときより》は天下太平を願い、源氏《げんじ》三代と北条一族の冥福《めいふく》を祈るために開基となり、京都から蘭渓道隆《らんけいどうりゅう》を招いて一二五三（建長五）年、「巨福山建長興国禅寺《こふくさんけんちょうこうこくぜんじ》」を落慶。法系にこだわることなく、厳しい清規《しんぎ》（僧堂の生活規則）で修行する宋朝禅専修の道場としたため、各派から参禅する者があとを絶たず大禅林となった。

　建長寺は室町時代、鎌倉五山の筆頭に位置したが衰退。豊臣秀吉《とよとみひでよし》は小田原攻めの軍勢が建長寺の寺域に入ることを禁じ、寺域内諸役《しょえき》免除の朱《しゅ》印状《いんじょう》を出したが、往時のおもかげはなく、江戸幕府の庇護《ひご》を受けてようやく再興を果たした。

　創建当時の梵鐘、蘭渓道隆が僧衆に示した清規が墨蹟《ぼくせき》として残っており、国宝。また、蘭渓五八歳のときの頂相《ちんそう》も大切に保管され、国宝。安山岩でつくられた蘭渓の墓塔は国の重要文化財である。

　境内背後の山頂には奥院《おくのいん》（半僧坊《はんそうぼう》）、坐禅窟《ざぜんくつ》（谷倉《やぐら》）がある。

瑞鹿山《ずいろくさん》 円《えん》覚《がく》寺《じ》

臨済宗円覚寺派《えんがくじは》大本山

＊国宝の舎利殿は禅宗建築の代表

データ

住所＝神奈川県鎌倉市山ノ内

元寇で没した敵味方を弔う鎌倉禅の名刹

円覚寺《えんがくじ》は、建長寺《けんちょうじ》と並んで鎌倉禅林の双璧をなす。ＪＲ北鎌倉駅のホームから樹木越しに趣のある総門が見える。

総門を入ると十王堂《じゅうおうどう》（桂昌庵《けいしょうあん》）があり、山門、選仏場《せんぶつじょう》（坐禅《ざぜん》道場）、仏殿、大方丈《おおほうじょう》と続く。国宝の舎利殿《しゃりでん》は境内の奥。ほかに開基北条時宗《ほうじょうときむね》の廟所佛日庵《ぶつにちあん》、夢窓疎石《むそうそせき》ゆかりの黄梅院《おうばいいん》などの塔頭《たっちゅう》がある。

鎌倉幕府八代執権時宗は、蘭渓道隆《らんけいどうりゅう》が六六歳で示寂《じじゃく》したのち、建長寺住職の後任として宋《そう》から無学祖元《むがくそげん》を招き、五世とした。時あたかも元寇《げんこう》（文永《ぶんえい》の役《えき》）直後であり、時宗も鎌倉武士たちも、無学に参じて熱心に心胆を練った。

二度目の元寇（弘安《こうあん》の役）を打ち払った翌一二八二（弘安五）年、元寇で没した敵味方の冥福《めいふく》を祈るため、時宗によって念願の禅寺が建立され、無学を開山とした。開堂の際どこからともなく白鹿の群が集まってきたので、正式名を「瑞鹿山円覚興聖禅寺《ずいろくさんえんがくこうしょうぜんじ》」という。

無学は円覚寺と建長寺の住職を兼任、鎌倉禅を確立し、円覚寺も法系を問わず各派修行僧の参禅を許したので、寺勢は日を追って盛んとなった。室町時代は鎌倉五山第二位になるなど、明治以降を見ても、禅を世界にひろめた釋宗演《しゃくそうえん》、鈴木大拙《すずきだいせつ》、文豪の夏目漱石《なつめそうせき》など、円覚寺ゆかりの人々は多い。

無学祖元坐像《ざぞう》、円覚寺境内絵図、仏涅槃図《ぶつねはんず》、五百羅漢図《ごひゃくらかんず》など国の重要文化財も多く、九代執権貞時《さだとき》寄進の洪鐘《おおがね》は国宝。

塩山《えんざん》

向嶽寺《こうがくじ》

臨済宗向嶽寺派《こうがくじは》大本山

＊国宝「朱達磨」を保有

データ

住所＝山梨県甲州市塩山上於曽《えんざんかみおぞ》

武田信玄の往時をしのぶ堂々たる四脚門の古刹

向嶽寺《こうがくじ》は甲府《こうふ》盆地の東北部にあり、周囲はブドウの産地勝沼《かつぬま》。鬱蒼《うっそう》とした森を背景に中門《ちゅうもん》と築地塀《ついじべい》が見える。中門は安定感のある堂々とした四脚《しきゃく》門《もん》で檜皮葺《ひわだぶ》き（国重文）。桃山時代の遺構といわれる。その左右に三三メートル余り伸びる築地塀は室町時代のもの。小石をまぜた壁土に強化のために塩を練りこんだ塩築地《しおついじ》である。

開山の抜隊得勝《ばっすいとくしょう》は一三八〇（康暦《こうりゃく》二）年、甲斐《かい》（山梨県）の国主武田信《たけだのぶ》成《しげ》の庇護《ひご》を受け、現在地の塩ノ山南《しおのやまなん》麓《ろく》に向嶽庵《こうがくあん》を建立した。向嶽とは、富士山に向かって問答する意味。集まる雲水《うんすい》は一〇〇〇人におよんだという。

抜隊は相模《さがみ》中村（神奈川県中井町《なかいまち》）に生まれ、二九歳で出家。諸国をまわり、出雲《いずも》（島根県）雲樹寺《うんじゅじ》の孤峰覚《こほうかく》明《みょう》のもとで印可《いんか》を得た。五四歳のとき、甲斐に入って信成と出会う。

一五四七（天文《てんぶん》一六）年、甲斐守護職武田信玄《しんげん》の働きにより抜隊に「慧《え》光大円禅師《こうだいえんぜんじ》」の諡号《しごう》を賜り、寺号を改めて向嶽寺とした。しかし、武田家滅亡とともに寺領の大半を失う。

国宝の達磨図《だるまず》は、眼光の鋭さから「八方睨《はっぽうにら》みの達磨」とも、朱衣《しゅごろも》の鮮やかさから「朱達磨」とも呼ばれている（東京国立博物館に寄託）。

見事な池泉鑑賞式庭園は国の名勝。

また国の重要文化財に、孤峰覚明と抜隊得勝の頂相《ちんそう》、抜隊法語『塩山《えんざん》和泥合水集《わでいがっすいしゅう》』板木《はんぎ》や示寂《じじゃく》前日に版をおこした抜隊遺戒板木《ゆいかいはんぎ》がある。

山内に〝火ぶせの神〟である秋葉《あきば》神社があるのは、創建以来たびたび火災に遭っているため。

深奥山《じんのうざん》 方《ほう》広《こう》寺《じ》

臨済宗方広寺派《ほうこうじは》大本山

＊修験道と習合した独特の禅

データ

住所＝静岡県浜松市浜名区引佐町《いなさちょう》奥山

後醍醐天皇の皇子が開いた由緒ある東海の巨刹

　方広寺《ほうこうじ》の広い山内には六十余の堂塔が建つ。急勾配《こうばい》の参道には江戸中期に完成した五百羅漢《ごひゃくらかん》像が並び、朱色の山門と緑の木立が美しい。山腹にある本堂には、「深奥山《じんのうざん》」の山号をしるした扁額《へんがく》が掛かっているが、これは無刀流の禅境をきわめた幕末の剣客山岡鉄舟《やまおかてっしゅう》の筆による。

　開山の無文元選《むもんげんせん》は、建武中興《けんむのちゅうこう》の主人公後醍醐《ごだいご》天皇の第一一皇子である。後醍醐天皇が不運のうちに吉野で崩御された翌年、一八歳の皇子は京都建仁寺《けんにんじ》で出家、俗縁を絶った。二二歳で元《げん》に渡り、福州大覚寺の古梅正《こばいしょう》友《ゆう》に参じ印可《いんか》を得たのちも中国各地を歴参したが、元末の兵乱が激しく、南北朝期の一三五〇（正平《しょうへい》五／観応《かんおう》元）年に帰国。俗世と無縁の禅者とはいえ、二八歳の無文に足利《あしかが》氏と北朝の隆盛、南朝の衰退はどう映ったことだろう。

　無文に帰依《きえ》した遠江《とおとうみ》（静岡県西部）の豪族奥山朝藤《おくやまともふじ》が、後醍醐天皇追善と無文への師恩に報いるために開基となって一三七一（建徳《けんとく》二／応安《おうあん》四）年に建立した禅寺に、五〇歳となる無文は「方広萬寿禅寺《ほうこうまんじゅぜんじ》」と命名した。厳しい無文の禅風を慕って五〇〇人の雲水《うんすい》が参じたという。

　禅寺ではあるが一部に修験道《しゅげんどう》と習合した独特の姿が見られ、毎年一〇月の奥山半僧坊大祭《はんそうぼうたいさい》は、諸願成就の半僧坊大権現《はんそうぼうだいごんげん》をまつるものとして有名である。

　半僧坊大権現は、無文が帰国する際に悪天候のなか船を守護し、方広寺に入寺した祭にもまた現れて方広寺の鎮守となったと伝わる。

瑞石山《ずいせきざん》 永《えい》源《げん》寺《じ》

臨済宗永源寺派《えいげんじは》大本山

データ

住所＝滋賀県東近江《ひがしおうみ》市永源寺高野町《たかのちょう》

紅葉の渓谷に開山の禅風が素朴に薫る葦葺きの伽藍

愛知川《えちがわ》渓谷は、秋の紅葉がすばらしい。その自然にいだかれた永源寺《えいげんじ》の伽藍《がらん》は俗界の騒音とは無縁のように思える。ことに方丈の大屋根は葦《よし》葺《ぶ》きの素朴なもので、創建当時のものではないが、山里の景観と静かに調和している。

開基は近江《おうみ》守護職佐々木氏頼《ささきうじより》。諸国行脚の途中この地に逗留《とうりゅう》した七一歳の寂室元光《じゃくしつげんこう》に深く帰依《きえ》し、一三六一(康安《こうあん》元)年に禅堂を建てて寂室を開山に迎えたのがはじまり。

寂室は美作《みまさか》高田(岡山県真庭市勝山)に生まれ、一三歳で出家、京都東福寺《とうふくじ》の塔頭三聖寺《たっちゅうさんしょうじ》に入り一五歳で得度、蘭渓道隆《らんけいどうりゅう》の法嗣《ほうし》約翁徳倹《やくおうとっけん》のもと一八歳で大悟《たいご》、三一歳で元《げん》に渡って杭州天目山《こうしゅうてんもくざん》で隠棲していた中峰明《ちゅうほうみん》本《ぽん》に参じ、三八歳で帰国後も名利《みょうり》を嫌った高徳の僧。寂室の禅風を慕って、全国から二〇〇〇人もの雲水《うんすい》が集まったといわれる。

また、名産の永源寺こんにゃくは、寂室が中国からコンニャクイモを持ち帰ったのが起源とされる。

何度かの兵火で伽藍《がらん》を焼失したが、一六四三(寛永《かんえい》二〇)年、後水尾《ごみずのお》上皇の勅命を受けて、持戒禅で知られる一絲《いっし》文守《ぶんしゅ》が入寺し、再興された。山内には、外護した彦根藩四代藩主井《い》伊《い》直興《なおおき》の霊廟があり、国の史跡。

＊赤穂浪士ゆかりの禅刹

永源寺は赤穂浪士《あこうろうし》との縁も深い。大石内蔵助《おおいしくらのすけ》の命《めい》で仇討《あだう》ちを見届けて浅野家へ報告する役目だった寺坂吉《てらさかきち》右衛《え》門《もん》は、永源寺の四院曹源寺《そうげんじ》で得度し、その末寺臨済庵《りんざいあん》で同志の菩提《ぼだい》を弔いながら余生を過ごした。近くの臨済庵跡に吉右衛門の墓碑がある。

御許山《おもとさん》 佛《ぶっ》通《つう》寺《じ》

臨済宗佛通寺派《ぶっつうじは》大本山

＊足利幕府の祈願所

峻厳な山の精気が身を引き締める小早川家ゆかりの禅刹

データ

住所＝広島県三原市高坂町許山《たかさかちょうもとやま》

参道も境内も静まりかえり、身の引き締まる山の精気が感じられる。佛通寺《ぶっつうじ》は、安芸《あき》(広島県)沼田城主小《こ》早川春平《ばやかわはるひら》が一三九七(応永《おうえい》四)年に禅堂を建立し、尊崇していた愚中周及《ぐちゅうしゅうきゅう》を招いて開いたものだ。

愚中は、足利《あしかが》四代将軍義持《よしもち》がたびたび道をたずねたほどの高僧。愚中の徳を慕って雲水《うんすい》が参集し、足利幕府の祈願所ともなり、中国四国一円に大きく発展した。末寺は三〇〇〇を数えたという。

愚中は美濃《みの》(岐阜県)に生まれ、京都嵯峨臨川寺《さがりんせんじ》の夢窓疎石《むそうそせき》のもとで出家、その法嗣春屋妙葩《ほうししゅんおくみょうは》に参じた。さらに道をきわめようと一九歳で元《げん》に渡り、峻厳《しゅんげん》をもってなる金山寺《きんざんじ》の即《しっ》休契了《きゅうけいりょう》(佛通禅師《ぶっつうぜんじ》)に師事し、一〇年の修行ののち印可《いんか》を得た。帰国後も師の戒を守り、丹波《たんば》(京都府福知山市)に天寧寺《てんねいじ》を開き、多くの弟子を育成した。愚中が佛通寺に入山したのは七五歳のときである。

愚中は碧巌枯松《へきがんこしょう》の当地が気に入り、師の諡号《しごう》にちなんで佛通寺と命名した。そして、師の霊をまつって開山とし、愚中は二世住職となった。

愚中示寂《じじゃく》後七年目には、禅堂のみだった山内に仏殿などが建ち並んだ。しかしたび重なる火災で、小早川春平の妻によって建立された含暉院《がんきいん》を除く諸堂を焼失。国の重要文化財に指定される地蔵堂は、含暉院仏殿として建立されたもの。また、含暉院書院を改称したとされる開山堂が創建当時の息吹を伝えている。

愚中周及頂相《ちんそう》・墨蹟《ぼくせき》が国の重要文化財に指定されている。

摩頂山《まちょうざん》 国泰寺《こくたいじ》

臨済宗国泰寺派《こくたいじは》大本山

＊虚無僧姿の妙音会が有名

データ

住所＝富山県高岡市太田

公武が深く帰依した北陸最大規模の禅刹

〝北陸鎮護第一禅刹《ぜんさつ》〟の名にそむかない堂々たる巨刹である。枯山水《かれさんすい》の月泉庭《げっせんてい》と龍渕池《りゅうえんち》を中心に伽藍《がらん》が配置されている。月泉庭に置かれた四二トンの大石は、庭石として日本一。

開山は慈雲妙意《じうんみょうい》。信濃《しなの》(長野県)に生まれ、鎌倉の建長寺《けんちょうじ》および円覚寺《えんがくじ》などで修行後、現在地より南の二上《ふたがみ》山《さん》の草庵《そうあん》で坐禅《ざぜん》に励んでいたが、諸国行脚中の孤峰覚明《こほうかくみょう》のすすめで、宋《そう》より尺八禅(普化宗《ふけしゅう》)を伝えた心地覚《しんちかく》心《しん》(法燈国師《ほっとうこくし》)がいた紀州《きしゅう》(和歌山県)興国寺《こうこくじ》に参じ大悟《たいご》、印可《いんか》を得た。

二上山に帰り、摩頂山東松寺《まちょうざんとうしょうじ》を開創。禅風を慕って集まる雲水《うんすい》は数知れず。一三二八(嘉暦《かりゃく》三)年、五五歳のとき後醍醐《ごだいご》天皇より「清泉禅師《せいせんぜんじ》」の勅号、翌年「護国摩頂巨山国泰仁《ごこくまちょうこざんこくたいにん》王萬年禅寺《のうまんねんぜんじ》」の勅額を賜り、寺号を国泰寺《こくたいじ》と改めた。同時に「北陸鎮護第一禅刹特進出世之大道場《とくしんしゅっせのだいどうじょう》」として京都南禅寺《なんぜんじ》と同格の勅願寺となった。

北朝の光明《こうみょう》天皇も慈雲に深く帰依《きえ》し、全国に安国寺を建立の際、当寺をもって越中《えっちゅう》(富山県)安国寺とした。

応仁《おうにん》の乱で荒廃、加賀藩の祖前田《まえだ》利家《としいえ》に方丈を没収されて現在地に移る。徳川《とくがわ》五代将軍綱吉《つなよし》が法燈派総本山とし、廃仏毀釈《はいぶつきしゃく》の余波を受けたが山岡鉄舟《やまおかてっしゅう》の尽力で復興、明治後期に臨済宗国泰寺派として独立した。

昭和になって、哲学者の西田幾多《にしだきた》郎《ろう》や海外に禅をひろめた鈴木大拙《すずきだいせつ》が若いころ、国泰寺の雪門玄松《せつもんげんしょう》に参じたことはあまり知られていない。

六月の開山忌と一一月の法燈忌《ほっとうき》には、読経にともない、虚無僧《こむそう》姿で尺八が奏される妙音会《みょうおんかい》が開かれる。

井山《いやま》 宝福寺《ほうふくじ》

臨済宗東福寺派《とうふくじは》中本山

＊雪舟少年期の伝説が残る

南北朝期の三重塔が美しい七堂伽藍

見事な七堂伽藍《しちどうがらん》が安定した静けさを保つ。室町期の画僧として知られる雪舟《せっしゅう》が京都相国寺《しょうこくじ》に入る前、当寺で得度したが、修行の厳しさに涙でネズミを描いたという伝説が残る。

もとは天台宗だったが、鎌倉時代、四条《しじょう》天皇の病を快癒《かいゆ》した功により寺領三〇〇〇石《ごく》の寄進を受けた鈍庵《どんあん》が、京都東福寺《とうふくじ》開山円爾弁円《えんにべんねん》に師事し、臨済宗に改宗。七堂伽藍を整え、山内塔頭《たっちゅう》五五、末寺三〇〇余を数えるほど隆盛を極めた。南北朝期の一三七六年（永和《えいわ》二）に建立された三重塔は、国の重要文化財としていまも残る。戦国末期の備中《びっちゅう》兵乱で塔以外焼失したが、江戸期に順次再建された。

データ

岡山県総社《そうじゃ》市井尻野《いじりの》

虎渓山《こけいざん》 永保寺《えいほじ》

臨済宗南禅寺派《なんぜんじは》

＊夢窓初期の作庭

自然の地形を巧みに使った庭園と建物の調和

地元では虎渓山《こけいざん》の名で親しまれている。土岐川《ときがわ》に臨む景観が中国の名勝廬山《ろざん》の虎渓に似ているといわれ、夢窓疎石《むそうそせき》が一三一三（正和《しょうわ》二）年に庵居。夢窓の帰京後、寺観を整えた元《げん》翁本元《のうほんげん》を開山としている。

夢窓の初期作である永保寺庭園は国の名勝に指定されている。美しい庭園のなかに伽藍《がらん》があるといってもいい。本堂である観音堂は、夢窓が手がけた唯一現存する建築物。また、夢窓と元翁の坐像《ざぞう》が安置される開山堂は、のちの神社建築の原型となる権現造《ごんげんづくり》。応仁《おうにん》の乱のときも、この二つのお堂だけは火災をまぬがれた。ともに国宝。

データ

住所＝岐阜県多治見市虎渓山町《こけいざんちょう》

北山《ほくざん》 鹿苑寺《ろくおんじ》（金閣寺《きんかくじ》） 臨済宗相国寺派《しょうこくじは》

＊三島由紀夫の小説の舞台

足利義満の別荘を禅刹に改めた金閣

足利《あしかが》三代将軍義満《よしみつ》は一三九七（応《おう》永《えい》四）年、西園寺《さいおんじ》家の別邸を譲り受けて別荘「北山殿《きたやまどの》」と称した。義満が死去した一四〇八（同一五）年、遺言により夢窓疎石《むそうそせき》の霊をまつって開山とし禅刹《ぜんさつ》に改められた。

いまある三階建ての金閣は、一九五五（昭和三〇）年に再建されたもの。

もとは「舎利殿《しゃりでん》」と呼ばれ、数ある北山殿の建物のひとつだった。国宝に指定されていたが一九五〇（昭和二五）年に放火により焼失。そのありさまを三島由紀夫《みしまゆきお》が小説にした。

庭園は国の特別史跡・特別名勝。世界遺産。重要文化財に無学祖元《むがくそげん》・高峰顕日《こうほうけんにち》問答語、足利義満肖像など。

データ
住所＝京都市北区金閣寺町《きんかくじちょう》

東山《とうざん》 慈照寺《じしょうじ》（銀閣寺《ぎんかくじ》） 臨済宗相国寺派《しょうこくじは》

＊建築と庭園の美

文化人であった将軍足利義政の悲痛を伝える禅刹

一四八二（文明《ぶんめい》一四）年、足利《あしかが》八代将軍義政《よしまさ》が祖父義満《よしみつ》の北山殿《きたやまどの》にならって天台宗の浄土寺《じょうどじ》だった場所に別荘「東山殿《ひがしやまどの》」の造営を始める。三年後、相国寺《しょうこくじ》の月翁周鏡《げつおうしゅうきょう》を戒師として得度剃髪《とくどていはつ》。しかし応仁《おうにん》の乱直後で幕府の力が衰えたため、東山殿の造営工事は進まず、義政の死去後に完成。

一四九〇（延徳《えんとく》二）年、遺言により夢《む》窓疎石《そうそせき》の霊をまつって開山とし禅刹《ぜんさつ》に改められた。

現存する銀閣は国宝で、当時は「観音殿《かんのんでん》」と呼ばれた建物。東求堂《とうぐどう》も国宝。庭園は国の特別史跡・特別名勝。世界遺産。重要文化財に春屋《しゅんおく》妙葩《みょうは》頂相《ちんそう》、足利義政肖像など。

データ
住所＝京都市左京区銀閣寺町《ぎんかくじちょう》

横岳山《おうがくざん》 崇《そう》福《ふく》寺《じ》 臨済宗大徳寺派《だいとくじは》

＊黒田家の大名墓が圧巻

データ
住所＝福岡市博多区千代《ちよ》

聖一国師、大応国師の遺風をしのぶ巨刹

一二四〇（仁治《にんじ》元）年、湛慧《たんね》が太宰《だざい》府《ふ》横岳《よこだけ》に創建し、翌年宋《そう》から帰った円爾弁円《えんにべんねん》（聖一国師《しょういちこくし》）を召いて開山とした。官寺に列して後嵯峨《ごさが》天皇より「西都法窟《さいとほうくつ》」の勅額を賜り、栄えた。

一二七二（文永《ぶんえい》九）年、南浦紹明《なんぽじょうみょう》（大応国師《だいおうこくし》）が入寺、二度の元寇《げんこう》のあいだも含め三三年間在住して禅風は大いに上がった。

戦国期の兵火で焼失したが、一六〇〇（慶長《けいちょう》五）年、初代福岡藩主黒田《くろだ》長政《ながまさ》が現在地に移し、京都大徳寺《だいとくじ》から春屋宗園《しゅんおくそうえん》を召いて中興開山とした。

山門は旧福岡城本丸表門《おもてもん》を移築、唐門《からもん》は筑前名島城《なじまじょう》の遺構。黒田家菩《ぼ》提寺《だいじ》として十数基の大名墓が並ぶ。

青龍山《せいりゅうざん》 瑞《ずい》巌《がん》寺《じ》 臨済宗妙心寺派《みょうしんじは》

＊伊達家の菩提寺

データ
住所＝宮城県宮城郡松島町《まつしままち》松島字町内

伊達政宗が財力を傾けた奥州一の大禅林

老杉が繁る境内に豪華壮麗な建物。太閤秀吉《たいこうひでよし》とダテを競った〝独眼龍《どくがんりゅう》〟伊達《だて》政宗《まさむね》が財力を傾けた名刹。

八二八（天長《てんちょう》五）年、天台宗の円仁《えんにん》によって開創された延福寺《えんぷくじ》があった地に、鎌倉幕府五代執権北条時頼《ほうじょうときより》によって臨済宗の法心性西《ほっしんしょうさい》が開山に迎えられ、円福寺《えんぷくじ》を建立。戦国期以降荒廃したが、一六〇四（慶長九《けいちょう》）年に伊達政宗が五大堂を造営し、京都や紀州《きしゅう》熊野（和歌山県）から用材・宮大工一三〇人を集めて五年後にはいま見る禅林を完成、寺号を「松島青龍《せいりゅう》山瑞巌円福禅寺《ざんずいがんえんぷくぜんじ》」と改めた。

本堂と庫裏《くり》は国宝。五大堂・御成《おなり》門《もん》・中門《ちゅうもん》などは国の重要文化財。

金鳳山《きんぽうざん》 平林寺《へいりんじ》 臨済宗妙心寺派《みょうしんじは》

＊大河内《おおこうち》松平家の菩提寺

データ
住所＝埼玉県新座市野火止《のびどめ》

川越藩主松平一族の栄華が墓に残る古刹

伽藍《がらん》の裏手に松や杉の古木が鬱蒼《うっそう》と広がる境内林は、国の天然記念物に指定されている。そのなかに、野《の》火止用水《びどめようすい》を開いたことで名高い川越《かわごえ》藩主松平信綱《まつだいらのぶつな》ら一族一七〇基余の大名墓が悠然と並ぶ。

南北朝期に岩槻《いわつき》城主の太田《おおた》氏が建《けん》長寺派《ちょうじは》の石室善玖《せきしつぜんきゅう》を開山として城下に創建したのがはじまり。戦国期に大半を焼失したが、関東に転封された徳川家康《とくがわいえやす》が一五九二（天正《てんしょう》二〇）年、妙心寺《みょうしんじ》派の鉄山宗鈍《てつざんそうどん》を迎えて中興開山とした。徳川家家臣松平信綱・輝《てる》綱《つな》二代によって現在地に移された。

明治後期、関東以北初の妙心寺派専門道場として平林僧堂を開単。

大龍山《だいりゅうざん》 臨済寺《りんざいじ》 臨済宗妙心寺派《みょうしんじは》

＊少年家康が人質で暮らした

データ
住所＝静岡市葵《あおい》区大岩町《おおいわちょう》

東海の雄・今川氏の覇を映す禅林の地

戦国期、東海の雄・今川《いまがわ》氏が北条《ほうじょう》氏や武田《たけだ》氏と覇を競っていたころ、幼くして出家した今川義元《よしもと》のために父が建立した善得院《ぜんとくいん》が前身。一五三六（天文《てんぶん》五）年に兄氏輝《うじてる》が急逝したため、還俗《げんぞく》して家督を継いだ義元は兄を同院に葬り、兄の法号「臨済寺殿《りんざいじでん》」から寺号を改めた。義元は恩師太原《たいげん》雪斎《せっさい》を開山に迎えるが、太原は師の大休宗休《だいきゅうそうきゅう》の霊をまつって開山とし、自らは二世住職となった。

徳川家康《とくがわいえやす》が一五八二（天正《てんしょう》一〇）年に勅命を受けて再興した本堂は、国の重要文化財。家康となる前の竹千《たけち》代《よ》が今川氏の人質として暮らした「手習いの間」が復元されている。

乾徳山《けんとくさん》 恵《え》林《りん》寺《じ》 臨済宗妙心寺派《みょうしんじは》

＊武田信玄の墓所

データ
住所＝山梨県甲州市塩山小屋敷《えんざんおやしき》

猛火のなかでとなえた快川の偈が響く

甲斐守護職となった二階堂道蘊《にかいどうどううん》が一三三〇(元徳《げんとく》二)年に夢窓疎石《むそうそせき》を招いて開創。その後、武田信玄《たけだしんげん》が快川《かいせん》紹喜《じょうき》に深く帰依《きえ》し、寺領を寄進して住職に迎え、菩提寺《ぼだいじ》に定めた。

快川は、武田氏滅亡の一五八二(天正《てんしょう》一〇)年、近江《おうみ》守護職で剃髪《ていはつ》し入道となった佐々木承禎《ささきじょうてい》らをかくまったために織田信長《おだのぶなが》に攻められ、一〇〇人以上の堂衆と山門に上って猛火のなか坐禅《ざぜん》を組んだまま火定《かじょう》。その際の偈《げ》の一部「心頭滅却《しんとうめっきゃく》すれば火も自《おのず》ら涼《すず》し」は有名。恵林寺はその後、徳川家康《とくがわいえやす》らによって復興された。

夢窓作の庭園は国の名勝。四脚門《しきゃくもん》は、国の重要文化財。

妙法山《みょうほうざん》 正《しょう》眼《げん》寺《じ》 臨済宗妙心寺派《みょうしんじは》

＊関山慧玄の隠遁地

データ
住所＝岐阜県美濃加茂市伊深町《いぶかちょう》

〝天下の鬼叢林《おにそうりん》〟として知られる正眼僧堂

関山慧玄《かんざんえげん》は師宗峰妙超《しゅうほうみょうちょう》(大燈国師)から印可《いんか》を得ると、一三三〇(元徳《げんとく》二)年、南北朝の軋轢《あつれき》を避けて美濃《みの》伊深《いぶか》の里に隠遁《いんとん》し、妙心寺《みょうしんじ》開山となるまで約九年間、畑仕事をしながら悟後の修行に努めた。

その霊地に一六五八(万治《まんじ》元)年、太極唯一《たいごくゆいいち》が一庵を建立。妙心寺末寺として資金を募り、一三年後、関山の木像を安置して「正眼寺《しょうげんじ》」を完成。「妙心寺奥の院」といわれる。

一八四八(弘化《こうか》四)年、雪潭紹璞《せったんしょうぼく》が専門道場として正眼僧堂を開単。

関山示寂《じじゃく》後五五〇年遠諱《おんき》には明治天皇から「無相大師《むそうだいし》」の諡号《しごう》を賜り、洞宗令聡《とうじゅれいそう》が伽藍《がらん》を再興した。

大雲山《だいうんざん》 龍《りょう》安《あん》寺《じ》 臨済宗妙心寺派《みょうしんじは》

＊有名な枯山水庭園

枯淡の極をあらわす石庭の禅刹

油土塀《あぶらどべい》とともに国の特別名勝に指定されている方丈庭園は、庭一面に白砂を敷き、大小一五個の石以外何もない。「虎の子渡し」「七五三の庭」ともいわれる。

また、池泉回遊式庭園の鏡容池《きょうようち》は国の名勝。おしどりの名所であったことから俗称を「鴛鴦寺《えんおうじ》」ともいう。

一四五〇(宝徳《ほうとく》二)年、足利《あしかが》幕府管《かん》領《れい》細川勝元《ほそかわかつもと》が藤原北家《ほっけ》徳大寺《とくだいじ》実能《さねよし》の山荘を譲り受け、妙心寺五世義天《ぎてん》玄《げん》承《しょう》を開山とした。応仁《おうにん》の乱で焼失後、勝元の子政元《まさもと》が再建し、石庭も築造された。世界遺産。細川家の菩提寺《ぼだいじ》。方丈と『太平記《たいへいき》』一二冊は、国の重要文化財。

データ

住所＝京都市右京区龍安寺御陵《ごりょう》ノ下町《したちょう》

天徳山《てんとくざん》 龍《りょう》門《もん》寺《じ》 臨済宗妙心寺派《みょうしんじは》

＊盤珪の貴重な書画と彫刻

不生禅の盤珪永琢《ばんけいようたく》をしのぶ簡素静寂の諸堂

一六六一(寛文元《かんぶん》)年に創建された龍門寺《りょうもんじ》は、「生まれながらの清浄な仏心ですべて調う」という不生禅《ふしょうぜん》をとなえた盤珪永琢《ばんけいようたく》を開山とし、盤珪が諸国に一五〇カ寺を創建、四七カ寺を復興した根本道場である。

盤珪はやさしい日常語で大名から庶民まで、老若男女の別なく不生禅を説いたので、龍門寺と網干《あぼし》の町は諸国からの人であふれた。

盤珪は、ゆかりのお寺に自画像を残し、書画のほか彫刻もした。龍門寺大方丈《おおほうじょう》の寺号額、本尊十一面観音《じゅういちめんかんのん》菩薩坐像《ぼさつざぞう》や達磨大師《だるまだいし》像は盤珪の作。また、不動堂の不動明王像は、弘法大師作と伝わる盤珪の持仏。

データ

住所＝兵庫県姫路市網干《あぼし》区浜田

安国山《あんこくざん》　聖福寺《しょうふくじ》　臨済宗妙心寺派《みょうしんじは》

データ
住所＝福岡市博多《はかた》区御供所町《ごくしょまち》

源頼朝が建立した日本で最初の禅寺

日本に臨済禅を伝えた栄西《えいさい》は、一一九一（建久《けんきゅう》二）年に宋《そう》から帰国。四年後に博多のかつて宋人が建てた百堂跡に源頼朝《みなもとのよりとも》を開基として聖福寺《しょうふくじ》を開創した。京都初の禅寺建仁寺《けんにんじ》が開創されるのはその七年後のことである。

戦国期に二度兵火に遭うが、筑前名島《なじま》城主となった小早川隆景《こばやかわたかかげ》が一五八九（天正《てんしょう》一七）年、寺領三〇〇石《こく》を寄進し諸堂を再建。その後も豊臣秀吉《とよとみひでよし》や黒田長政《くろだながまさ》などから寺領の寄進が続き、寺勢は盛んとなる。江戸時代初期に妙心寺《みょうしんじ》派となった。

軽妙洒脱《しゃだつ》な禅画で有名な仙厓義梵《せんがいぎぼん》は、当寺一二三世住職。

＊祖師栄西の開創

江南山《こうなんざん》　梅林寺《ばいりんじ》　臨済宗妙心寺派《みょうしんじは》

データ
住所＝福岡県久留米《くるめ》市京町《きょうまち》

綿密な禅風を伝える久留米藩主有馬家の菩提寺

当初は近畿にあった。丹波福知山《たんばふくちやま》藩主有馬豊氏《ありまとようじ》が開基となり、禹門玄級《うもんげんきゅう》によって開創された瑞巌寺《ずいがんじ》が前身。一六二一（元和《げんな》七）年、豊氏が久留米藩に転封となってお寺も移り、大龍寺《だいりゅうじ》と称した。さらに父の法号から梅林寺《ばいりんじ》と改めて有馬家の菩提寺《ぼだいじ》とした。

久留米藩主有馬家墓所は国の史跡。有馬家霊屋《たまや》五棟が国の重要文化財。

一八〇四（文化元）年には梅林僧堂が設けられたが廃仏毀釈《はいぶつきしゃく》の余波を受けて一二年間中断、東海猷禅《とうかいゆうぜん》の手で復興され修行の厳しさで知られた。

隣接する梅林寺外苑には約三〇種五〇〇本の梅が植えられ、春には満開の梅が甘く香る。

＊三〇種の梅が香る

亀谷山《きこくさん》 寿福寺《じゅふくじ》 臨済宗建長寺派《けんちょうじは》

＊多くの歴史的人物が眠る

〝尼将軍〟政子が創建した鎌倉初の禅刹

源頼朝《みなもとのよりとも》が没した翌一二〇〇（正《しょう》治《じ》二）年、妻北条政子《ほうじょうまさこ》が栄西《えいさい》を招いて創建した鎌倉初の禅寺。三代将軍実朝《さねとも》のころには七堂伽藍《しちどうがらん》も整い、塔頭《たっちゅう》も一四となった。鎌倉末期、建長《けんちょう》寺、円覚寺《えんがくじ》に次ぐ鎌倉五山第三位の堂々たる禅刹《ぜんさつ》を誇った。

朱塗りの総門を入ると石畳の参道が続き、拝観できるのは中門《ちゅうもん》の手前まで。仏殿の「籠釈迦《かごしゃか》」と呼ばれる本尊乾漆釈迦如来坐像《かんしつしゃかにょらいざぞう》や実朝像などは、残念ながら公開されていない。

立入禁止区域の墓地に明治期の外相陸奥宗光《むつむねみつ》らが眠る。山際に見える洞は「谷倉《やぐら》」と呼ばれ、五輪塔があり実朝と政子の墓所と伝えられる。

データ

住所＝神奈川県鎌倉市扇《おうぎ》ガ谷《やつ》

錦屏山《きんぺいざん》 瑞泉寺《ずいせんじ》 臨済宗円覚寺派《えんがくじは》

＊夢窓作の簡素でおごそかな庭園

鎌倉最大の寺域、紅葉谷《もみじがやつ》に約四万八〇〇〇坪を誇る

風光明媚《めいび》な環境のなかに四季折々の花が美しい「花の寺」。

開創は、鎌倉幕府の滅亡が迫った一三二七（嘉暦《かりゃく》二）年、病のため一四代執権を退任した北条高時《ほうじょうたかとき》の懇請で鎌倉入りした夢窓疎石《むそうそせき》が開山。開基は、もと幕府政所《まんどころ》執事で出家した二《に》階堂道蘊《かいどうどううん》。当初は瑞泉院《ずいせんいん》といった。

初代鎌倉公方足利基氏《くぼうあしかがもとうじ》も夢窓に帰《き》依《え》し、足利家の菩提寺《ぼだいじ》のひとつとなると伽藍《がらん》も整い、瑞泉寺《ずいせんじ》と改められた。基氏は中興開基といわれる。

仏殿の背後にある簡潔でおごそかな庭園は、夢窓が凝灰岩《ぎょうかいがん》の岩盤を掘りこんで作庭した国の名勝。

夢窓国師坐像《ざぞう》は、国の重要文化財。

データ

住所＝神奈川県鎌倉市二階堂

松岡山《しょうこうざん》 東慶寺《とうけいじ》 臨済宗円覚寺派《えんがくじは》

*穏やかな優しい境内

データ

住所＝神奈川県鎌倉市山ノ内

歴史に名高い女人救済の〝駆けこみ寺〟

東慶寺《とうけいじ》は、鎌倉尼五山《あまござん》のひとつ。一二八五（弘安《こうあん》八）年、八代執権北条《ほうじょう》時宗《ときむね》の夫人覚山志道尼《かくさんしどうに》が開山、開基は嫡男九代執権貞時《さだとき》。後醍醐《ごだいご》天皇の皇女用堂尼《ようどうに》（五世住職）、豊臣秀頼《とよとみひでより》の息女天秀尼《てんしゅうに》（二〇世住職）の入寺で寺格は高い。〝縁切り寺〟として六〇〇年以上、女人救済を続けてきた。

一九〇二（明治三五）年、尼寺に終止符を打ったが、たたずまいはどこか優しい。宝蔵に安置される寄木造《よせぎづくり》聖《しょう》観音菩薩《かんのんぼさつ》立像《りゅうぞう》、離縁状、松ケ岡《まつがおか》日記帳、蒔絵調度品《まきえちょうどひん》が女人の心を映しだす。いずれも国の重要文化財。

墓所には、鈴木大拙《すずきだいせつ》、西田幾多郎《にしだきたろう》、高見順《たかみじゅん》ら文化人が眠っている。

鵠林山《こくりんざん》 松蔭寺《しょういんじ》 臨済宗単立《たんりつ》（白隠派《はくいんは》）

*気迫の白隠書画

データ

住所＝静岡県沼津市原

臨済宗中興の祖白隠ゆかりの禅道場

臨済宗中興の祖白隠慧鶴《はくいんえかく》ゆかりの禅刹《ぜんさつ》で、山門両側に「白隠宗大本山松蔭寺《しょういんじ》」とある。開創は鎌倉末期、鎌倉円覚寺《えんがくじ》の天祥西堂《てんしょうせいどう》が開山、一六四八（慶安《けいあん》元）年に大瑞宗育《だいずいそういく》が再興開山となって妙心寺派《みょうしんじは》となる。現在は単立の白隠派である。

白隠は一五歳で当寺の単嶺祖伝《たんれいそでん》について出家し、各地で猛烈な修行ののち、三三歳で当寺住職となり、当寺を中心に諸国で禅の民衆化に努めた。民衆にはやさしい仮名法話を、参集した出家者には厳しく公案禅を叩きこんだ。白隠自作の木像や画像、達磨図《だるまず》など気迫の書画が残され、白隠の墓塔もある。

第6章

知っておきたい「臨済宗の仏事作法・行事」

仏壇のまつり方
日常のおつとめ
おつとめの作法
坐禅のしかた
葬儀のしきたり
法要のしきたり
お墓のまつり方
お寺とのつきあい方
臨済宗の年中行事
お彼岸とお盆のしきたり

餓鬼草紙（曹源寺本）　国宝／京都国立博物館

仏壇のまつり方

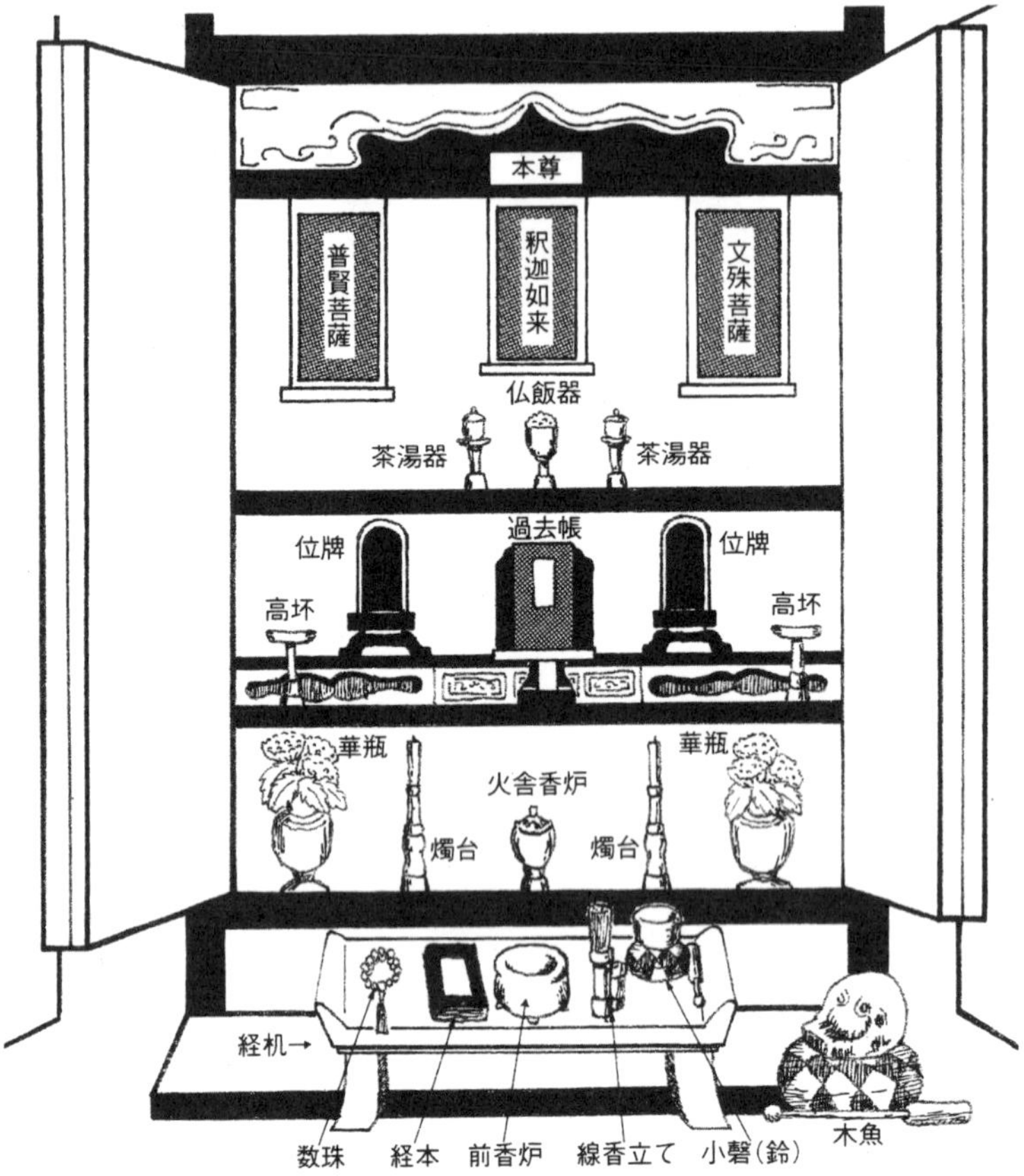

本尊のまつり方

仏壇とは、お寺の本堂を小さくしたようなものだから、本尊をまつることが基本であり、なによりも大切である。仏壇には位牌も安置するが、原則として本尊が主で、位牌は従という関係になる。

臨済宗では各派ともほぼ共通して釈迦如来《しゃかにょらい》(釈迦牟尼仏《しゃかむにぶつ》)像を本尊としてまつる。ただ、とくに決められた本尊を立てているわけではないので、菩提寺《ぼだいじ》の本尊や家庭で先祖代々まつってきた本尊があれば、それでもかまわない。本尊は仏壇最上段中央に安置する。

本尊の左右にまつる脇侍《わきじ》は、三尊仏として向かって右側に文殊菩薩《もんじゅぼさつ》、左側に普賢菩薩《ふげんぼさつ》を安置するか、向かって右側に禅宗の初祖である達磨大師《だるまだいし》、左側には観世音菩薩《かんぜおんぼさつ》あるいは臨済大師を安置する場合が多い。また、本山の開山の位牌や御影をまつることもある。これらは、各派によって多少の違いがあるので、菩提寺に聞いてみるとよいだろう。

仏壇を安置する場所

　仏壇を安置する場所についてはさまざまな説や言い伝えがある。なかでも有名なのは次の三つの説である。

「南面北座説」＝仏壇の正面が南に向き、背が北向きに安置すること。

「本山中心説」＝仏壇の前に手を合わせたときに、その延長線上に所属している宗派の本山があるように安置する。たとえば、菩提寺が妙心寺派（本山は京都）で東京にお住まいの方は、仏壇の正面は東向きになる。

「西方浄土説」＝仏壇の正面を東向きに安置。その前で手を合わせるたびに西方浄土を礼拝できる。

　住宅事情もあるので向きについてはそれほどこだわる必要はないが、神棚の真下や、出入口のそばで、仏壇の前を行き来することが多い場所を避けるようにしたい。

仏壇を新しくしたら

　仏壇は位牌や本尊の単なる置き場所ではない。仏壇はその家族の心のよりどころであり、家庭のなかにあるお寺といってもよい。

　それだけに、新しい仏壇を購入したときは、菩提寺の住職にお願いして本尊の安座《あんざ》法要をしてもらう必要がある。

　仏像の開眼《かいげん》法要は、御霊《みたま》（魂）入れともお性根《しょうね》入れともいわれるように、本尊に生命を吹きこみ、本来の働きができるようにすることである。この開眼法要によって、仏像ははじめて聖なるものとなる。

　開眼法要は、仏像や仏画、お守り、お札、石塔、塔婆《とうば》、位牌《いはい》などを新しくしたときや、それらを修理したときには必ず行わなければならないものなのである。

　仏像の開眼法要は、あまり重視されないこともあるようだが、一周忌や三回忌などの法要以上に大切な儀式である。

　また、仏壇を買い替えたり修理に出す場合には、本尊の遷座回向《せんざえこう》をし、新しい仏壇に安置するときに安座法要を行う。

　古くなって処分しなければならない仏壇の処理には困るものだが、新しい仏壇を買った店に相談して、お焚《た》きあげを頼むとよいだろう。

仏具とお供え

　仏壇はふつう三段になっており、その上段に本尊、脇侍等を安置し、本尊の前に茶湯器《ちゃとうき》や仏飯器《ぶっぱんき》を置く。

　中段には先祖の位牌を安置する。位牌は報恩感謝をささげるべき先祖の戒名《かいみょう》（仏さまの弟子になった証としてつけてもらう称号)が書かれている大切なものである。起こりは仏教ではなく、中国での儒教の死者儀礼の風習が日本に伝わったものといわれる。

位牌は大きく分けて札位牌と繰り出し位牌がある。どちらを使ってもよいが、本家など先祖が多い場合は繰り出し位牌のほうが仏壇内がきゅうくつでない。

さて、その安置の場所だが、向かって右側に古い位牌、左側に新しい位牌を置く。過去帳があれば、この段の中央に安置する。過去帳の両脇には高坏《たかつき》を置き、お菓子や果物などをのせてそなえる。命日や法要のときは、その位牌を本尊の下にくるように中段中央に置く。

位牌や過去帳については仏壇の幅や奥行きなどの条件により臨機応変に工夫するとよい。仏壇が小さい場合は、先祖の位牌は上段の本尊に向かって左側に安置するのが一般的である。

下段には、香炉《こうろ》、燭台《しょくだい》(ロウソク立て)、華瓶《けびょう》(花立て)をそなえるが、それぞれが一つずつの場合は三具足《みつぐそく》、燭台・華瓶が一対ずつの場合は五具《ごぐ》足《そく》と呼ばれる。さらには、五具足に前香炉と線香立てを加えて七具足という場合もある。

三具足の場合は、香炉を中心に右に燭台、左に華瓶を配置し、五具足の場合は香炉を中心に内側に燭台一対を、外側に華瓶一対を配置する。

さらに経机に数珠、経本、小磬《しょうけい》(鈴《りん》)、線香差しなどを置く。木魚《もくぎょ》は経机の向かって右側の下に置く。

仏壇の下の台(下台《しもだい》)は、引き出しか戸袋になっているので、予備の線香やロウソクを入れておいたり、法要の記録などをしまっておくとよい。

また、命日やお盆などのときには、仏壇の前に小机を置いて、ご飯、汁もの、飛龍頭《ひりゅうず》、白和《しらあえ》、香のものなどを盛りつけた霊供膳《りょうぐぜん》をそなえる。

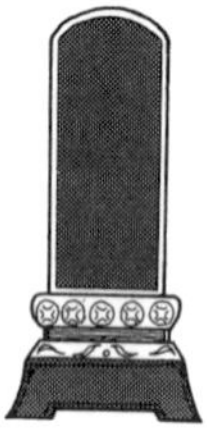

札《ふだ》位牌《いはい》(本位牌)
故人1人につき1つ。表に戒名《かいみょう》を、裏に命日《めいにち》・俗名《ぞくみょう》・享年《きょうねん》を書く。

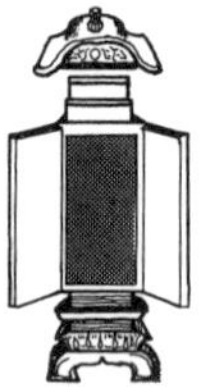

繰《く》り出《だ》し位牌《いはい》
位牌の札板が複数入り、いちばん手前のものが見える。

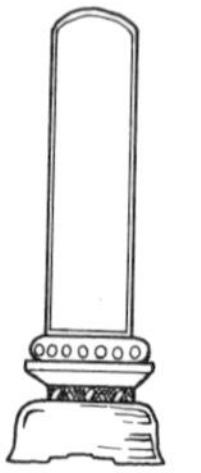

白木《しらき》の位牌《いはい》
四十九日忌までのもの。仏壇にまつる位牌は、上記の本位牌を用意する。

仏飯器《ぶっぱんき》

仏餉《ぶっしょう》(ご飯)をそなえる器。必ず炊きたてをそなえること。

霊供膳《りょうぐぜん》

霊膳《れいぜん》ともいう。お盆や法要のときに仏前にそなえる小型の本膳《ほんぜん》。手前に箸、左に飯椀《めしわん》、右に汁椀、奥の左に平椀(煮もの)、右に壺椀《つぼわん》(白和《しらあえ》など)、中央に腰高坏《こしたかつき》(香のもの)の順に並べ、仏前に箸が向くようにそなえる。

華瓶《けびょう》(花立て)

三具足では向かって左に、五具足ではいちばん外側に対《つい》にして置く。

茶湯器《ちゃとうき》

お茶や湯、水などを入れる器。生きている人が食事後にお茶を飲むのと同じように、仏前にも必ずご飯と一緒にお茶などをそなえる。

過去帳《かこちょう》

霊簿《れいぼ》ともいい、故人の戒名や俗《ぞく》名《みょう》、命日、享年《きょうねん》などを記したもの。

小磬《しょうけい》(鈴《りん》)

毎日のおつとめのときに叩く。澄んでいつまでも鳴り響く音色が邪念を払ってくれるといわれる。

香炉《こうろ》

線香や抹香を焚《た》くための道具。家紋付のものは紋が正面に向くように置く。三具足、五具足ともに中心に配置する。

高坏《たかつき》

菓子や果物などをそなえる器。半紙を敷いて乗せる。足の数が偶数の場合は2本が正面を向くように、奇数なら1本を前に出すように置く。

経机《きょうづくえ》

仏壇の前に置き、経本、数珠、線香立て、鈴などをのせる。

木魚《もくぎょ》

読経や念仏のときに拍子をとるために叩く。

燭台《しょくだい》(ロウソク立て)

灯明《とうみょう》ともいう。三具足では向かって右に、五具足では華瓶の内側に対《つい》にして置く。

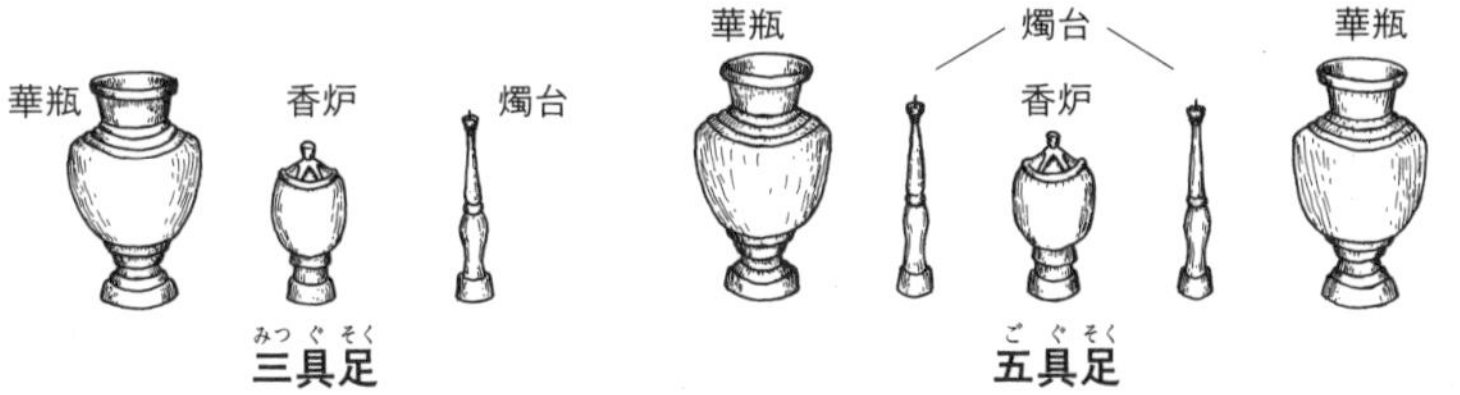

お寺の本堂や大きな仏壇では五具足や七具足が用いられるが、一般家庭では三具足で十分。

日常のおつとめ

おつとめとは

おつとめには、一切時・六時・四時・三時・二時の五種類がある。この「時」は時間ではなく、回数のこと。一般の家庭では二時、つまり朝夕一日二回行うのがよいだろう。

昔から「信は荘厳《しょうごん》から」といわれ、おつとめはお供物を整えることから始まる。朝起きて洗顔を終えたら、仏壇の扉を開き、花立ての水を替え、仏飯、茶湯をそなえ、ロウソクに火をともし、線香に火をつける。

鈴を鳴らして合掌礼拝《らいはい》し、一日の誓いと仏さまの加護を祈る。読経を終えたら、再び合掌する。そしてロウソクの火を消す。

夜は寝る前に手を合わせ、今日一日の無事を仏さまに感謝する。そして、仏飯、茶湯を下げ、ロウソクや線香などの火が消えていることを確認してから、仏壇の扉を閉める。

仏壇は仏さまをまつる一家の大切なよりどころ。おつとめのあとは掃除をして、毎日きれいにしておきたいもの。旅行などで長期間留守にするときは、仏壇の扉を閉めておく。

灯明と線香のあげ方

ロウソクをともすのは、単に仏壇を明るくするためではない。ロウソクの火は灯明と呼ばれ、知恵の徳をあらわしている。明かりが闇を開くように、仏の知恵が迷いの闇を開くことを願ってのことである。

最近では防火のためもあって電気式の灯明も増えてきているようだが、やはりロウソクの清らかな光が望ましい。

ロウソクに火をともしたら、その火で線香に火をつけて、香炉に立てる。直接マッチで火をつける人もいるようだが、ロウソクから線香に火

をつけるのが正しい方法だ。

線香は必ずしも何本も立てる必要はなく、一本でもよい。

香炉は灰が散らかっていることのないようにいつも掃除を心がけ、ときどきは灰も替えたほうがよい。また、マッチの燃えかすなどは、香炉に立ててはいけない。

ロウソクや線香の火を消すときは、必ず手や団扇《うちわ》であおいで消す。決して息を吹きかけて消してはいけない。神聖な仏壇の前で、食べ物の生臭さの混じった息を吹きかけて消すことは無作法だからである。

消えにくいときのために、ロウソク消しなどの道具を用意しておくと便利だ。

お供物のあげ方

毎日そなえるものとしては、ご飯とお茶の二つがあれば問題はない。

毎月の命日、祥月命日《しょうつきめいにち》(亡くなった月の同じ日)、年忌法要には、果物や菓子、あとは故人が生前に好きだったものをそなえればよい。

ただし、いくら好物といっても、生魚やステーキなど、生臭さを感じさせるものは避けたほうがよい。

また、ニンニク、ニラ、ショウガ、ネギ、ラッキョウなど、においの強いものもなるべく避ける。これらは精進料理でも使われることのない材料なのである。

最近の家庭では、仏壇にそなえたものを捨ててしまうところも少なくないようだが、本来は家族で食べるものだった。いただきものがあったときには、まず仏壇にそなえ、それから家族が食べるという習慣が残っているところもある。果物や菓子は傷まないうちに早めにおろして食べるとよいだろう。

お供物はふつう礼拝者のほうに向けてそなえるが、霊供膳だけは本尊に向ける。

花を礼拝者のほうに向けて飾るのは、仏さまの慈悲を意味している。それは、花を見ると人は喜び、悲しみや苦しみがやわらぐからである。

花を枯らしてはいけないと造花をそなえている家庭もあるようだが、一本でもよいからできるだけ生花をあげるようにしたい。仏壇にあげる花は野の花でもかまわないが、刺《とげ》のあるもの、毒々しい色のもの、悪臭のあるものなどは避けるのが常識である。

また、花を毎日替える必要はないが、花を長持ちさせる意味でも、水だけは毎日替えるべきだ。そなえた水は清められた水ということで浄水《じょうすい》と呼ばれ、植木や花などにかけるとよいといわれる。

合掌のしかた

合掌は仏前における基本的な動作

である。右手は悟りの世界である仏さまを、左手は迷いの世界、つまり私たち人間をあらわしているといわれ、合掌することは仏さまと一体になることをあらわす。

　合掌の仕方は、両方の手のひらをぴったりとつけて、両手の指が自然に合うようにする。このとき、指がゆるんだり、指と指のあいだが広がらないように注意が必要だ。

　合掌をするとき、背筋を伸ばして、親指のつけ根がみぞおちのあたりにくるようにすると、無理のない、きれいな合掌の姿勢ができあがる。

　合掌のときには、きちんと正座をすることが基本である。正座をして、背筋を伸ばし、顎《あご》をひくことで姿も美しくなり、気持ちも引き締まってくる。

礼拝のしかた

仏教の聖地といわれるインドのブ

臨済宗の礼拝のしかた

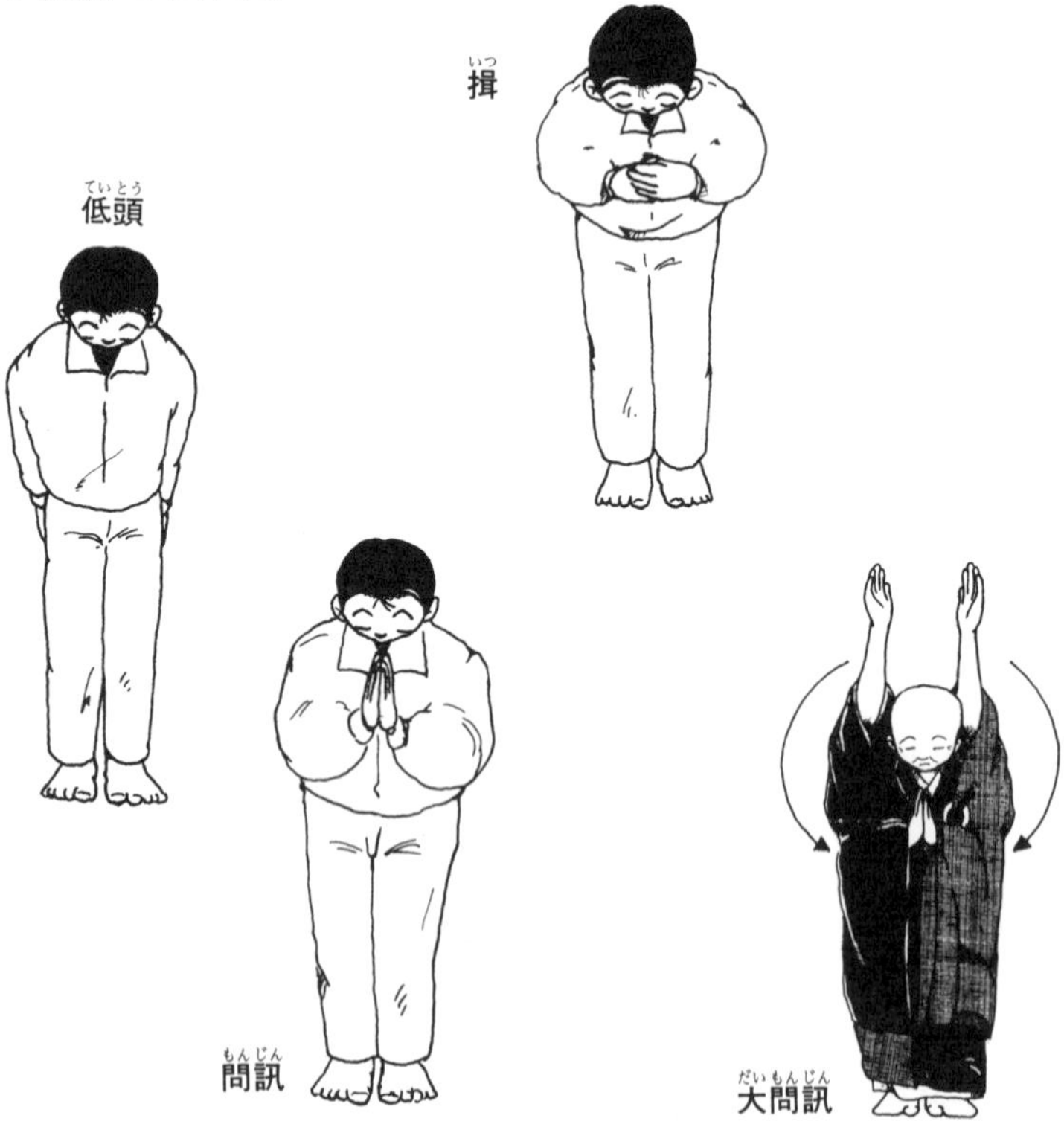

ッダガヤーには、現在でもチベット巡礼者たちが参拝している。彼らは両手を伸ばし体を地につけて礼拝《らいはい》している。これは、五体投地《ごたいとうち》の礼拝といい、膝・腹・胸・面・頂を地につける最上の礼拝といわれている。

臨済宗をはじめとする禅宗の場合は、礼拝のしかたを次のように大きく五段階に分けている。

低頭《ていとう》……頭をさげる

胡跪《こき》……片ひざ(左)を立ててひざまずく

揖《いつ》……叉手《しゃしゅ》(179頁「叉手当胸《とうきょう》」参照)のまま頭をさげる

問訊《もんじん》……合掌して低頭する

大問訊…両手で円を描くように合掌して低頭する

また、寺院では朝夕のおつとめに三拝《さんぱい》という礼拝を行う。

数珠の持ち方

数珠《じゅず》は、仏前に礼拝するときの必需品である。数珠の玉一つひとつが人間の煩悩をあらわしているといわれるように、一〇八個のものが正式で、本連と呼ばれる。しかし、一〇八個では大きく、しかも重くなり、一般の人には持ちにくいということで、半連と呼ばれる五四個のもの、さらにその半分の二七個の四半連などが多くなってきた。ほかにも二一個のものや一八個のものなど、最近ではさまざまな玉数のものがある。

数珠のかけ方は、ふつうは左手首にかけておき、合掌や叉手のときには二環にして左手の親指と人差し指のあいだにかける。

なお、数珠を手に持つときは、二環にして左手で持つのが基本だ。

葬儀や法事のときにあわてて人に借りることもあるようだが、数珠は毎日のおつとめでも大事なものである。できれば自分専用のものをもっておきたいものだ。

四半連

臨済宗で用いられる数珠

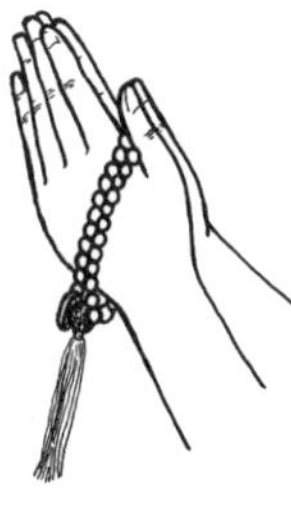

合掌するときは、左手の親指と人差し指のあいだにかけ、房を下にたらすようにする。短いものは一環で長いものは二環にしてかける。

持つときは左手で持ち、房を下にたらすようにする。

おつとめの作法

臨済宗の日常のおつとめ

おつとめとは正式には勤行《ごんぎょう》というが、梵語ではビーリヤ＝パーラミターといって、つとめて善法を行う意味だ。

臨済宗の基本は、お釈迦さまが悟りを菩提樹の下で開いたときの追体験としての坐禅である。毎日のおつとめもこれと同じで、仏前では坐禅をするときと同じ気持ちで心をととのえて静かに坐る。

以下に毎日のおつとめの一例を参考としてあげておく。

一、『般若心経《はんにゃしんぎょう》』

数あるお経のなかでもっとも有名。全二六二字のなかに仏教思想の真髄である「空《くう》」の境地を説いている。おつとめの最初に『般若心経』をとなえて空の境地になる。

二、消災呪《しょうさいじゅ》（三回）

正しくは『仏説《ぶっせつ》熾盛光大威徳消災《しじょうこうだいいとくしょうさい》妙吉祥陀羅尼《みょうきちじょうだらに》』という。『般若心経』と一緒にとなえ、本尊回向《えこう》するお経。これを三回となえる。

三、本尊回向《えこう》

回向とは、自身の坐禅やお経の読誦による功徳を先祖の供養や一般多くの人々のためにめぐらし向けること。そのためにとなえる言葉を回《え》向文《こうもん》という。ここでは諸仏諸菩薩のために回向文をとなえる。

四、『妙法蓮華経《みょうほうれんげきょう》』観世音菩薩普門品《かんぜおんぼさつふもんぼん》偈《げ》

いわゆる『観音経《かんのんぎょう》』。『妙法蓮華経（法華経《ほけきょう》）』の第二五章の一部。観世音菩薩の名をとなえ念じることで幸福を約束すると説かれている。

五、大悲心陀羅尼《だいひしんだらに》

禅宗寺院での各種法要、また檀信徒の葬儀や法要の際にもよく読まれる。これは『千手千眼観世音菩薩広大円満無礙大悲心陀羅尼経《せんじゅせんげんかんぜおんぼさつこうだいえんまんむげだいひしんだらにきょう》』という経典の陀羅尼の部分だけを抜きだしたもので、観音菩薩の大慈悲心をあらわしている。

ちなみに陀羅尼とは、梵語《ぼんご》の呪文《じゅもん》を音写したもので、神呪《じんじゅ》ともいう。

六、先祖回向

先祖を追善するための回向文。

七、四弘誓願文《しぐせいがんもん》（三回）

仏道をめざす者の決意をわずか四行にまとめたもの。三回となえる。

また、臨済宗中興の祖である白隠《はくいん》禅師《ぜんじ》による『坐禅和讃《ざぜんわさん》』もひろくとなえられている。臨済宗では坐禅をすることがもっとも大切であると述べたが、この『坐禅和讃』は坐禅の尊さや坐禅の功徳をわかりやすく説いている。

坐禅のしかた

坐禅のしかた①

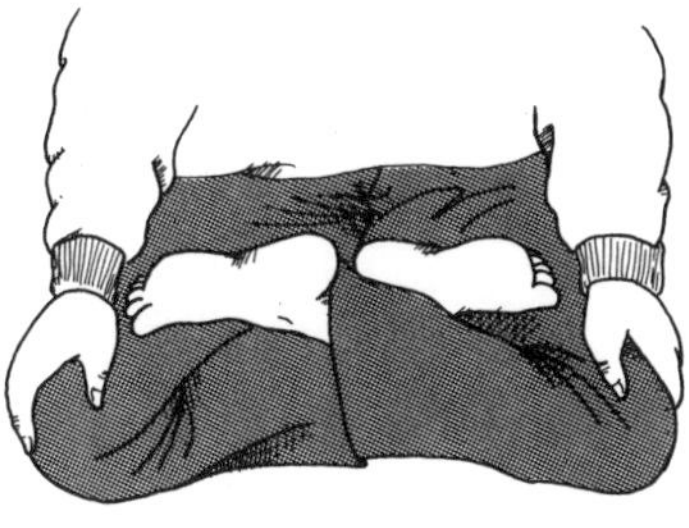

足のくみ方

結跏趺坐《けっかふざ》と半跏趺坐《はんかふざ》がある。結跏趺坐は、あぐらの状態から右足を左の太ももの付根にのせ、つぎに左足を右の太ももの付根にのせる。どちらか片方をのせるのが半跏趺坐で、右の足をのせる坐り方を吉祥坐《きちじょうざ》という。

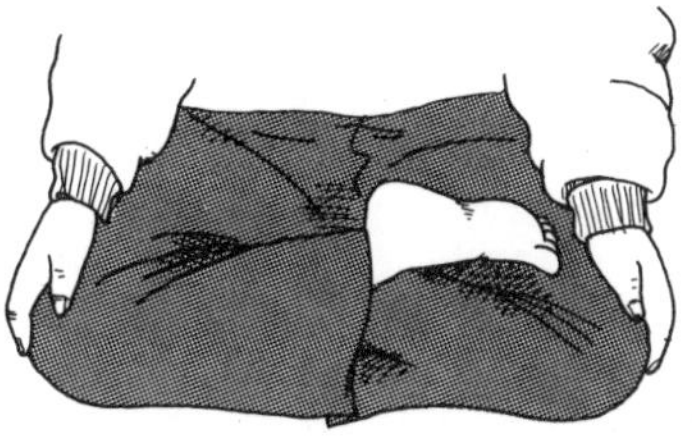

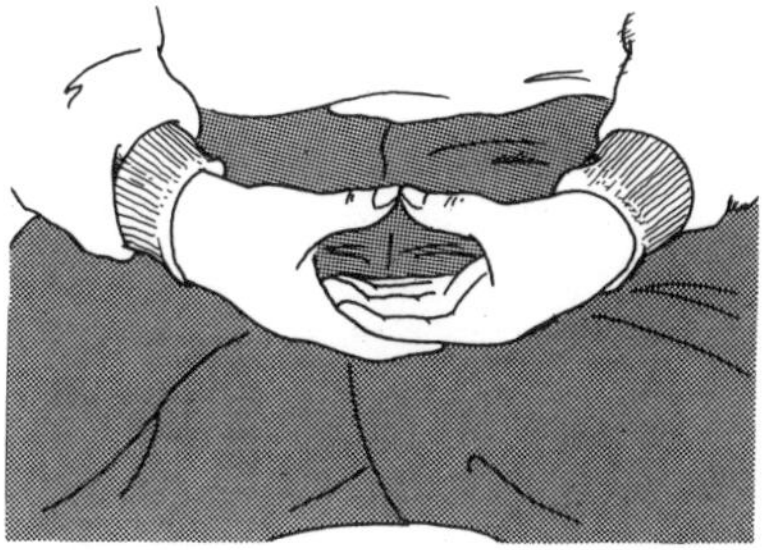

手のくみ方

法界定印《ほっかいじょういん》と呼ばれるくみ方をする。まず右手をくまれた足の上におき、左の手のひらを右の手のひらの上におく。そして左右の親指の先をかすかに触れさせる。できた輪のなかが卵形になるくらいがよい。このとき、力を入れてはいけない。

坐禅の意味

坐禅は、忍耐力や精神力をつけるものと思っている方も多い。しかし、坐禅の本来の目的は、「自身の仏性《ぶっしょう》を自覚する」ための方法である。

中国禅を確立した第六祖の慧《え》能《のう》禅《ぜん》師《じ》は、坐禅とは「外《ほか》、一切の善悪の境界《きょうがい》において心念《しんねん》起こらざるを名づけて坐となし、内、自性《じしょう》を見て動ぜざるを名づけて禅となす」と説いている。

つまり、私たちはあらゆる環境の中で生活しているが、そのつど変化する環境に左右されず、とらわれない心を〝坐〟といい、自分の心の奥にある仏性の存在を信じることが〝禅〟である、といっている。

もちろん、坐禅をはじめるときの動機は人それぞれだが、仏性を自覚するという本来の目的を見失わずに坐っていただきたい。

坐禅のしかた②

体の調え方

足をくんだら体を左右、前後に揺すってしっかりと腰の位置を決める。そして上体だけをまっすぐに起こし、あごを引く。眼は閉じず、自然に軽く開け、視線は1メートル前方の地上に落とす。

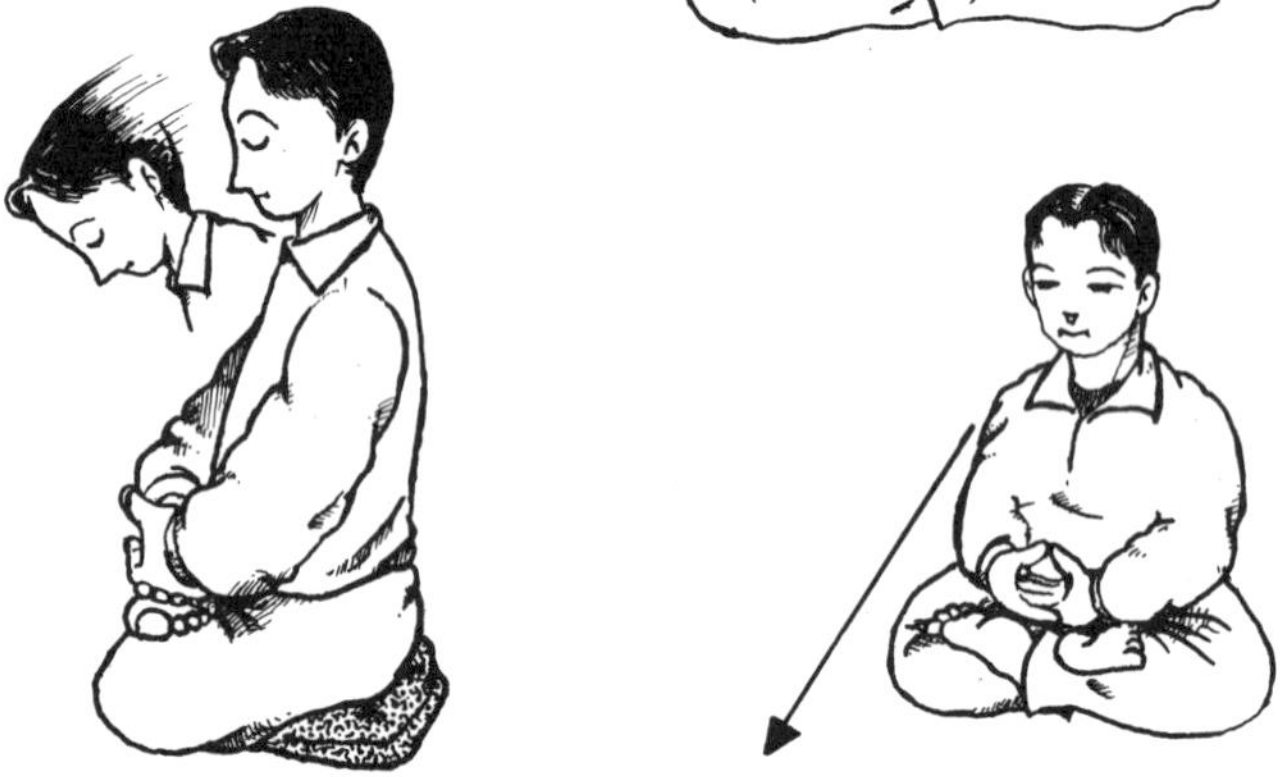

坐禅をする前の準備

まずはご家庭で実際に坐ってみてはいかがだろう。その手順を簡単に解説する。

坐禅によって自身の仏性を自覚するには、心身ともに健康であることが大切だ。坐禅の前日は睡眠不足あるいは睡眠のとりすぎをさける、満腹や空腹の状態で坐らない、などといったことは最低限守るべきことだ。体調がすぐれないときは、体調を整えてから行う。

服装は特別な決まりはないが、ゆったりとしたものがよい。和服の場合は袴《はかま》を使用する。坐禅中は素足になり、時計、ネックレスなどの装身具はつけない。

坐禅をする場所は、静かで落ち着ける場所がよい。市街地にお住まいの方は適当な部屋がないかもしれないが、それほどこだわる必要はない。

坐禅会での心得①

合掌

坐禅会ではあらゆる場面で合掌する。まず、入堂では、入り口の前で合掌し、一礼。さらに堂に入ってから一礼。それから単と呼ばれる自分の坐る位置へ進む。

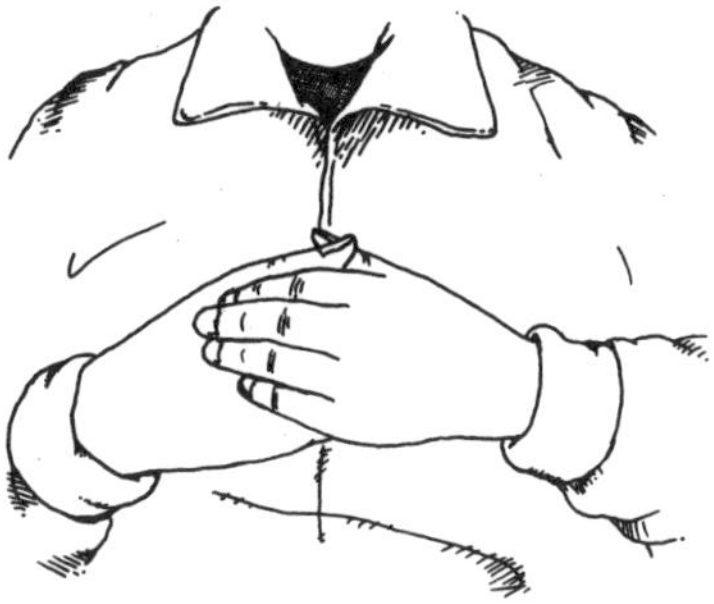

叉手当胸《しゃしゅとうきょう》

禅堂を歩くときは、右手を胸にあてその上を左手で軽くおおう。両手をたらして歩くのは無礼だとされている。

坐禅に集中してくれば、多少の物音は気にならなくなるものだ。坐蒲団《ざぶとん》は二枚用意しておく。

坐禅の実践

場所が決まったら、そこに坐蒲団を敷く。一枚はそのまま敷き、もう一枚は二つ折にしてお尻のしたにくるように置く。坐る前に、まず坐蒲団の方に合掌し、振り向いて坐蒲団を背にしてもう一度合掌する。そして坐り、図の手順で坐禅を組む。

正しい坐禅は「調身《ちょうしん》(身を調《ととの》える)」「調息《ちょうそく》(呼吸を調える)」「調心《ちょうしん》(心を調える)」という三大要素が大切。きちんと坐った段階で「調身」が完了する。

つぎは「調息」。ここでのポイントは「吐く息は長く、吸う息は短く」。数息観《すそくかん》(98頁参照)の呼吸法を繰り返す方法をおすすめする。

そして「調心」は、精神の統一で

坐禅会での心得②

警策《けいさく》

警策は眠ってしまったり、心が乱れている者を戒《いまし》める棒のこと。自分から受ける場合は、警策を持って巡回している直日《じきじつ》(指導者)が自分に近づいてきたときに静かに合掌する。それから互いに合掌低頭して、左手を右の肩におき、頭を低くして左肩に警策を受ける。つぎに右手を左肩におき右肩に受ける。終わると再び互いに合掌する。

経行《きんひん》

長時間の坐禅の場合は、坐禅と坐禅の間に堂の内外を歩いて体を調える。これを経行という。叉手当胸して背筋を伸ばし、呼吸を調えながら静かに歩く。歩く坐禅ともいうべきもので、坐禅中と同じ心理状態で行う。

ある。これがもっとも難しいのだが、はじめは前述の数息観に集中することで乱れた心を統一するのが初心者には近道だろう。

坐禅の時間は決まっていない。一〇分や一五分でも毎日続けることが大切だ。坐禅を終えるときは静かに合掌して、体を前後左右にゆすってから足をとく。そしてゆっくりと立ち上がる。

坐禅会での心がまえ

多くの禅宗系のお寺で坐禅会が開かれている。それに参加すれば、坐禅の基本的な実践法は覚えることができる。

参加するときは、心身ともに健康な状態で参加するのはもちろんだが、事前連絡、集合時間の確認、装身具は必要最低限にすること、女性は化粧・香水を控えること、などに注意してお寺におもむきたい。

葬儀のしきたり

臨済宗の葬儀の意味

葬儀は、故人との別れを惜しみ、死後の幸せを祈る厳粛な儀式である。同時に、故人を送る者たちが死と直面することによって、生きていることの本質をみきわめるための大切な場でもあるのだ。

臨済宗の葬儀では、苦界の衆生で生きてきた故人を仏弟子として導き、仏の悟りの世界に送るための引導法《いんどうほう》語《ご》が中心となる。これは故人へ対する儀礼であると同時に、参列者への導きでもある。

臨終

●末期の水

本来、末期《まつご》の水とは死にゆく人に最期の水を飲ませること。現在では臨終確認後に、葬儀社の用意した先端に脱脂綿のついた割り箸で口を湿らせる。樒《しきみ》の葉を使う地方もある。

●湯潅・死化粧・死装束

仏弟子となる儀式を受けるために全身をふいて心身を清めることを湯《ゆ》潅《かん》という。死化粧《しにけしょう》は、男性なら髭《ひげ》をそり、女性は薄化粧をして、美しい死に顔に整えてあげる。

死装束《しにしょうぞく》は、俗に真の安楽土への旅の衣装とされるが、正しくは仏弟子となる儀式を受けるための衣装である。経帷子《きょうかたびら》を左前に着せ、頭巾をつけて、六文銭《ろくもんせん》、米、血脈《けちみゃく》などの入った頭陀袋《ずだぶくろ》を首にかけ、手甲《てっこう》、脚絆《きゃはん》をつけたうえで、白足袋《しろたび》、わらじをはかせて杖をかたわらに置く。

死装束をつけない場合は、愛用していた服または浴衣を着せる。

死装束

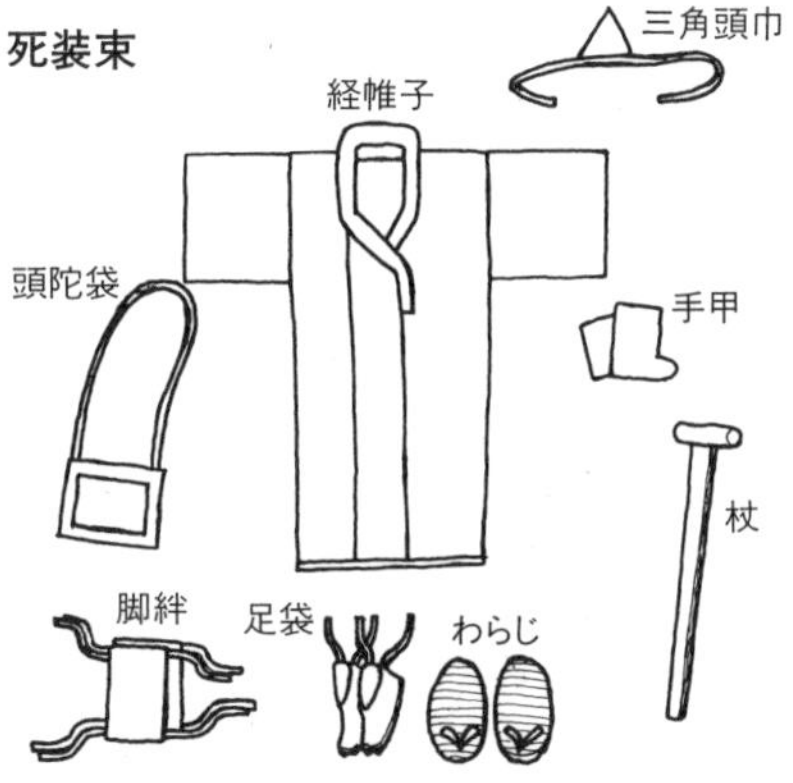

●遺体の安置

仏間または座敷などに頭を北に向けて寝かせ(北枕)、顔は白布で覆い、枕元か胸元に守り刀を置く。

●枕飾りと枕経

故人の枕元に供養のための壇を設けるのが枕飾りだ。小さな机に白い布をかけ、右から燭台《しょくだい》・香炉《こうろ》・華瓶《けびょう》の三具足《みつぐそく》を置く。そして、右手前に鈴《りん》を置く。ロウソクの火と線香は絶やさないようにする。

枕飾りを整えたら、菩提寺の住職を招いて、読経してもらう。これを枕経《まくらぎょう》(臨終《りんじゅう》諷経《ふぎん》)という。

枕経のときは、遺族は普段着のままでかまわないが、なるべく地味な服にするべきである。

●戒名

戒名は法号、法名ともいい、仏弟子としての名前である。本来は生前に受けておくものだが、故人となってから授与されることも多い。

まだ、戒名を受けていないときには、枕経が終わったときに、菩提寺の住職にお願いするとよいだろう。

枕飾り

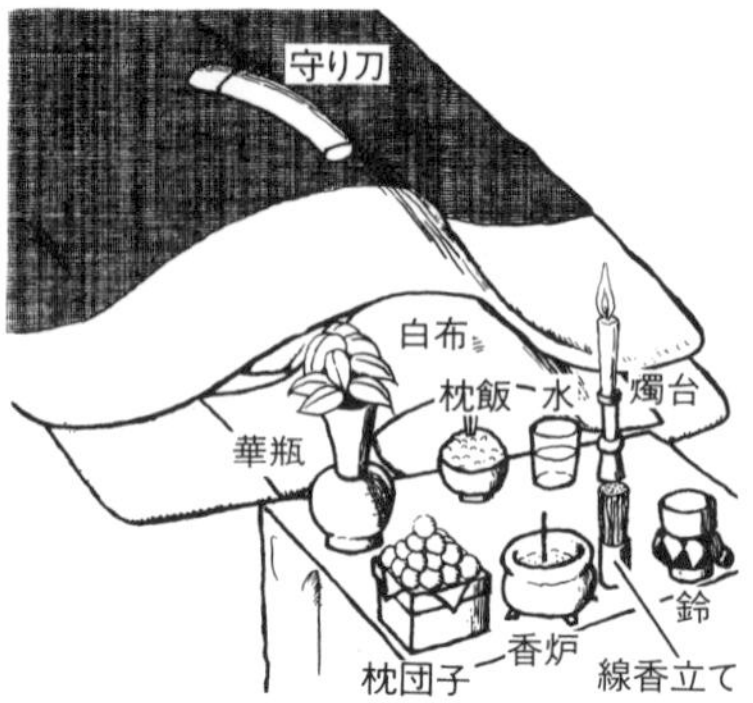

通夜

通夜とは、親族や知人が夜を徹して遺体のそばで線香を絶やさないようにして過ごし、霊を慰めること。

以前は近親者だけが出席するものだったが、最近は葬儀に出席できない人がせめてお通夜だけでもと出席するようになったこともあって、半《はん》通夜《つや》といって、午後六時ころから二~三時間で終わることが多くなっている。

死亡から葬式まで二日おく場合は、死亡当日は枕経、二日目に通夜が営まれる。枕経では喪服でなくてもかまわないが、通夜のときには遺族は喪服を着用するのが礼儀である。

葬儀・告別式

葬儀は、故人の徳をたたえ、霊山《りょうぜん》

通夜の進行例

一、一同着座

二、導師(僧侶)入堂

三、読経・焼香

喪主、遺族、親戚、弔問客の順に行う。部屋が狭い場合は、回し焼香にすることもある。

四、法話(省略されることもある)

五、導師(僧侶)退堂

六、喪主あいさつ

故人にかわって感謝の気持ちを伝え、導師の紹介をする。通夜ぶるまいの準備があるときは、その旨を知らせる。

七、通夜ぶるまい

導師が辞退されたときは、折詰をお寺に持参するか「御膳料」を包む。

浄土へと旅立たせる儀式である。

臨済宗の葬儀では、故人を仏弟子として導き、仏の悟りの世界に送るための引導法語《いんどうほうご》(下炬法語《あこほうご》)が中心となる。式次第では龕前諷経《がんぜんふぎん》(遺体を棺《ひつぎ》に納める)、鎖龕諷経《さがんふぎん》(棺のふたを閉じる)、起龕諷経《きがんふぎん》(棺を埋葬する場へ移動する)のおつとめがあるが、最近は葬儀のときはすでに遺体は棺に納められており、野辺送りをしてその場で葬儀をすることは少ないので、これらはお経をとなえるだけになっている。

なお告別式とは、故人の友人や知人が最後の別れをする儀式である。葬儀と告別式は本来違う意味の儀式であるため、別々に行うものであったが、最近は葬儀と告別式を兼ねることも多い。

焼香の作法

葬儀や法要の焼香には、数種類の

臨済宗の葬儀の進行例

一、一同着座
二、導師(僧侶)入堂
三、剃髪偈《ていはつげ》
四、授戒(懺悔文《さんげもん》三帰戒《さんきかい》)
五、鎖龕諷経《さがんふぎん》(大悲呪、回向文)
六、起龕諷経《きがんふぎん》(念誦・十仏名、大悲呪、回向文)
七、葬列《そうれつ》(往生咒《おうじょうじゅ》)
八、引磬・鼓・鈸《はつ》
九、山頭念誦《さんとうねんじゅ》
一〇、引導《いんどう》(下炬《あこ》)法語(偈頌《げじゅ》、戒名、八字称《はちじしょう》、重隔句《じゅうかっく》、短対《たんつい》、軽隔句《けいかっく》、短対、散文《さんぶん》、落句《らっく》、一字関《いちじかん》など)
一一、焼香
一二、導師(僧侶)退堂

※内容・順序は、葬儀により異なる。

告別式の進行例

一、参列者入場着席
遺族は一般の会葬者よりも早めに席についておく。
二、導師(僧侶)入堂
会葬者は正座か、椅子席の場合は起立して導師を迎える。
三、開式の辞
四、読経
五、弔辞拝受
六、弔電披露
読み終えた弔電と弔辞は、必ず祭壇にそなえる。
七、会葬者焼香(読経)
喪主、遺族は会葬者のほうを向いて座り直し、一人ひとりに黙礼する。
八、導師(僧侶)退堂
九、喪主あいさつ
会葬者に参列、焼香のお礼を述べる。
一〇、閉式の辞

香木を刻んで調合した抹香《まっこう》が使われる。日常使われる線香は、長持ちすることからお墓参りなどで使われるようになった略式のものだ。

焼香の作法は、通夜も葬儀のときも変わらない。僧侶から合図があったら、喪主を先頭に血縁の順番に焼香を行っていく。親族のあと、知人、一般会葬者となる。

焼香の回数については、仏・法・僧の三宝に供養するという意味から、三回ともいわれているが、必ずしもそうではない。あくまでも本来の目的は故人への礼拝である。あわただしく三回するよりも、心を込めて一回するほうがよいだろう。

香炉を順送りして自分の席で焼香する回し焼香の場合も、基本は同じである。

出棺・火葬

葬儀が終わると、棺《ひつぎ》が祭壇からお

焼香の手順

①数珠を左手に持って
祭壇の前に進み、
僧侶に一礼、仏前に
合掌礼拝する。

②抹香を右手の親指と
人差し指で軽くつまむ。

③左手をそえて、抹香を
額の前に軽くささげる。

④香炉に入れる。
3回焼香するときは、
②～④を繰り返す。

⑤もう一度、
仏前に合掌礼拝する。

⑥僧侶に一礼し、
自分の席に静かに戻る。

ろされ、近親者や親しい友人が遺体を花で飾る。これが遺体との最後の対面となり、近親者らによって運ばれ、霊柩車《れいきゅうしゃ》で火葬場へ向かう。

火葬場に行くのは原則として、遺族、親族、親しい友人だが、同行してもらいたい人には、まえもってその旨を伝えておくべきである。また、僧侶にもまえもって依頼しておいて、同行してもらい、読経してもらうとよい。

火葬場に持っていかなければならないものは、火葬許可書、白木の位牌、遺影などである。火葬証明書は火葬が済むと執行済みの印が押され、これが埋葬許可証となる。

火葬場につくと、棺はかまどに安置され、その前の小机に位牌、遺影、香炉、燭台、花などが飾られて、一同焼香して最後の別れをする。

火葬が終わると拾骨《しゅうこつ》となる。拾骨は箸渡《はしわた》しといって、長い竹の箸でお骨を拾い、順にはさんで渡し、最後の人が骨壺《こつつぼ》に入れる。

地方によっては、男女一組で竹と木の箸で骨を拾って骨壺に納めていく方法もある。

骨壺は白木の箱に入れ、白布で包んで自宅に持ち帰るが、分骨する予定があれば、このとき一部を小さな骨壺に分け入れ、錦の袋に入れて持ち帰る。

遺骨を迎える

出棺後にも弔問者の応対と遺骨を迎える準備のために、遺族のなかからも留守番を残しておかなければならない。

留守番の人は葬儀社の人に依頼し、四十九日の中陰明《ちゅういんあ》けまでまつる中陰《ちゅういん》壇《だん》の準備をするとともに、玄関や門口に小皿に盛った清めの塩と手を洗う水を用意しておく。

火葬場から帰った人は、清めの塩で身を清め、水で手を洗う。お清めが済んだら、遺骨を中陰壇に安置して、僧侶にお経をあげてもらう。最近では、続けて初七日《しょなのか》の法要を行うことも多い。

そのあと、精進落《しょうじんお》としといって、会葬者に酒食の接待をする。あくまで僧侶や手伝ってくれた人たちを接待する席であるから、喪主・遺族は末席に座り、喪主は葬儀がぶじ終了したことのお礼のあいさつをする。

中陰壇

中陰《ちゅういん》明けと納骨

故人が亡くなった日から四十九日めまでを中陰《ちゅういん》といい、四十九日の法要で中陰《ちゅういん》明けとなる。

納骨は、四十九日の法要とあわせて行われることが多い。しかし、地方によっては、火葬のあとすぐに納骨するところもあるし、拾骨のあとお骨をそのままお寺に預けてそれから納骨するところもある。

墓地があっても墓石がない場合は、墓地のカロート(納骨室)に納めて、木製の墓標を墓石ができるまでの代用とする。

また、墓地もまだない場合は、お寺や霊園などの納骨堂に一時的に預かってもらい、一周忌から三回忌をめどとしてお墓を建て、納骨するようにする。

墓地に埋葬するときには、菩提寺または自宅で納骨法要をしていただいてから、墓地に移動して納骨式を行う。

また、そのとき墓地に立てる卒塔《そとう》婆《ば》は、まえもって菩提寺に頼み、法号(戒名)を書いておいてもらう。

中陰《ちゅういん》明けとともにしなければならないことが香典返しだ。

香典返しはもともと中陰《ちゅういん》明けの知らせであり、香典をもらったすべての人に会葬礼状と品物を送る。ふつう、半返し、三分の一返しといい、もらった香典の半額から三分の一の金額の品物を返すのが目安となっている。表書きは「志」または「粗供養」とし、黒白の水引を使う。

お布施・謝礼

葬儀をつとめていただいた僧侶への謝礼は、葬儀の翌日あらためてお寺へ出向いて渡す。

正式には奉書紙で中包みしてさらに奉書で上包みし、筆で「御布施」と表書きするが、一般の不祝儀袋を使ってもかまわない。水引は黒白のものにする。

お布施を渡すときは、直接手渡すよりも、小さなお盆などにのせて差しだすと、よりていねいになる。

また、お車代や、御膳料は、お布施とは別にそのつど渡すようにする。

香典と表書き

香典は薄墨で「御香資《ごこうし》」と表書きし、遅くとも四十九日までに届くようにする。連名で包むときには、表に姓名を書くのは三名まで。それ以上のときには「〇〇一同」「〇〇有志」などと記して、別紙に全員の名前を書いて、中包みに入れておくようにする。

市販の不祝儀袋を用いる場合は「御霊前」を使用し、「御仏前」は法事の際に用いる。

法要のしきたり

法要とは

一般的には法事と呼ばれ、この世に残ったものが故人が霊山浄土で安楽になるようにと行う追善供養である。また、故人を供養することを通して、祖先たちの恩をしのび、自分たちがいまあることに感謝するという意味もある。

死亡から四十九日までは中陰《ちゅういん》または中有《ちゅうう》といわれる。これはインドの輪廻転生《りんねてんしょう》の考え方からきているもので、死から次に生まれ変わるまでの期間と考えられている。七日ごとに七人の仏さまの前を通るとされ、追善法要をするようになった。これが中陰忌法要で、初七日、三十五日(五《ご》七日《しちにち》)、満中陰の四十九日(七七日《しちしちにち》)は親戚を招いて行われる。

地方によっては、四十九日が三カ月めにあたる場合は「始終苦《しじゅうく》が身《み》につく」といわれ、三十五日に取越四十九日を営み、きりあげる習慣がある。また関西などではお逮夜《たいや》といって、前夜にこれらの法要が営まれるところもある。

次が百カ日法要で、四十九日まではあわただしく、悲しみのなかで過ごした遺族も、このころになると落ちつきや気持ちのゆとりもでてくるということから、悲しみの終わる日として供養する。卒哭忌《そっこくき》ともいわれる。

毎月の命日に故人の好物を仏壇にそなえ、家族でお参りするのを月忌法要という。死亡した日と同月同日は祥月命日《しょうつきめいにち》と呼ばれ、年忌法要が行われる。

年忌法要は、一周忌、三回忌、七回忌、十三回忌、十七回忌、二十三回忌、二十五回忌、二十七回忌、三十三回忌、五十回忌、そのあとは五〇年ごととなる。

一般的には、三十三回忌をもって年忌明けとし、祖先の霊に合祀される。

一周忌は親族はもちろん、友人、知人などにも参列してもらって盛大に営まれることが多いが、三回忌以降は故人と血縁の濃い親族やとくに親しかった人を招くか、家族だけで営まれる。

年忌法要がたまたま同じ年に重なるときには、あわせて行うこともある。これを併修《へいしゅう》または合斎《がっさい》という。

しかし、併修ができるといっても、七回忌までは、できるだけ故人一人について行いたいものである。

また、中陰忌法要と年忌法要は、同時に行わないのが昔からの習わしだ。

お斎《とき》の席次

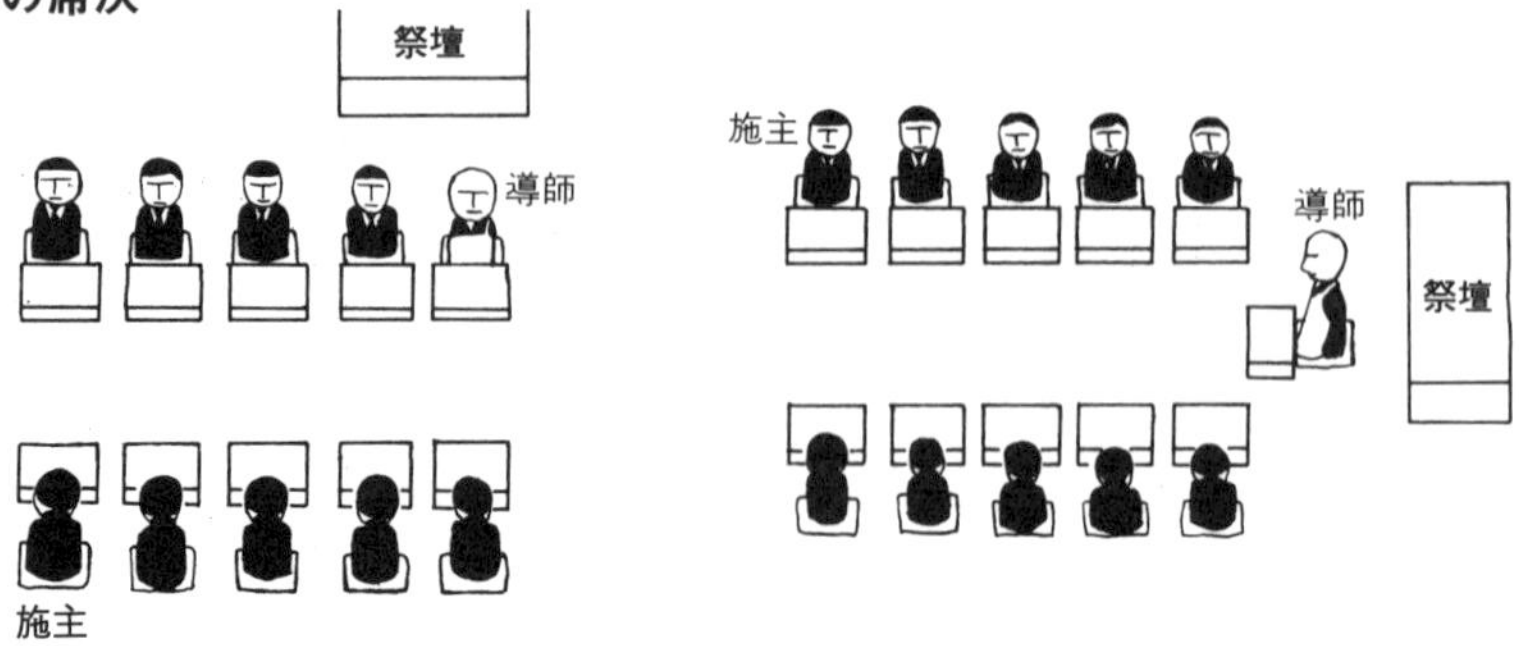

正客となる僧侶は必ず祭壇の前に座っていただき、施主は下座に座る

法事の準備

法事はどの程度の規模で執り行うのかによっても違ってくるが、早めに準備をしておくことが大切だ。お寺や僧侶、招待者の都合もあるから、できれば半年前、最低でも三カ月前には準備を始めたい。

法事の日取りは、故人の祥月命日《しょうつきめいにち》にあわせて行うのがいちばんだが、休日などとの兼ね合いもあって、多少日をずらすこともある。ただ、その場合は命日よりも遅らせずに、早めるようにする。

実際に日取りを決める際には、菩提寺に相談するのが最初である。会場の決定と予約、招待客への案内状、料理、引き物、供物など、準備は数多くある。料理や引き物の手配をするためにも、早めに招待者を決定し、案内状に返信用の葉書を同封するなど出席の有無をあらかじめ知らせて

法事の進行例

一、導師(僧侶)を出迎える
施主が玄関まで必ず迎えにでて、控室まで案内する。

二、一同着座
故人との血縁の深い人から順に着席する。

三、施主《せしゅ》のあいさつ
省略することもある。

四、導師(僧侶)入堂

五、読経
僧侶の礼拝《らいはい》にあわせて、参会者一同が合掌礼拝する。経本があるときは、参会者もあわせて読経する。

六、焼香

七、法話

八、施主のあいさつ
お墓参りも行う場合は、施主から説明し、お墓へ向かう。

九、お墓参り・塔婆供養

一〇、お斎《とき》
会食が終わったら参会者に引き物を渡す。

もらうようにしたい。

会場は、家族だけで営むような場合は自宅で、多人数のときにはお寺や斎場を借りて行う。菩提寺にお墓がある場合には、お墓参りのことも考えて、お寺にお願いすることが多いようだ。

また、忘れてはならないのは経費である。確実に計算にいれておかなければならないのは、会場費、会食費、引き物、供物代、お布施、案内状の印刷費などだ。このほかにも、招待客の送迎の車代や場合によっては宿泊費なども考えなければならないこともある。

基本的に法事の費用は施主が負担することになるが、最近では、兄弟などで分担するということも多くなっている。

お墓参りと卒塔婆供養

法事が終わったら、お墓参りをする。法事の前にはあらかじめお墓の掃除をしておくことが大切だ。

年忌法要の際には、板塔婆《いたとうば》をあげて供養する。この塔婆供養は、一切の不浄を除いてその場を浄土とし、霊の安住地とする意味があり、必ず行われる。

お釈迦《しゃか》さまの入滅後、弟子たちが遺骨を分骨して、塔を建てて供養したのがはじまりで、この塔をインドではストゥーパといい、それが日本語の卒塔婆《そとうば》となって三重塔や五重塔を意味するようになった。そののち、五重塔を模して五輪塔が建てられるようになり、さらにその形をまねて板塔婆がつくられ、お墓の後ろに立てられるようになった。板塔婆には、経文などを書き、その下に戒名などを記して供養する。

塔婆は、まえもってお寺に依頼しておけば、法要当日までに用意してくれる。依頼するときには、電話連絡で済ませるのではなく、建立者の名前などを間違わないように、必ず紙に書いて渡すようにする。

塔婆料はお寺によって決まっているので、依頼のときにたずねてかまわない。

卒塔婆を立てて先祖の霊を供養することの功徳は、お釈迦さまに拝して供養をささげる功徳と同じ意味だ。よって年忌法要にかぎらず、志に応じて立てたいものである。

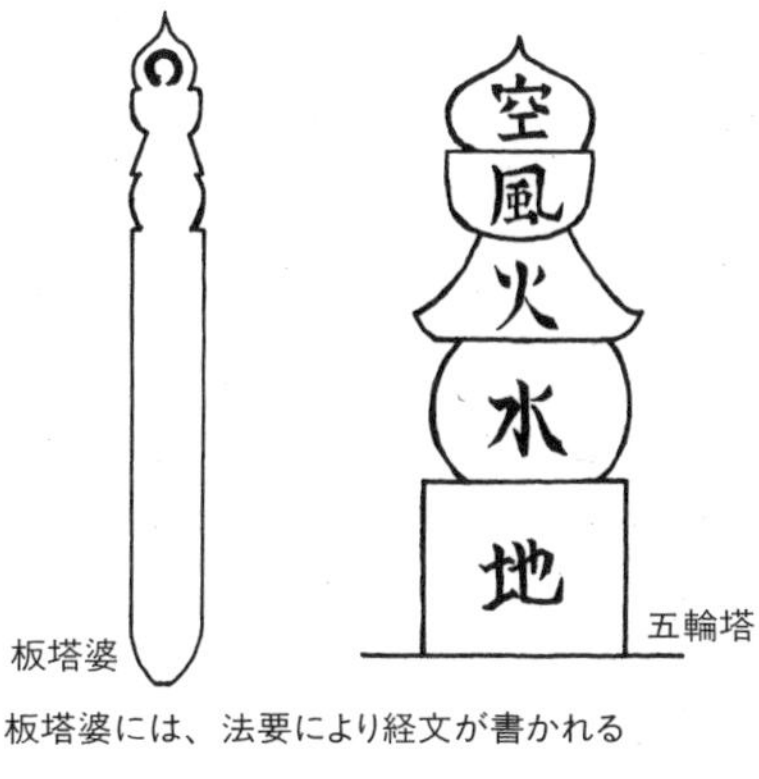

板塔婆には、法要により経文が書かれる

お斎と引き物

お墓参りが終わったら、僧侶や参会者に食事をふるまうが、これをお斎《とき》と呼ぶ。

自宅か、お寺の一室を借りて、仕出し料理をとる場合もあるが、料理屋やレストランなどを借りることも多い。料理は精進料理《しょうじんりょうり》が望ましいといわれているが、鯛など慶事に出されるようなものを除けば、精進料理にこだわる必要はない。

施主および家族は末席に座り、施主は下座から参会者へのお礼を述べ、あいさつする。

お斎の正客は僧侶であるから上座に座っていただき、お膳やお酒などは、必ず僧侶から先にだす。

参会者へのお礼と記念として、引き物の用意も大切だ。遠来の人のことも考え、かさばるもの、重いものは避ける。以前は菓子、海苔、お茶などが一般的だったが、最近ではブランドもののハンカチ、プリペイドカードなど多様化してきた。

引き物の表書きは「粗供養」または「志」とする。

また、都合でお斎をしないときは、引き物と一緒に料理の折詰やお酒の小瓶を用意して手渡す。

僧侶への謝礼

法事の際の僧侶への謝礼は、お布施として渡す。

不祝儀袋に「御布施」と表書きし、施主の名前、もしくは「○○家」と記せばよい。読経が終わったあと、別室で渡すようにする。金額は地域、お寺の格式、僧侶の人数、故人の戒名などによって違ってくる。

僧侶に自宅などに出向いてもらったときには、送迎の有無にかかわらずお車代を用意する。また、お斎を省略したときや僧侶が列席されないときには御膳料を包む。

供物料と表書き

法事に招かれたときには、供物料を持参する。不祝儀袋に「御仏前」「御花料」「御供物料」などと表書きし、水引の色は黒白よりも銀、白と水色などのほうがよい。

または、生花、菓子、果物、線香などのお供物を持参してもよい。

卒塔婆《そとうば》供養をしたいときは、法事の案内状の返事をするときにその旨を伝え、当日、供物料とは別に「御塔婆料」と書いて施主に渡す。

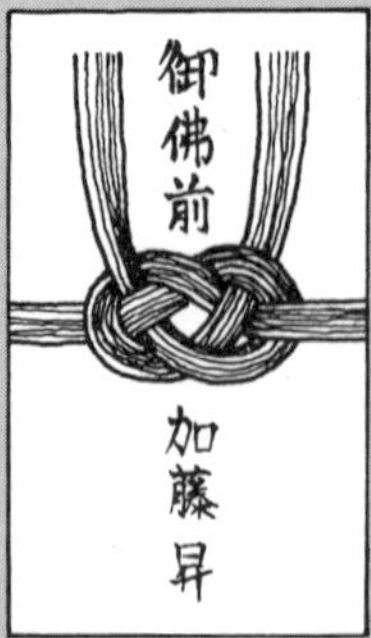

お墓のまつり方

お墓とは

日頃、我々は深く考えずに遺骨を埋葬するところという意味で「お墓」といっている。お墓というと土地がつきものというイメージもある。しかし最近、大都市圏などでは、マンションのような土地つきでないお墓も増えている。

また、お墓について誤解されやすいのが、「お墓を買う」という言い方だ。お墓を建てる土地を買うかのように聞こえるが、実際には半永久的に借りるのだ。つまり、墓地の永《えい》代《たい》使用料を一度に払うのである。

墓地と納骨堂

墓地にも、経営形態の違いなどによって、いろいろな種類がある。

●寺院墓地

お寺の境内にある墓地で、もともとそのお寺の檀家のためにあるものだ。寺院墓地をもとうとすれば、そのお寺の檀家にならなければならない。当然、法要などはそのお寺の宗派のやり方に則《のっと》って行われるから、故人や家の宗派と同じお寺を見つけなければならない。

●公営墓地

都道府県、市町村などの自治体が経営している墓地である。宗派に関係ないうえに、永代使用料が安く、管理もしっかりしているので、人気が高い。公営墓地の有無や申込方法などは、住んでいる自治体に問い合わせてみるとよい。

●民営墓地

財団法人や宗教法人が経営し、郊外に大規模な墓地を造成しているケースが多い。公営墓地と同じく、宗派に関係のないところがほとんどである。

●納骨堂

もともとは墓地に埋葬するまで遺骨を一時預かりする目的でつくられたものだったが、最近は永代使用ができるものも増えてきた。ロッカー形式のものと、仏壇があってその下に遺骨を納めるスペースが設けられたものと二タイプある。経営も寺院・民営・公営といろいろだ。

納骨堂

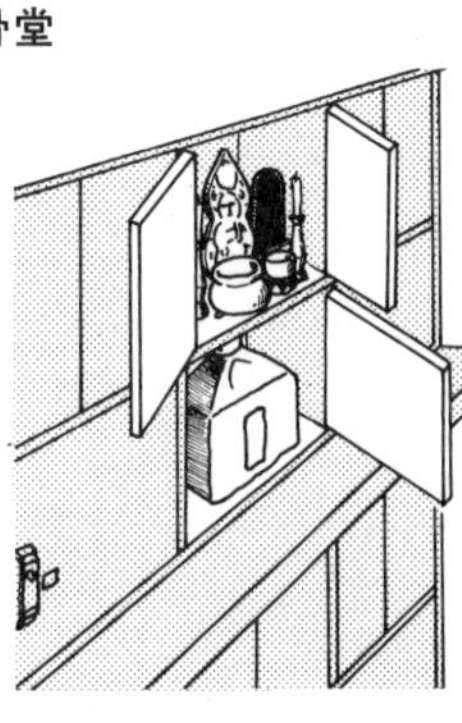

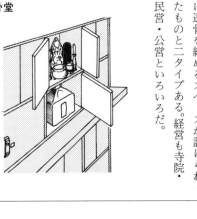

逆修と永代供養

生きているうちに自分で自分のお墓を建てることを逆修《ぎゃくしゅ》といい、長生きできるといわれている。

こうした生前墓を逆修墓《ぎゃくしゅぼ》あるいは寿墓《じゅぼ》などという。墓石に刻んだ自分の名前や戒名は、朱色に塗っておく。そして、亡くなったときに朱色を取りのぞく。

お墓のことで家族に迷惑をかけたくない、自分の眠るお墓は自分の手で建てたいなどの理由から、このごろではこうしたケースも珍しくなくなっている。

また、あとを継ぐ子供がいない、海外で暮らすからなどの理由で、寺院や霊園に永代供養を頼む人も増えてきているようだ。

三回忌や七回忌を機に規定の金額を支払って依頼するが、できるかぎりは施主が供養するほうがよい。

お墓の種類

●家墓《いえばか》

現在、もっとも多いのがこの形式のお墓で、一つの墓石に「○○家代々之墓」などと刻まれている。一族が一つのお墓に入り、子孫へと代々受け継がれていくものである。

●個人墓《こじんばか》

一人に一つずつ墓石を立てていくもの。正面に戒名を刻み、側面または裏面に俗名、没年月日、業績などを刻む。

かつてはよく見られたが、最近は土地不足などから減っており、とくに功績のあった人など、限られたケースのみになっている。

●比翼墓《ひよくぼ》

夫婦二人のためのお墓で、ふつうはどちらかが亡くなったときに建てる。戒名を刻む場合は、残された人も戒名を授けてもらい、逆修のときと同様に朱色に塗っておく。

●合祀墓《ごうしぼ》

事故や災害などで一度に大勢の人が亡くなったときに建てる。慰霊碑的色彩が強く、石碑に名前を刻み、名簿を納めたりする。

●一墓制《いちぼせい》

お寺に一基だけお墓があって、檀家の人が亡くなると、すべてそのお墓に入るというもの。

ごく少数派であったが、最近では地縁血縁をこえた仲間同士による、新しいかたちの一墓制が生まれつつある。

お墓の構成

お墓には最低限、墓石とその前に花立て、線香立て、水鉢が必要だ。墓石の下には、遺骨を納めるカロート(納骨室)がある。

家墓では、埋葬者が多くなると戒名や没年月日などを墓石に刻みきれ

一般的なお墓のつくり

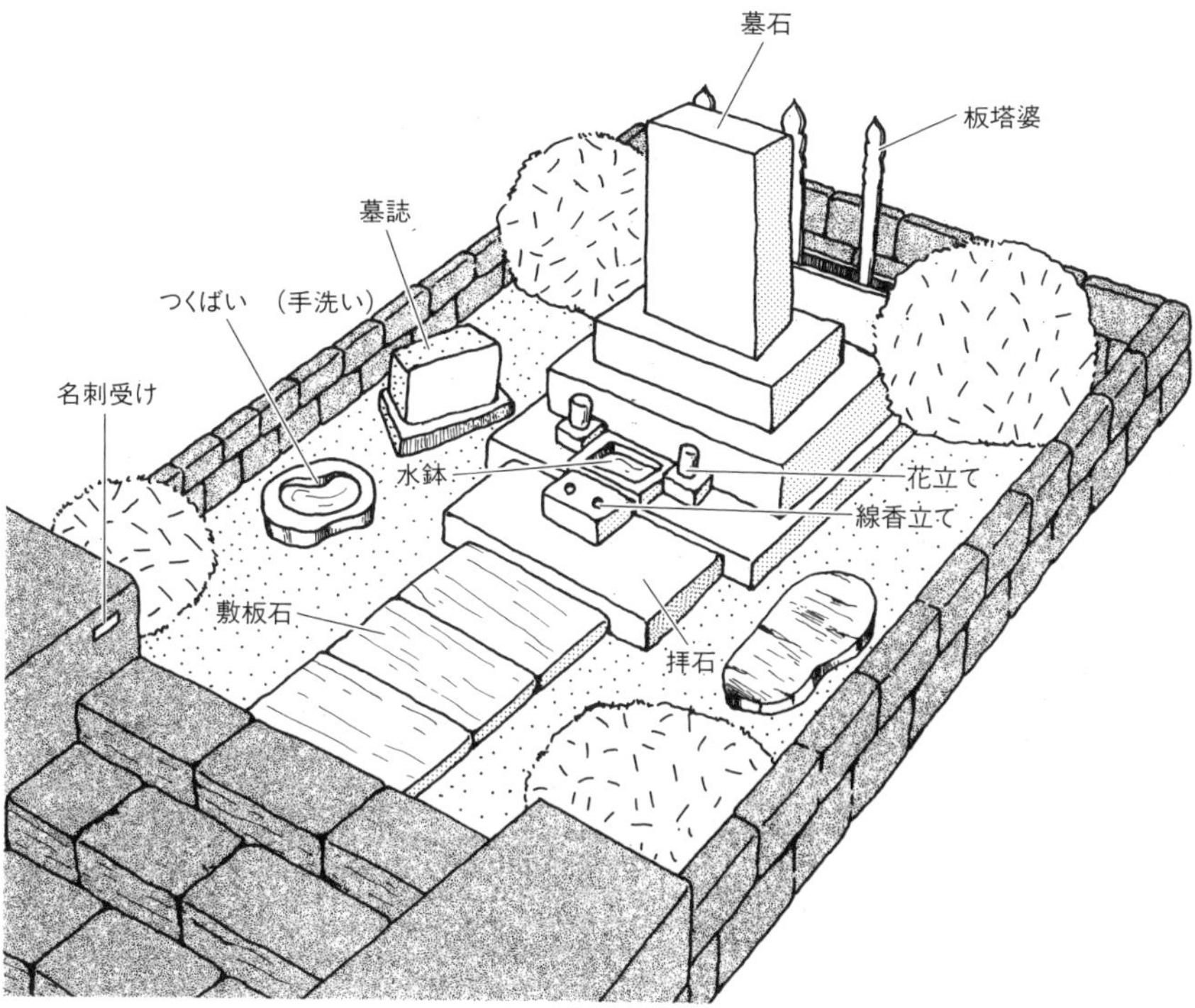

なくなってしまうため、墓誌を立てることが多い。

　また、墓石はふつう角石塔が多いが、そのほかにも、自然石型、五輪塔型など、いろいろな形がある。

　墓石の文字は、家墓では「○○家先祖代々之墓」などが多いが、菩提寺の住職にたずねてみるとよいだろう。

　そして、側面に建立年月日・建立者・戒名などを刻む。家紋を入れる場合は、花立てや水鉢などに刻む。

　なお、墓石に刻む文字は略字は使わず、旧字体のほうがよいといわれている。家紋なども間違いのないように石材店に正確に注文することが大切だ。

建墓と改葬

　お墓を建てたり、墓石を新しくしたときには、開眼《かいげん》法要《ほうよう》をしなければならない。

また、個人墓を整理して家墓にしたり、故郷から離れて暮らしているため、お墓を近くに移したいなどの理由から改葬することがある。古い墓石はお寺や霊園に頼んで処分していただくが、その前に御《み》霊《たま》(魂)抜きの儀式が必要である。

それぞれの儀式の行い方については、菩提寺の住職に相談すれば教えてくれる。

お墓参りの作法

故人の命日や年忌法要、お盆、お彼岸などにでかけることが多いが、入学、進学、就職、結婚など、人生の節目に報告を兼ねて、お墓参りをするのもよい。

お墓参りのときに注意しなければならないのは、お供物を必ず持って帰ることだ。そのままにしておくと、腐ったり、動物や鳥が食い荒らし、汚れの原因になる。

お墓参りの手順

① お寺の住職または霊園の管理事務所にあいさつし、必要なものを借りる。
② 手を洗い清め、手桶に水をくんでお墓に向かう。
③ 合掌礼拝してから、お墓の掃除をする。落ち葉やゴミを拾い、雑草を抜き、墓石を洗う。花立てのなかのゴミ、香炉の灰も始末する。
④ 花立てに生花を飾り、お供物をそなえる。菓子や果物は二つ折りの半紙の上に乗せる。
⑤ 線香をあげる。
⑥ 墓石に水をかけるときは、線香を消さないように注意する。
⑦ 合掌礼拝し、数珠を持って1人ずつ手を合わせる。
⑧ 花以外のお供物は持ち帰る。

●墓参りに持っていくもの
ほうき、たわし、雑巾、バケツ、ひしゃく、手桶、マッチ、ロウソク、線香、半紙、数珠、お供物の花・果物・菓子など
*掃除用具などは、お寺や霊園事務所で借りられるところもある。

お寺とのつきあい方

菩提寺とは

死者の冥福を祈って、追善供養を行うことを「菩提《ぼだい》を弔《とむら》う」というが、菩提寺とは、祖先の霊の安住地であり、供養するところである。

檀那寺《だんなでら》ともいい、それに対し、お寺を守っていくのが檀家《だんか》である。檀那という言葉は、梵語のダーナに由来し、施《ほどこ》しをする人という意味だ。

檀家はお寺や僧侶に衣食を布施し、僧侶は檀家の人たちに仏法を説き、法を施す関係にある。

お布施には法施《ほうせ》・財施《ざいせ》・無畏施《むいせ》の三つがあるといわれている。

法施とは、人間が正しい生き方をするための教えを伝える精神的な施しであり、僧侶のつとめである。

財施とは、僧侶の法施に対して感謝の気持ちをあらわすために金品などを施すことをいう。

無畏施というのは、不安や恐れを抱いている人々に対して、広く慈悲を行うことである。これは僧侶でなくても一般の人でもできることだ。

このようにお布施というのは、まわりまわって功徳をお互いに施すということに意義がある。

また、お寺には檀家すべての過去帳がまつられている。その多くの檀家をまとめるためには、お寺と檀家のパイプ役となる世話役が必要である。世話役が行事の連絡や役割分担など、こまごました仕事を行う。

檀家を代表するのが総代である。総代は檀家を代表する篤志家であるから、戦前までは経済力のある地主や資産家が総代をつとめていた。

現在のような檀家制度が確立したのは、江戸時代初期のことである。

いまでいえば、住民票や戸籍に該当する宗門人別帳《しゅうもんにんべつちょう》を提出させることによって、江戸幕府は住民の把握を行っていたのである。

現在は、お寺と檀家の関係が、葬儀や法事のみのつきあいとなっている場合が多い。かつてのように、菩提寺とのあいだに精神的な絆《きずな》など、強いつながりがなくなりつつある。

その意味では、葬儀や法事だけでなく、もっと日常的なつながりをもつようにお寺の行事に積極的に参加することが必要だろう。

菩提寺を探す

独立して一家をかまえたり、郷里を離れて暮らしている場合など、菩提寺を新たに探すことも必要となってくる。

かつては、結婚すると嫁ぎ先の宗

派になるのが常識だったが、現在では長男長女同士の結婚や信仰の自由から、夫婦で別々の宗教、宗派になることもある。その場合は、葬儀やお墓について、生前に夫婦で十分話しあっておきたいものである。

特定の宗教、宗派の信仰をもっていないときは、実家の菩提寺と同じ宗派で、家から近いところにあるお寺を探すのがいちばんである。

しかし臨済宗は、いくつもの派に分かれているので、見つけたお寺が実家の菩提寺と同じ派とは限らない。まず、実家の菩提寺や本山にたずねてみるとよい。菩提寺や本山に紹介してもらえば、そうした間違いを防ぐこともできる。

また、近所の人の話を聞いたり、お寺の行事を見学してみれば、だいたい様子がわかってくるものだ。

不幸があってから、あわてて菩提寺を探そうとしても間に合わない。何もない平穏なときこそ、菩提寺を見つけるチャンスなのである。

新たに檀家になる

ここだというお寺が見つかり、そこを菩提寺にするには、そのお寺の檀家として認められなければならない。一般的には、そのお寺が管理する墓地にお墓をもつと檀家として認められる。しかし、墓地をもたなくても、事情を説明して、お寺の許可がもらえれば檀家になることができる。

檀家として認められたら、お寺で開催される年中行事には、なるべく家族で参加することだ。

その際には、お布施を包む。年中行事、建物の修繕など、お寺の運営費は檀家からのお布施に負っている部分も大きい。

もし、都合で参加できないことがたび重なるときは、年末にまとめて志《こころざし》を届けるように心がけておくとよいだろう。

お寺とのつきあいで頭を悩ますのがお布施の金額だろう。

お布施は本来、金銭に限らず、自分が精一杯できるものなら、なんでもよかったのである。それぞれの人が自分の能力に応じて、できる範囲の金額を包めばよい。

多くのお寺で説法会などが開かれているので、毎回は無理でも、ときどきは参加して、宗派の教えに日頃から親しんでおきたいものだ。そうすれば、数多くの檀家の人と知り合うこともできるし、僧侶との絆《きずな》も深くなる。

いろいろな機会をとらえてお寺とのつながりを深め、檀家の人たちとも親しくなっておけば、いざというときに、僧侶はもちろん、檀家の人たちもいろいろな面で力になってくれるはずである。

授戒会

一般的に戒名は死後に授けられるものととらえられている。しかし、戒名とは仏の弟子になった証《あかし》としていただく名前であり、生前にいただくのが本来の姿である。

授戒会《じゅかいえ》は、仏教徒として仏教に定められた生活規範（戒）を守って生きていくことを誓う儀式だ。そこで、戒師《かいし》（戒法を授ける人＝僧侶）から戒弟《かいてい》（戒法を受ける人）へ、戒法を授けた証としていただくのが戒名である。

臨済宗の授戒会では、三帰戒《さんきかい》、五戒《ごかい》、十重禁戒《じゅうじゅうきんかい》、三聚浄戒《さんじゅじょうかい》などがある。

三帰戒は仏・法・僧を信仰のよりどころとするもの。仏を敬い（南無《なむ》帰依仏《きえぶつ》）、その教えを信じ（南無《なむ》帰依《きえ》法《ほう》）、みなともに修行する（南無《なむ》帰依《きえ》僧《そう》）という誓いである。まず、この三帰戒を受け、そのつぎに五戒を守る誓いをする。

その五戒とは、以上の五つの戒めである。

不殺生戒《ふせっしょうかい》……みだりに生き物を殺さないこと

不偸盗戒《ふちゅうとうかい》……ものを盗んではならない

不邪淫戒《ふじゃいんかい》……よこしまな関係にならず、みだらに性行為をしない

不妄語戒《ふもうごかい》……うそをつかない

不飲酒戒《ふおんじゅかい》……酒を飲んで他人に迷惑をかけない

『四分律《しぶんりつ》』というお経によると、出家者は男性僧侶（比丘《びく》）は二五〇、女性僧侶（比丘尼《びくに》）は三四八の戒を持たなければいけないと説いている。在家檀信徒の場合は、三帰五戒《さんきごかい》を仏教徒として守るべき最低限の戒めとしている。

十重禁戒は前述の五戒に、

不説過戒《ふせっかかい》……他人の過《あやま》ちを責め立てない

不自讃毀他戒《ふじさんきたかい》……自分をほめて、他人を傷つけない

不慳法財戒《ふけんほうざいかい》……財や心の施しを惜しまない

不瞋恚戒《ふしんにかい》……腹を立てて自分を見失わない

不謗三宝戒《ふほうさんぼうかい》……仏法僧の三宝の悪口をいわない

の五つを加えたものだ。

三聚浄戒とは、仏教徒としての望ましい生き方を誓う「誓願」の戒法だ。三つの浄戒は、

摂律儀戒《しょうりつぎかい》……一切の悪い行いをしません

摂善法戒《しょうぜんぼうかい》……一切の善い行いに励みます

摂衆生戒《しょうしゅじょうかい》……あらゆる人のためになるようにつくします

というもの。

授戒会は一度に大勢を対象に行われることが多く、宗門や菩提寺から募集があるので、希望する方は菩提寺などに相談し、応募するとよいだろう。

臨済宗の年中行事

臨済宗の年中行事には、仏教各宗派に共通した季節の行事やお釈迦さまにゆかりの行事のほか臨済宗独自の行事もある。

臨済宗の公式な行事としては、「二祖三仏忌」とよばれるものがある。二祖忌とは達磨《だるま》忌と開山忌、三仏忌とはお釈迦さまに関連した灌仏《かんぶつ》会《え》、成道会《じょうどうえ》、涅槃会《ねはんえ》をいう。

修正会（一月一日〜三日）

修正とは、過ちをあらため、正しきを修めるということであるから、年はじめに去っていった年の反省をし、新たな年の決意をする新年初頭の法要をいう。

修正会《しゅしょうえ》は宗派を問わず行われ、世界の平和、人類の幸福、仏教の興隆などを祈る。

臨済宗の各お寺では『大般若経《だいはんにゃきょう》』を転読（経典のはじめと終わりの部分だけを読み、その間に陀羅尼《だらに》をとなえること）して社会の平和、国土の安全、家内安全を祈る「大般若会《だいはんにゃえ》」が行われる。全六〇〇巻からなる『大般若経』を訳した玄奘三蔵《げんじょうさんぞう》法師の徳に感謝して経典を転読する。

このときに仏前にそなえられる般若札は、家庭の幸福や平安などの祈りがこめられた御符《ごふ》である。法要後、この般若札は檀信徒に配られる。

臨済禅師忌（一月一〇日）

中国臨済宗の開祖である臨済義玄《りんざいぎげん》の命日。

臨済は中国の河南省《かなんしょう》に生まれ、少年のころに出家。黄檗希運《おうばくきうん》の門に入って参禅し、悟りを開いた。そして、河北《かほく》省の臨済院で臨済禅をひろめた。臨済の教えは『臨済録』に示されている。

日本臨済宗は、この臨済の教えを栄西らが伝え確立されていった。

この臨済の徳に感謝し、それに報いることを誓う法要である。

百丈忌（一月一七日）

中国・唐代の百丈懐海《ひゃくじょうえかい》は八〇〇年前後に禅風をひろめた高僧だ。

著作の『百丈清規《ひゃくじょうしんぎ》』によって禅宗寺院の生活規則をはじめて示し、中国の禅史上に大きな功績を残した。これが現在の禅宗の規則の基本になっている。

この百丈の祥月命日である一月一七日に行う報恩の法要である。

涅槃会（二月一五日）

二月一五日は、お釈迦さまの入滅の日である。

涅槃図　東京国立博物館蔵

最後の説法の旅に出たお釈迦さまは、クシナガラ郊外でついに動けなくなり、弟子に沙羅双樹《さらそうじゅ》のあいだに床を敷かせ、そこに頭を北にして、西向きに横たわった。そして、弟子や集まった人たちが嘆き悲しむのを慰めながら、その夜半に静かに涅槃《ねはん》に入ったといわれる。

その光景を描いた涅槃図を掲げ、お釈迦さまの業績をたたえ、追慕、感謝するので涅槃会《ねはんえ》という。

花まつり（四月八日）

お釈迦さまの誕生した日を記念する法会。花で飾られた花御堂《はなみどう》に誕生仏がまつられ、甘茶をそそぎながら祝う。仏教各宗派共通の行事で、灌《かん》仏会《ぶつえ》、釈尊降誕会《しゃくそんごうたんえ》ともいわれる。

達磨忌（一〇月五日）

中国臨済宗の初祖である達磨大師《だるまだいし》の命日。達磨はお釈迦さまから数えて二八代目にあたり、インドで生まれて中国に渡り禅の教えを伝えた。

この徳にたいして深く感謝し、その教えを実践、後世に伝えることを誓う法要が達磨忌《だるまき》である。

この日、臨済宗をはじめ禅宗系のお寺では、本堂の正面に達磨の掛軸をかけて法要を行う。

成道会（一二月八日）

お釈迦さまが悟りを開き、仏陀《ぶっだ》となられた日を記念して行われる。

お釈迦さまは六年間の苦しい修業の末、菩提樹の下で坐禅に入り、この日未明に悟りを開いた。

そこで、臨済宗の各お寺では八日の朝に出山仏《しゅっさんぶつ》という修行を成就して坐をたったお釈迦さまを描いた掛軸を本堂にかけて法要を行う。

また、臨済宗の修行道場では、一二月一日から八日までの八日間「臘《ろう》八大接心《はつだいせっしん》」という厳しい禅修行を行って、お釈迦さまへの報恩と臨済宗僧侶としての自覚を確かめる。

開山忌

各お寺の開山禅師《かいさんぜんじ》の命日に行われる。開山の功績をたたえ、この徳に感謝し、それに報いることを誓う法要である。

おもな開山忌は次のとおり。神奈川・建長寺《けんちょうじ》(蘭渓道隆《らんけいどうりゅう》・七月二四日)、神奈川・円覚寺《えんがくじ》(無学祖《むがくそ》元《げん》・一〇月三日)、京都・妙心寺《みょうしんじ》(関《かん》山慧玄《ざんえげん》・一二月一二日)、京都・南《なん》禅寺《ぜんじ》(無関普門《むかんふもん》・一一月一二日)、京都・大徳寺《だいとくじ》(宗峰妙超《しゅうほうみょうちょう》・一一月二二日)など。

また、お寺には開山のほかに開基《かいき》(創建にあたり財を寄せた人)、中興《ちゅうこう》開山(荒廃したお寺を再建復興した人)などがいる場合もあり、そうしたお寺ゆかりの人の命日に、法要を行うお寺もある。

施餓鬼会(随時)

施餓鬼会《せがきえ》は、六道のひとつ餓鬼道《がきどう》に堕ちて苦しんでいる無縁仏を供養する法会である。お釈迦さまの弟子のひとり、多聞《たもん》第一の阿難《あなん》は餓鬼に死を予言されたが、お釈迦さまに教えられたありがたい陀羅尼《だらに》をとなえながら餓鬼に食を施したところ、福徳の寿命を増したという『救抜焔口《くばつえんく》餓鬼陀羅尼神呪経《がきだらにしんじゅきょう》』に由来する。

鎌倉時代に地獄思想が普及するにつれて、百カ日法要や先祖の霊を供養するお盆の行事の一環として行われることも多くなった。

臨済宗をはじめとする禅宗では、生飯《さば》という施食作法《せじきほう》がある。これは食事の際に炊きたての粥飯で七粒ほどを供養するもので、こうすることで供養されない亡者や、生前に犯した罪によって飢え苦しむ餓鬼に施す作法である。

餓鬼草紙(曹源寺本)　国宝／京都国立博物館蔵

お彼岸とお盆のしきたり

日本の国民的な行事であるお彼岸とお盆は、正式には「彼岸会《ひがんえ》」「盂《う》蘭盆会《らぼんえ》」と呼ばれる仏教行事がもとになっている。

彼岸会（三月・九月）

お彼岸は、春分の日と秋分の日を中日とする前後三日間の合計七日間をいう。国民の祝日に関する法律によれば、春分の日は自然をたたえ、生物を慈しむ日、秋分の日は祖先を敬い、亡くなった人をしのぶ日と定められている。お彼岸に法要するのは、昼夜等分の日であるところから仏教の中道《ちゅうどう》の教えにちなんで行うという説ほか諸説ある。

彼岸は、梵語のパーラミター（波《は》羅蜜多《らみた》）の漢訳「到彼岸《とうひがん》」からきた言葉で、「迷いの世界から、悟りの世界にいたる」という意味である。『般若心経《はんにゃしんぎょう》』の最後にも「羯帝羯帝《ぎゃていぎゃてい》、波羅羯帝《はらぎゃてい》、波羅僧羯帝《はらそうぎゃてい》、菩提薩婆訶《ぼじそわか》（行き行きて彼岸に到り、皆共に彼岸に到り悟りの道を開こう・『お経禅宗』講談社刊より）」とある。

仏教では悟りへの道として、布施・持戒《じかい》・忍辱《にんにく》・精進《しょうじん》・禅定《ぜんじょう》・知恵の六波羅蜜《ろくはらみつ》がいわれる。

布施は人に施すこと、持戒は戒めを守ること、忍辱は耐えること、精進は努力すること、禅定は心を落ち着けること、知恵は真理にもとづく考え方や生き方をすることである。

お彼岸は、こうした仏教の教えを実践する仏教週間ともいえる。先祖をしのび、自分がいまあることを感謝して、先祖の供養をするとともに、自らも極楽往生できるよう精進するものである。

彼岸の入りには、家の仏壇をきれいにし、季節の花、初物、彼岸団子、春にはぼたもち、秋にはおはぎなどをそなえ、中日には、家族そろってお墓参りをし、お寺で開かれる彼岸会にも参加したいものである。

盂蘭盆会（七月または八月）

盂蘭盆《うらぼん》とは梵語《ぼんご》のウランバナを音訳したもので、「逆さ吊りの苦しみを救う」という意味である。

お釈迦《しゃか》さまの弟子で神通力《じんづうりき》第一といわれた目連《もくれん》がその神通力で母親の姿を見た。そうすると、亡くなった母親は餓鬼道《がきどう》に堕《お》ちていることがわかった。目連は母親を救うため、お釈迦さまに教えられたとおり、僧たちをもてなし、その功徳によって母親は餓鬼道から救いだすことができたという『盂蘭盆経《うらぼんきょう》』の故事に由来している。

お盆は七月一三日から一五日または一六日だが、新暦、月遅れ、旧暦と地域によってさまざまである。
古くは精霊棚《しょうりょうだな》をつくり、閼伽《あか》ともよばれる水や、水《みず》の子《こ》ともよばれる刻んだナスやカボチャと洗米《せんまい》をまぜたものをそれぞれ蓮《はす》の葉にもり、右と左にそなえたり、十三仏にちなみ一三個の迎え団子、キュウリやナスでつくった馬や牛などをそなえ、先祖の霊を迎えた。

精霊棚

お盆の入りには迎え火を焚いて、先祖が帰ってくるときの目印に盆提灯をともす。そしてお盆のあいだは、家族と同様に一日三回、仏壇あるいは精霊棚に膳《ぜん》をそなえる。

また、棚経《たなぎょう》といって菩提寺《ぼだいじ》の僧侶が檀家《だんか》を訪問し、読経するので、いつ来訪しても困らないようお布施をまえもって用意しておくとよい。読経中は、できるだけ家族そろって僧侶の後ろに座るようにしたい。お盆の明けには、再び先祖の霊を浄土に送る道しるべとして送り火を焚く。

また先祖の霊を供養するお盆の行事の一環としてお寺では、施餓鬼会《せがきえ》が営まれ、三界万霊《さんがいばんれい》を供養する。いまでは餓鬼棚《がきだな》をつくって施餓鬼供養をする家庭は多くないが、お盆の精霊棚にそなえる水の子は餓鬼へのお供えといわれている。

●新盆

四十九日の中陰明け後、はじめて迎えるお盆は新盆《にいぼん》または初盆《はつぼん》といってとくに供養を営む。新盆には故人の好物をそなえ、白い提灯をともす風習があり、場所によっては白い提灯はお盆が明けたら菩提寺に納める。中陰明けが済まないうちにお盆を迎えたときは、次の年が新盆となる。

年忌早見表

回忌 没年	一周忌	三回忌	七回忌	十三回忌	十七回忌	二十三回忌	二十五回忌	二十七回忌	三十三回忌
1992(平成4)年	1993	1994	1998	2004	2008	2014	2016	2018	2024
1993(平成5)年	1994	1995	1999	2005	2009	2015	2017	2019	2025
1994(平成6)年	1995	1996	2000	2006	2010	2016	2018	2020	2026
1995(平成7)年	1996	1997	2001	2007	2011	2017	2019	2021	2027
1996(平成8)年	1997	1998	2002	2008	2012	2018	2020	2022	2028
1997(平成9)年	1998	1999	2003	2009	2013	2019	2021	2023	2029
1998(平成10)年	1999	2000	2004	2010	2014	2020	2022	2024	2030
1999(平成11)年	2000	2001	2005	2011	2015	2021	2023	2025	2031
2000(平成12)年	2001	2002	2006	2012	2016	2022	2024	2026	2032
2001(平成13)年	2002	2003	2007	2013	2017	2023	2025	2027	2033
2002(平成14)年	2003	2004	2008	2014	2018	2024	2026	2028	2034
2003(平成15)年	2004	2005	2009	2015	2019	2025	2027	2029	2035
2004(平成16)年	2005	2006	2010	2016	2020	2026	2028	2030	2036
2005(平成17)年	2006	2007	2011	2017	2021	2027	2029	2031	2037
2006(平成18)年	2007	2008	2012	2018	2022	2028	2030	2032	2038
2007(平成19)年	2008	2009	2013	2019	2023	2029	2031	2033	2039
2008(平成20)年	2009	2010	2014	2020	2024	2030	2032	2034	2040
2009(平成21)年	2010	2011	2015	2021	2025	2031	2033	2035	2041
2010(平成22)年	2011	2012	2016	2022	2026	2032	2034	2036	2042
2011(平成23)年	2012	2013	2017	2023	2027	2033	2035	2037	2043
2012(平成24)年	2013	2014	2018	2024	2028	2034	2036	2038	2044
2013(平成25)年	2014	2015	2019	2025	2029	2035	2037	2039	2045
2014(平成26)年	2015	2016	2020	2026	2030	2036	2038	2040	2046
2015(平成27)年	2016	2017	2021	2027	2031	2037	2039	2041	2047
2016(平成28)年	2017	2018	2022	2028	2032	2038	2040	2042	2048
2017(平成29)年	2018	2019	2023	2029	2033	2039	2041	2043	2049
2018(平成30)年	2019	2020	2024	2030	2034	2040	2042	2044	2050
2019(平成31/令和元)年	2020	2021	2025	2031	2035	2041	2043	2045	2051
2020(令和2)年	2021	2022	2026	2032	2036	2042	2044	2046	2052
2021(令和3)年	2022	2023	2027	2033	2037	2043	2045	2047	2053
2022(令和4)年	2023	2024	2028	2034	2038	2044	2046	2048	2054
2023(令和5)年	2024	2025	2029	2035	2039	2045	2047	2049	2055
2024(令和6)年	2025	2026	2030	2036	2040	2046	2048	2050	2056
2025(令和7)年	2026	2027	2031	2037	2041	2047	2049	2051	2057
2026(令和8)年	2027	2028	2032	2038	2042	2048	2050	2052	2058
2027(令和9)年	2028	2029	2033	2039	2043	2049	2051	2053	2059
2028(令和10)年	2029	2030	2034	2040	2044	2050	2052	2054	2060
2029(令和11)年	2030	2031	2035	2041	2045	2051	2053	2055	2061
2030(令和12)年	2031	2032	2036	2042	2046	2052	2054	2056	2062
2031(令和13)年	2032	2033	2037	2043	2047	2053	2055	2057	2063
2032(令和14)年	2033	2034	2038	2044	2048	2054	2056	2058	2064
2033(令和15)年	2034	2035	2039	2045	2049	2055	2057	2059	2065
2034(令和16)年	2035	2036	2040	2046	2050	2056	2058	2060	2066

臨済宗のおもな行事

一月

一〜三日　修正会（大般若祈祷会）　各寺院

一〇日　臨済忌　神奈川県・円覚寺、建長寺、京都市・大徳寺、相国寺、静岡県・方広寺ほか

一七日　百丈忌　神奈川県・円覚寺、建長寺、京都市・大徳寺、相国寺、南禅寺ほか

二月

立春の前日　節分会　各寺院

初午の日　初午懺法会　京都市・東福寺

二日　本光忌（以心崇伝）　京都市・南禅寺

七日　開山大師降誕会　京都市・妙心寺

一〇日　臨済忌　京都市・南禅寺

一五日　涅槃会　各寺院

一七日　百丈忌　京都市・建仁寺

二〇日　開山忌　山梨県・向嶽寺

三月

一四〜一六日　涅槃会　京都市・東福寺

一五日　涅槃会　京都市・建仁寺、天龍寺

春彼岸　春季彼岸会　各寺院

四月

二日　南院忌（二祖）　京都市・南禅寺

四日　時宗公忌　神奈川県・円覚寺

八日　花まつり（仏降誕会）　各寺院

一五・一六日　春季開山忌（佛通禅師）　広島県・佛通寺

一八日　佛鑑忌（無準師範）　京都市・東福寺

二〇日　栄西禅師降誕会　京都市・建仁寺

二二日　開山忌　静岡県・方広寺

五月

六日　鹿苑忌（開基）　京都市・相国寺

八日　仏降誕会　富山県・国泰寺

一六日　善月祈祷大般若会　各寺院

六月

二・三日　開山忌　富山県・国泰寺

五日　開山忌　京都市・建仁寺

七日　開基忌　滋賀県・永源寺

一七日　観音懺法　京都市・相国寺

七月

一五日前後　盂蘭盆会・大施餓鬼会　各寺院

二四日　開山忌　神奈川県・建長寺

三〇日　布薩会　京都市・建仁寺

八月

一五日前後　盂蘭盆会・大施餓鬼会　各寺院

一八日　頼家公忌　京都市・建仁寺

一九日　後水尾天皇忌　京都市・相国寺

九月

一二日　亀山法皇忌　京都市・南禅寺

一五日　後醍醐天皇忌　京都市・天龍寺

一六日　善月祈祷大般若会　各寺院

秋彼岸　秋季彼岸会　各寺院

二四・二五日　秋季開山忌（大通禅師）　広島県・佛通寺

一〇月

一日　開山忌　滋賀県・永源寺

三日　開山忌　神奈川県・円覚寺

四日　普明忌（春屋妙葩）　京都市・相国寺

五日　達磨忌　各寺院

一七日　開山忌　京都市・東福寺

二一日　開山忌　京都市・相国寺

三〇日　開山忌　京都市・天龍寺

一一月

五日　達磨忌　京都市・建仁寺

一一日　花園法皇忌　京都市・妙心寺

一二日　開山忌　京都市・南禅寺

一二・一三日　法燈忌（心地覚心）　富山県・国泰寺

二二日　開山忌　京都市・大徳寺
　　　　開基忌　神奈川県・建長寺

一二月

一〜八日　臘八大摂心　各寺院

八日　成道会　各寺院

一二日　開山忌　京都市・妙心寺

一五日　歳末大般若会　京都市・大徳寺

二五日　歳末大般若会　京都市・妙心寺

三一日　歳晩諷経・除夜の鐘　各寺院

臨済宗年表

時代	西暦	年号	天皇	宗教関係	一般事項
平安時代	七九四	延暦一三	桓武		平安京遷都
	七九七	延暦一六		空海、『三教指帰』を著す	
	八〇一	延暦二〇			坂上田村麻呂、蝦夷を討伐
	八〇四	延暦二三		最澄・空海、入唐	
	八〇五	延暦二四		最澄、唐より帰国（翌年、天台宗を開く）	
	八〇六	大同元	平城	空海、唐より帰国（真言宗を開く）	
	八一六	弘仁七	嵯峨	空海、高野山（和歌山県）を開創	
	八二二	弘仁一三		最澄没（七六六〜）	
	八三五	承和二	仁明	空海没（七七四〜）	
	八六七	（中国）	清和	**中国臨済宗の祖、臨済義玄没（?〜）**	
	八九四	寛平六	宇多		菅原道真により遣唐使廃止
	九〇五	延喜五	醍醐		『古今和歌集』なる
	九三五	承平五			承平・天慶の乱（〜九四一）：平将門、東国で反乱。藤原純友、西海で反乱 このころ『土佐日記』なる
	九三八	天慶元	朱雀	空也、京で念仏行脚。浄土教の流行	
	九七二	天禄三	円融	空也没（九〇三〜）	
	一〇〇〇	長保二	一条		このころ『枕草子』なる
	一〇〇六	寛弘三		南都興福寺の僧徒強訴	
	一〇一〇	寛弘七			このころ『源氏物語』なる
	一〇一七	寛仁元	後一条		藤原道真、太政大臣となる。頼通、摂政となる

時代	西暦	年号	天皇	院	将軍	宗教関係	一般事項
平安時代	一〇五一	永承六	後冷泉				前九年の役：安倍頼時の反乱（〜一〇六二）
	一〇五二	永承七	後冷泉			末法第一年といわれ、末法思想流行	
	一〇五三	天喜元	後冷泉			藤原頼通、平等院鳳凰堂（京都宇治）を建立	
	一〇八三	永保三	白河				後三年の役：清原家衡の反乱（〜一〇八七）
	一〇八六	応徳三	堀河	白河			白河天皇、院政を開始。上皇となる
	一一〇一	康和三	堀河	白河			このころ『栄花（華）物語』なる
	一一〇七	嘉承二	鳥羽	白河			このころ『今昔物語集』なる
	一一二四	天治元	崇徳	白河		藤原清衡、中尊寺金色堂（岩手平泉）を建立	
	一一三一	天承元	崇徳	鳥羽			このころ『大鏡』なる
	一一四一	永治元	近衛	鳥羽		**栄西誕生**	
	一一五四	久寿元	近衛	鳥羽		**栄西、比叡山にのぼる**	
	一一五六	保元元	後白河				保元の乱：皇位継承争い。後白河天皇が勝利、上皇となる
	一一五九	平治元	二条	後白河			平治の乱：後白河上皇の近臣間（源義朝VS.平清盛）の対立
	一一六四	長寛二	二条	後白河		このころ平家納経がさかんに行われる	
	一一六七	仁安二	六条	後白河			平清盛、太政大臣となる。平氏全盛
	一一六八	仁安三	高倉	後白河		**栄西、入宋・帰国（第一回）**	
	一一七五	承安五	高倉	後白河		法然、浄土宗を開く	
	一一八〇	治承四	安徳	高倉		平重衡、南都を焼き討ちし、東大寺・興福寺など焼失	源頼朝・源義仲の挙兵。源平の争乱始まる
	一一八五	元暦二	後鳥羽	後白河			平氏、壇の浦に滅亡
	一一八七	文治三	後鳥羽	後白河		**栄西、入宋（第二回。虚庵懐敞に参禅）**	
	一一九一	建久二	後鳥羽	後白河		**栄西、宋より帰国（臨済宗を伝える）**	
	一一九二	建久三	後鳥羽		源頼朝		頼朝、征夷大将軍となる（鎌倉幕府の成立）
	一一九四	建久五	後鳥羽		源頼朝	**栄西、禅宗弘通を禁止される**	
	一一九五	建久六	後鳥羽		源頼朝	**栄西、聖福寺（福岡）を建立。**東大寺大仏殿再建	
	一一九八	建久九				**栄西、『興禅護国論』を著す**	

鎌倉時代

西暦	年号	天皇	上皇	将軍	執権	事項	事項
一一九九	建久一〇	土御門	後鳥羽	源頼朝		法然、『選択本願念仏集』を著す	源頼朝没。頼家、家督相続
一二〇一	建仁元						このころ『平家物語』なる
一二〇二	建仁二			源頼家	執権	**栄西、建仁寺（京都）を開山。円爾弁円誕生**	
一二〇三	建仁三			源実朝	北条時政		頼家、修禅寺に幽閉される
一二〇五	元久二				北条義時		このころ『新古今和歌集』なる
一二一一	建暦元	順徳				**栄西、『喫茶養生記』を著す**	
一二一二	建暦二					法然没（一一三三〜）	
一二一三	（中国）					**蘭渓道隆、宋に誕生**	
一二一五	建保三					**栄西没（一一四一〜）**	
一二二一	承久三	仲恭	後高倉院	（北条政子）			承久の乱：討幕計画に失敗した後鳥羽上皇ら三上皇流罪となる
一二二二	承久四	後堀河				日蓮誕生	
一二二三	貞応二					道元、入宋	
一二二四	元仁元				北条泰時	親鸞、『教行信証』を著す（浄土真宗を開く）	
一二二五	嘉禄元						頼朝の妻北条政子没
一二二七	嘉禄三			藤原頼経		道元、宋より帰国（曹洞宗を伝える）	
一二三五	嘉禎元	四条				**円爾弁円入宋。南浦紹明（大応国師）誕生**	
一二四一	仁治二	後嵯峨				**円爾弁円、宋より帰国**	
一二四三	寛元元	後深草			北条経時	**円爾弁円、東福寺（京都）を開山**	
一二四六	寛元四		後嵯峨	藤原頼嗣	北条時頼	**蘭渓道隆、来日**	
一二五一	建長三					**無関普門、入宋**	
一二五三	建長五			宗尊親王		**蘭渓道隆、建長寺（鎌倉）を開山。**道元没（一二〇〇〜） 日蓮、鎌倉で布教開始（日蓮宗を開く）	
一二五九	正元元	亀山			北条長時	**南浦紹明、入宋**	
一二六〇	文応元					**兀庵普寧、来日し建長寺住職となる** 日蓮、『立正安国論』を著す	
一二六二	弘長二					親鸞没（一一七三〜）	

時代	西暦	年号	天皇	院	執権	宗教関係	一般事項
鎌倉時代	一二六五	文永二	亀山	後嵯峨	北条政村	蘭溪道隆、建仁寺(京都)を禅の専修道場とする	
	一二六七	文永四				南浦紹明、宋より帰国	
	一二七四	文永一一	後宇多	亀山	北条時宗	一遍、念仏をひろめる(時宗を開く)	文永の役：元軍、九州に来襲
	一二七五	建治元				夢窓疎石誕生	
	一二七七	建治三				関山慧玄誕生	
	一二七八	弘安元				蘭溪道隆没(一二一三〜)	
	一二七九	弘安二				無学祖元、来日し、建長寺住職となる	
	一二八〇	弘安三				円爾弁円没(一二〇二〜)	
	一二八一	弘安四					弘安の役：元軍、九州に再度来襲
	一二八二	弘安五				無学祖元、円覚寺(鎌倉)を開山。宗峰妙超(大燈国師)誕生 日蓮没(一二二二〜)	
	一二八九	正応二	伏見	後深草	北条貞時	一遍没(一二三九〜)	
	一二九一	正応四				無関普門、南禅寺(京都)を開山	
	一二九九	正安元	後伏見	伏見		一山一寧、来日	
	一三〇〇	正安二				このころ慈雲妙意、東松寺(のちの国泰寺・富山県)を建立	このころ『吾妻鏡』なる
	一三〇二	乾元元	後二条	後宇多	北条師時	一山一寧、円覚寺住職となる	
	一三〇八	延慶元	花園	後伏見		南浦紹明没(一二三五〜)	
	一三〇九	延慶二				宗峰妙超、京都五条橋下で二〇年の乞食行をはじめる	
	一三一〇	延慶三			北条高時		
	一三一七	文保元				一山一寧没(?〜)	
	一三二四	正中元	後醍醐				正中の変：後醍醐天皇の討幕計画、失敗
	一三二五	正中二				夢窓疎石、南禅寺住職となる 宗峰妙超、大徳寺(京都)の開山となる	
	一三三〇	元徳二			北条守時	関山慧玄、美濃伊深(岐阜県)に隠棲	このころ『徒然草』なる
	一三三一	南朝 元弘元 北朝 元徳三	南朝 後醍醐 北朝 光厳				元弘の変：後醍醐天皇、隠岐流罪となる

南北朝

西暦	年号（南朝）	年号（北朝）	事項	一般事項
一三三三	元弘三	正慶二		鎌倉幕府の滅亡。後醍醐天皇、京都に戻る
一三三四	建武元	建武元		後醍醐天皇、建武の中興
一三三五	建武二	建武二		足利尊氏、後醍醐天皇に反旗をひるがえす
一三三六	延元元	建武三		南北朝の対立：後醍醐天皇、吉野に移る
一三三七	延元二	建武四	**妙心寺（京都）開創。宗峰妙超没（一二八二〜）**	
一三三八	延元三	暦応元	**関山慧玄、妙心寺の開山となる**	尊氏、征夷大将軍となる（室町幕府の成立）
一三三九	延元四	暦応二	**夢窓疎石、天龍寺（京都）の創建を進言**	
一三四一	興国二	暦応四		尊氏、天龍寺船を元に派遣
一三五一	正平六	観応二	**夢窓疎石没（一二七五〜）**	
一三五六	正平一一	延文元		『菟玖波集』なる。倭寇の活動さかん
一三六〇	正平一五	延文五	**関山慧玄没（一二七七〜）**	
一三六一	正平一六	康安元	**寂室元光、永源寺（滋賀県）を開山**	
一三七〇	建徳元	応安三		このころ『太平記』なる
一三七一	建徳二	応安四	**無文元選、方広寺（静岡県）を開山**	
一三八〇	天授六	康暦二	**抜隊得勝、向嶽庵（のちの向嶽寺・山梨県）を建立**	
一三八六	元中三	至徳三	**義満、鎌倉五山・京都五山制度を定める**	
一三九二	元中九	明徳三	**春屋妙葩、相国寺（京都）を創建**	南北朝の統一

天皇（南朝）：後醍醐／後村上／長慶／後亀山

天皇（北朝）：光明／崇光／後光厳／後円融／後小松

将軍：足利尊氏／足利義詮／足利義満

室町時代

西暦	年号	事項	一般事項
一三九四	応永元	**一休宗純誕生**	
一三九七	応永四	**愚中周及、佛通寺（広島県）を開山**	
一四〇〇	応永七		このころ能楽なる
一四〇一	応永八		義満、第一回遣明船派遣（明と国交樹立）
一四〇四	応永一一		勘合貿易始まる（倭寇が再び活発になり一四一一〜三一中断）
一四〇八	応永一五	**義満の北山殿を鹿苑寺（金閣寺）とする**	
一四二八	正長元		正長の土一揆
一四二九	正長二		播磨の土一揆
一四四一	嘉吉元		嘉吉の乱：足利義教、殺される。嘉吉の土一揆

天皇：後小松／後花園

将軍：足利義満／足利義持／足利義教

時代	西暦	年号	天皇	将軍	宗教関係	一般事項
室町時代／戦国時代	一四六七	応仁元	後土御門	足利義政		応仁の乱(～一四七七)：将軍家の相続争いと幕府の実権をめぐる争い
	一四七四	文明六		足利義尚	**一休宗純、大徳寺住職となるが住山せず**	
	一四八一	文明一三			**一休宗純没(一三九四～)**	
	一四八五	文明一七				山城の国一揆(～一四九三)
	一四八八	長享二			加賀(石川県)の一向一揆(～一五八〇)	
	一四九〇	延徳二			**義政の遺言により東山殿を慈照寺(銀閣寺)とする**	
	一五三二	天文元	後奈良	足利義晴	畿内各地に一向一揆、法華一揆さかん	
	一五三六	天文五			天文法華の乱：比叡山僧徒、京の日蓮宗徒を破る	
	一五四三	天文一二				鉄砲伝来
	一五四九	天文一八		足利義輝	フランシスコ・ザビエル来日(キリスト教を伝える)	
	一五六八	永禄一一	正親町	足利義栄		織田信長、足利義昭を奉じ、京に入る
	一五六九	永禄一二		足利義昭	織田信長、キリスト教の布教許可	
	一五七一	元亀二			信長、比叡山を焼き討ち	
	一五七三	天正元			**沢庵宗彭誕生**	信長、義昭を追放。室町幕府の滅亡
安土・桃山時代	一五七五	天正三			信長、越前(福井県)の一向一揆を平定	
	一五七九	天正七			安土宗論：日蓮宗と浄土宗との論争。その結果、信長、日蓮宗徒を罰する	
	一五八二	天正一〇			天正遣欧使節：大友宗麟ら、ローマ教皇に使節を派遣(～一五九〇)	本能寺の変：信長没
	一五八五	天正一三				豊臣秀吉、関白となる。翌年、太政大臣となる
	一五八七	天正一五	後陽成		秀吉、バテレン追放令	
	一五八八	天正一六				秀吉、刀狩令
	一五九〇	天正一八				秀吉、全国統一。このころ千利休が茶道を完成
	一五九二	文禄元				文禄の役：秀吉、朝鮮に出兵。朱印船を発遣
	一五九七	慶長二				慶長の役：秀吉、朝鮮に再出兵
	一六〇〇	慶長五				関ヶ原の戦い
	一六〇三	慶長八		将軍 徳川家康	このころ阿国歌舞伎始まる	徳川家康、征夷大将軍となる(江戸幕府の成立)

江戸時代

一六〇五	慶長一〇	後陽成	徳川秀忠	**以心崇伝、天下僧録司となる**	
一六〇八	慶長一三			江戸宗論：日蓮宗と浄土宗との論争	
一六〇九	慶長一四			**沢庵宗彭、大徳寺の住職となるが三日で退く**	
一六一二	慶長一七	後水尾		幕府、キリスト教禁止令（～一六一三）	
一六一三	慶長一八			幕府、修験道法度を制定	
一六一五	元和元			幕府、諸宗諸本山法度を制定**（以心崇伝、五山十刹法度、大徳寺・妙心法度を制定）**	大坂夏の陣：豊臣氏滅亡。武家諸法度・禁中並公家諸法度の制定
一六一六	元和二				幕府、欧州船の寄港地を平戸と長崎に制限
一六二二	元和八			**盤珪永琢誕生**	
一六二九	寛永六	明正	徳川家光	**紫衣を発端に沢庵宗彭ら流罪となる（一六三二年赦免）** このころ、長崎で絵踏みが始まる	
一六三二	寛永九			幕府、諸宗本山の末寺帳（寛永本末帳）を作成（～一六三三）	
一六三五	寛永一二			幕府、寺社奉行の設置	幕府、参勤交代を制度化
一六三七	寛永一四			島原の乱：キリスト教徒を中心とする農民一揆。寺請制度始まる	
一六三九	寛永一六				鎖国の完成
一六四〇	寛永一七			幕府、宗門改役の設置。宗門人別帳の作成	
一六四五	正保二	後光明		**沢庵宗彭没（一五七三～）**	
一六四九	慶安二				慶安の御触書：農民のぜいたくを禁じる
一六五四	承応三	後西	徳川家綱	隠元隆琦、来日（黄檗宗を伝える）	
一六五七	明暦三				明暦の大火（江戸）
一六六五	寛文五	霊元		幕府、各宗共通の諸宗寺院法度を制定	
一六七二	寛文一二			**盤珪永琢、妙心寺住職となり、紫衣を賜る**	
一六七三	寛文一三			隠元隆琦没（一五九二～）	
一六八五	貞享二		徳川綱吉	**白隠慧鶴誕生**	徳川綱吉、生類憐みの令（～一七〇九）
一六八九	元禄二	東山			松尾芭蕉『奥の細道』の旅に出る
一六九二	元禄五			幕府、全国的な寺院本末帳の作成	
一六九三	元禄六			**盤珪永琢没（一六二二～）**	
一六九七	元禄一〇			このころ、江戸三三観音霊場の成立	

時代	西暦	年号	天皇	将軍	宗教関係	一般事項
江戸時代	一七〇〇	元禄一三	東山	徳川綱吉		朱子学さかん
江戸時代	一七〇八	宝永五	東山	徳川綱吉	**白隠慧鶴、正受庵(長野県)の道鏡慧端に参禅**	
江戸時代	一七一六	享保元	中御門	徳川吉宗		享保の改革(〜一七四五)
江戸時代	一七一八	享保三	中御門	徳川吉宗	**白隠慧鶴、妙心寺第一座となる**	
江戸時代	一七二二	享保七	中御門	徳川吉宗	幕府、諸宗僧侶法度を制定	
江戸時代	一七三二	享保一七	中御門	徳川吉宗		享保の大飢饉
江戸時代	一七六八	明和五	後桜町	徳川家治	**白隠慧鶴没(一六八五〜)**	
江戸時代	一七八二	天明二	光格	徳川家治		天明の大飢饉(〜一七八七)
江戸時代	一七八七	天明七	光格	徳川家斉		天明の打ち壊し。寛政の改革(〜一七九三)
江戸時代	一八〇〇	寛政一二	光格	徳川家斉		寺子屋、歌舞伎さかん
江戸時代	一八二三	文政六	仁孝	徳川家斉	このころ、おかげ参りが流行。巡礼さかん	このころ人情本が流行
江戸時代	一八二五	文政八	仁孝	徳川家斉		幕府、異国船打払令(無二念打払令)
江戸時代	一八三三	天保四	仁孝	徳川家斉		天保の大飢饉(〜一八三九) 安藤広重『東海道五十三次』刊行
江戸時代	一八四一	天保一二	仁孝	徳川家慶		天保の改革(〜一八四三)
江戸時代	一八四二	天保一三	仁孝	徳川家慶	縁日・出開帳さかん	
江戸時代	一八五三	嘉永六	孝明	徳川家定		米使節ペリー浦賀に来航
江戸時代	一八五四	安政元	孝明	徳川家定		日米和親条約
江戸時代	一八五八	安政五	孝明	徳川家茂		日米修好通商条約
江戸時代	一八六七	慶応三	明治	徳川慶喜		大政奉還、王政復古の大号令 このころ、京阪一帯に「ええじゃないか」起こる
明治時代	一八六八	明治元	明治		神仏分離令(廃仏毀釈運動起こる)	明治維新

●参考文献一覧（順不同・敬称略）

『日本の仏教全宗派』大法輪閣
『日本の仏教を知る事典』奈良康明編　東京書籍
『仏教宗派の常識』山野上純夫ら共著　朱鷺書房
『名僧名言逸話集』松原哲明監修　講談社
『仏事のしきたり百科』太田治編　池田書店
『先祖をまつる』村山廣甫　ひかりのくに
『日本仏教の歴史・鎌倉時代』高木豊　佼成出版社
『日本仏教宗派のすべて』大法輪閣
『日本宗教史Ⅰ・Ⅱ』笠原一男編　山川出版社
『東洋思想がわかる事典』ひろさちや監修　日本実業出版社
『仏教早わかり事典』藤井正雄監修　日本文芸社
『日本の仏教』渡辺照宏　岩波書店
『仏教の事典』瀬戸内寂聴編著　三省堂
『仏教用語事典』大法輪閣
『日本人の仏教史』五来重　角川書店
『葬儀・戒名ここが知りたい』大法輪閣
『仏教早わかり百科』ひろさちや監修　主婦と生活社
『日本の仏教・鎌倉仏教』三山進編　新潮社
『日本の仏教・庶民仏教』辻惟雄編　新潮社
『日本の仏教』梅原正紀　現代書館
『仏教行事散策』中村元　東書選書
『日本の寺院を知る事典』中村元　日本文芸社
『わかりやすいお経の本』花山勝友　オーエス出版社
『現代仏教情報大事典』名著普及会
『日本宗教総覧』新人物往来社
『臨済宗』松原泰道　大法輪閣
『禅の本』学研
『坐禅入門』宝積玄承　東方出版
『臨済宗の仏事』松原哲明監修　世界文化社
『禅のすべて』花山勝友監修　ＰＨＰ研究所
『栄西』多賀宗隼　吉川弘文館
『臨済宗』西村恵信編　小学館
『禅仏教とは何か』秋月龍珉　法藏館
『雲水日記』画・文　佐藤義英　禅文化研究所
『喫茶養生記』古田紹欽　講談社
『一日一禅』秋月龍珉　講談社
『仏教のキイ・ワード』紀野一義　講談社
『禅』平凡社
『栄西の生涯』原作ひろさちや／漫画辰巳ヨシヒロ　すずき出版
『禅の四季』禅文化研究所・臨済会監修　佼成出版社
『京都・宗祖の旅――栄西』高野澄　淡交社
『佛教入門』岩本裕　中央公論社
『仏事の基礎知識』藤井正雄　講談社

●写真提供・取材協力一覧（順不同・敬称略）

東京・東海寺
神奈川・建長寺
神奈川・円覚寺
神奈川・東慶寺
神奈川・円定寺
富山・国泰寺
静岡・松蔭寺
岐阜・正眼寺
愛知・斉年寺
京都・建仁寺
京都・酬恩庵
京都・萬福寺
京都・鹿王院
京都・龍安寺
京都・両足院
兵庫・龍門寺
愛媛・如法寺
福岡・崇福寺
国立国会図書館
東京国立博物館
京都国立博物館
国立国文学研究資料館
山梨県塩山市役所
静岡県東京観光案内所
滋賀県東京観光物産情報センター
広島県東京事務所
品川区立品川歴史館
（財）永青文庫
（財）禅文化研究所
朝日新聞社
天理大学附属天理図書館
小松光男

STAFF

編集協力／蟹沢慶子（神奈川県横浜市・臨済宗建長寺派円定寺）
漫画／多田一夫
イラストレーション／亀倉秀人・石鍋浩之
撮影／佐藤久・山本健雄
デザイン・図版／インターワークビジュアルセンター（ハロルド坂田）
編集制作／小松事務所（小松幸枝・小松卓郎）
制作協力／寺沢裕子・伊藤菜子・尾島由扶子・阪本一知
※所属・役職等は発刊当時のものです。

総監修　藤井正雄（ふじい・まさお）
昭和9年東京都出身。平成30年没。
大正大学文学部哲学科宗教学卒。同大大学院博士課程修了。昭和４８年日本宗教学会賞受賞。日本生命倫理学会第６期代表理事・会長。
『仏事の基礎知識』（講談社）、『お経　浄土宗』（講談社）、『仏教再生への道すじ』（勉誠出版）、『戒名のはなし』（吉川弘文館）など著書多数。

わが家《や》の宗教《しゅうきょう》を知《し》るシリーズ
[新版《しんぱん》] うちのお寺《てら》は臨済宗《りんざいしゅう》 *RINZAISHU*

2024年 9月22日　第1刷発行

編著　小松事務所《こまつじむしょ》
発行者　島野浩二
発行所　株式会社双葉社
〒162-8540
東京都新宿区東五軒町3番28号
☎03-5261-4818（営業）
☎03-5261-4854（編集）
http://www.futabasha.co.jp/
（双葉社の書籍・コミック・ムックが買えます）
印刷所　中央精版印刷株式会社

ISBN978-4-575-31914-9　C0014